新时代理论研究文丛

中国式现代化之路丛书

洪银兴 ◎ 主编

数字经济赋能中国式现代化

任保平 著

江苏人民出版社

图书在版编目(CIP)数据

数字经济赋能中国式现代化 / 任保平著. —— 南京：江苏人民出版社，2025.2. ——（中国式现代化之路丛书 / 洪银兴主编）. —— ISBN 978 - 7 - 214 - 29299 - 5

Ⅰ. D61

中国国家版本馆CIP数据核字第2024GP6192号

中国式现代化之路丛书
洪银兴　主编

书　　名	数字经济赋能中国式现代化
著　　者	任保平
责任编辑	朱　超
装帧设计	赵春明
责任监制	王　娟
出版发行	江苏人民出版社
地　　址	南京市湖南路1号A楼，邮编：210009
照　　排	江苏凤凰制版有限公司
印　　刷	江苏凤凰通达印刷有限公司
开　　本	718毫米×1000毫米　1/16
印　　张	23.5　插页2
字　　数	358千字
版　　次	2025年2月第1版
印　　次	2025年2月第1次印刷
标准书号	ISBN 978 - 7 - 214 - 29299 - 5
定　　价	88.00元

（江苏人民出版社图书凡印装错误可向承印厂调换）

"中国式现代化之路丛书"总序

现代化作为中国人的百年梦想,反映人民对美好生活的向往。新中国成立以来,中华民族的现代化追求形成了从探索"中国的现代化"到践行"中国式现代化"的历史转变。在党的八大上,毛泽东提出"要把一个落后的农业的中国改变成为一个先进的工业化的中国"①。1979年3月,邓小平最早提出中国式的现代化概念。他指出:"中国式的现代化,必须从中国的特点出发。"②他从中国底子薄、人口多、耕地少的特点出发,擘画了从温饱到小康再到基本实现现代化的"三步走"发展战略。在新中国成立以来特别是改革开放以来的长期探索和实践基础上,经过党的十八大以来在理论和实践上的创新突破,习近平新时代中国特色社会主义思想成功推进和拓展了中国式现代化。在全面建成小康社会基础上,开启了中国式现代化的新征程。

正如党的二十届三中全会指出的:"当前和今后一个时期是以中国式现代化全面推进强国建设、民族复兴伟业的关键时期。"③实现这个目标需要坚持问题导向,以中国式现代化为中心,推进理论和实践创新。

一个国家走向现代化,既要遵循现代化一般规律,更要符合本国实际、具有本国特色。中国式现代化道路不仅是马克思主义经济学说同中国具体实际相结合的道路,也是现代化的一般理论与中国国情相结合的道路。习近平总书记依据中国国情,明确指出:"我们推进的现代化,是中国共产党领导的社会主义现代化,必须坚持以中国式现代化推进中华民族伟大复兴,既不走封闭僵化的老路,也不走改旗易帜的邪路,坚持把国家和民族发展放在自己力量的基点上、把中国

---

① 《毛泽东文集》第七卷,人民出版社1999年版,第117页。
② 《邓小平文选》第二卷,人民出版社1994年版,第164页。
③ 《中共二十届三中全会在京举行》,《人民日报》2024年7月19日。

发展进步的命运牢牢掌握在自己手中。"①根据他的概括，中国式现代化有五个特点：人口规模巨大的现代化，全体人民共同富裕的现代化，物质文明和精神文明相协调的现代化，人与自然和谐共生的现代化，走和平发展道路的现代化。这是中国式现代化的五大特征。

党的十八大以来，我们党在已有基础上不断实现理论和实践上的创新突破，成功推进和拓展了中国式现代化，进一步深化对中国式现代化的内涵和本质的认识，概括形成中国式现代化的中国特色、本质要求和重大原则，初步构建中国式现代化的理论体系。习近平总书记指出，"推进中国式现代化是一个系统工程，需要统筹兼顾、系统谋划、整体推进，正确处理好一系列重大关系"，"推进中国式现代化是一个探索性事业，还有许多未知领域，需要我们在实践中去大胆探索，通过改革创新来推动事业发展"。② 习近平总书记的这些重要讲话精神，就成为我们编著"中国式现代化之路丛书"的指导思想。一方面，我们要全面系统地研究和阐述已经初步构建的中国式现代化的理论体系；另一方面，也要从经济学的视角系统研究探索中国式现代化各个方面的理论和实践问题，涉及中国式现代化的目标、进程和道路，以及推动中国式现代化的动力和制度保证。这些都需要我们对中国发展的实践进行探索，并在过程中充分体现守正与创新。基于这些考虑，本丛书从选题到内容要充分反映中国式现代化的特色。

第一，中国式现代化是以人民为中心的现代化。习近平总书记强调中国式现代化既要创造比资本主义更高的效率，又要更有效地维护社会公平。中国式现代化是人口规模巨大的现代化，是全体人民共同富裕的现代化，是物质文明和精神文明相协调的现代化，是人与自然和谐共生的现代化，是走和平发展道路的现代化。其物质基础是人均国内生产总值达到中等发达国家水平。在物质资源和环境资源供给趋紧的背景下，中国式现代化需要在高质量发展中推进。相应

---

① 习近平：《高举中国特色社会主义伟大旗帜　奋力谱写全面建设社会主义现代化国家崭新篇章》，《人民日报》2022年7月28日。
② 习近平：《推进中国式现代化需要处理好若干重大关系》，《求是》2023年第19期。

的，本丛书系统研究和阐述的现代化道路就是贯彻新发展理念的更高质量、更有效率、更加公平、更可持续、更为安全的现代化之路。

第二，在发展中大国推进的中国式现代化是史无前例的。当代中国的伟大社会变革，不是简单延续我国历史文化的母版，不是简单套用马克思主义经典作家设想的模板，不是其他国家社会主义实践的再版，也不是国外现代化发展的翻版。对中国式现代化的探索和研究正如习近平总书记所要求的，需要树立世界眼光，胸怀"国之大者"，把历史、现实、未来贯通起来，把中国和世界连接起来，增强战略思维能力，使我们制定的战略符合实际、行之有效，为中国式现代化提供强大的战略支撑。因此，本丛书对现代化的选题和研究需要有宽广的视野，向纵深逐渐展开，既要有现实的逻辑，也要有历史的分析；既要有中国的立场，也要有国际的比较；既要有理论的高度，也要有实践的深度。

第三，本丛书更多的是从经济学视角研究中国式现代化。经济学家对经济现代化的研究可以分为两种范式。一种范式是以发达国家为对象，研究发达国家所经历的从传统到现代的历史过程。代表性理论有库兹涅茨的现代经济增长理论和罗斯托的经济成长阶段论。另一种范式是以发展中国家为对象，研究其追赶发达国家的发展进程。代表性的理论有刘易斯、舒尔茨的二元结构理论。从这些现代化理论研究中能够发现一些可资借鉴的关于现代化一般规律的经济学理论及推进现代化的发展战略。但是，研究中国式现代化必须从中国的国情出发，尤其重视习近平经济思想对推进中国式现代化的指导作用。

第四，中国式现代化兼具理论意义与实践进程两个层面的原创性。中国式现代化的研究必须坚持问题导向，同中国式现代化的具体实际相结合。因此本丛书的选题和内容以回答中国之问、世界之问、人民之问、时代之问为出发点，在理论联系实际的研究中作出符合中国实际和时代要求的正确回答，形成与时俱进的理论成果，目的是更好指导中国式现代化的实践。

本丛书为南京大学全国中国特色社会主义政治经济学研究中心和长三角经济社会发展研究中心研究成果，得到中共江苏省委宣传部的大力支持，列入江苏省习近平新时代中国特色社会主义思想研究中心的"新时代理论研究文丛"。本丛书不仅是关于中国式现代化的学术著作,也可作为干部群众、青年学生进行理论学习的重要读物。我们期望广大读者喜欢这套丛书,也期望学术界和相关政府部门关注这套丛书。

洪银兴
2024年12月

目　录

第一章　世界范围内的数字化浪潮　　001
　　第一节　世界范围内数字经济的产生与发展　　003
　　第二节　世界主要经济体发展数字经济的战略　　006
　　第三节　世界范围内数字经济浪潮的新特征　　013

第二章　世界范围内数字化浪潮下的经济现代化　　017
　　第一节　世界范围内数字化浪潮下的经济现代化浪潮　　019
　　第二节　世界范围内数字化浪潮下经济现代化的物质技术基础　　021

第三章　数字经济是中国式经济现代化的新引擎　　039
　　第一节　中国式经济现代化的历史进程　　041
　　第二节　数字经济作为新引擎为中国式经济现代化赋能　　046
　　第三节　数字经济作为中国式经济现代化新引擎的驱动机制　　048
　　第四节　数字经济作为新引擎赋能中国式经济现代化的路径　　050

第四章　数字经济与中国式经济现代化的深度融合　　055
　　第一节　数字经济与中国式经济现代化深度融合的理论逻辑　　057
　　第二节　数字经济与中国式经济现代化的深度融合的机制　　060
　　第三节　数字经济与中国式经济现代化深度融合的路径　　062

第五章　数字经济赋能中国式经济现代化的延伸和拓展　　067

第一节　数字经济发展对中国式经济现代化的影响　　069
第二节　数字经济赋能中国式经济现代化目标的延伸和拓展　　076
第三节　数字经济赋能中国式经济现代化路径的延伸和拓展　　081
第四节　数字经济赋能中国式经济现代化战略的延伸和拓展　　085

第六章　数字经济赋能中国式科技现代化　　091

第一节　数字经济对科技现代化的新要求　　093
第二节　数字经济赋能中国式科技现代化的理论逻辑　　099
第三节　数字经济赋能中国式科技现代化的实现机制　　102
第四节　数字经济赋能中国式科技现代化的路径　　104
第五节　数字经济赋能中国式科技现代化的政策创新　　106

第七章　数字经济赋能中国式工业现代化　　111

第一节　数字经济背景下工业现代化的新特征　　113
第二节　数字经济背景下中国式工业现代化的转型　　117
第三节　数字经济赋能中国式工业现代化的路径　　121
第四节　数字经济赋能中国式工业现代化的政策取向　　125

第八章　数字经济赋能中国式农业农村现代化　　133

第一节　数字经济赋能中国式农业农村现代化的机制　　135
第二节　数字经济背景下中国式农业农村现代化的新变化　　141
第三节　数字经济背景下中国式农业农村现代化的新特征　　145
第四节　数字经济赋能中国式农业农村现代化的路径　　149
第五节　数字经济赋能中国式农业农村现代化的政策取向　　154

第九章　数字经济赋能中国式服务业现代化　　161

第一节　数字经济赋能中国式服务业现代化的理论机理　　163
第二节　数字经济赋能中国式服务业现代化的方向　　169
第三节　数字经济赋能中国式服务业现代化的路径　　173

第十章　数字经济赋能中国式产业链现代化　179

  第一节　产业链现代化是中国式现代化的核心内容　181
  第二节　数字经济赋能中国式产业链现代化的效应　183
  第三节　数字经济赋能中国式产业链现代化的机制　189
  第四节　数字经济赋能中国式产业链现代化的任务　193
  第五节　数字经济赋能中国式产业链现代化的路径　196
  第六节　数字经济赋能中国式产业链现代化的政策支持　200

第十一章　数字经济赋能中国式城市现代化　203

  第一节　在中国式现代化新征程中推进城市现代化　205
  第二节　数字经济赋能中国式城市现代化的新要求　208
  第三节　数字经济赋能中国式城市现代化的途径　211
  第四节　数字经济赋能中国式城市现代化的政策创新　215

第十二章　数字经济赋能中国式区域现代化　219

  第一节　区域现代化在中国式现代化中的地位　221
  第二节　数字经济赋能中国式区域现代化的理论机理　224
  第三节　数字经济赋能中国式区域现代化的新内容　229
  第四节　数字经济赋能中国式区域现代化的路径　233
  第五节　数字经济赋能中国式区域现代化的政策创新　237

第十三章　数字经济赋能中国式生态现代化　241

  第一节　数字经济赋能中国式生态现代化的理论机理　243
  第二节　数字经济赋能中国式生态现代化的机制　248
  第三节　数字经济赋能中国式生态现代化的路径　254
  第四节　数字经济赋能中国式生态现代化的政策创新取向　260

第十四章　数字经济赋能中国式企业现代化　267

  第一节　企业现代化及其决定因素　269
  第二节　数字经济时代企业组织的新变化　271

第三节　数字经济时代中国式企业现代化的特征　274
　　第四节　数字经济赋能中国式企业现代化的新要求　277
　　第五节　数字经济赋能中国式企业现代化的路径　279

第十五章　数字经济赋能中国式人的现代化　283

　　第一节　人的现代化开辟了中国式现代化的新境界　285
　　第二节　数字经济时代中国式人的现代化的新内涵　288
　　第三节　数字经济赋能中国式人的现代化的途径　291
　　第四节　数字经济赋能中国式人的现代化的人力资本政策创新　294

第十六章　数字经济赋能中国式治理体系现代化　299

　　第一节　数字经济赋能中国式治理体系现代化的逻辑起点　301
　　第二节　数字经济赋能中国式治理体系现代化的特征　304
　　第三节　数字经济赋能中国式治理体系现代化面临的挑战　307
　　第四节　数字经济赋能中国式治理体系现代化的框架　309

第十七章　数字经济赋能中国式现代化的数字化转型能力提升和新优势的培育　317

　　第一节　数字经济赋能中国式现代化的数字化转型能力提升　319
　　第二节　数字经济赋能中国式现代化的新优势培育　332

参考文献　351

后　　记　362

第一章
世界范围内的数字化浪潮

在人类社会的历史进程中,社会经济形态经历了农业经济、工业经济和数字经济三种经济形态。数字经济是继农业经济、工业经济之后的一种新的经济社会发展形态。进入21世纪,以云计算、大数据、移动互联网为代表的新一代信息技术突飞猛进,催生了社会生产生活方式颠覆性变革,驱动数据资源指数级增长和裂变式衍生,一个全新的数字时代已然来临,世界范围内的数字化浪潮勃然兴起。

第一节
世界范围内数字经济的产生与发展

在人类社会的历史进程中,世界经济形态的演进大致分为农业经济、工业经济及数字经济三阶段,而数字经济发展最早开始于20世纪40—60年代。总体来看,世界范围内数字经济的发展经历了以下几个阶段。

一、世界范围内数字经济的产生阶段

信息技术是数字经济产生的技术背景,信息技术的不断发展,推动了数字经济的产生。1941年康拉德·楚泽在德国制造出了世界上第一台可编程的电磁式计算机Z3[①],1946年美国宾夕法尼亚大学诞生了世界上第一台通用电子计算机,人类社会进入电脑时代,拉开了数字经济的序幕。20世纪60年代末半导体产业的兴起,为数字经济提供了物理载体,人类开始将数字信息作为生产要素投入经济活动中,标志着数字经济进入萌芽阶段。

数字化的信息开始发挥动态性、可复制和低成本的优势,不但大幅降低了经济活动的成本,而且扩大了经济活动的范围。伴随着大型企业内部网的建设和专用数据软件的开发,企业生产活动的效率得到了前所未有的提升。进入数字经济萌芽阶段后,由于信息传递的效率大幅提升,企业内外部的边界出现模糊。需求信息的实时、动态传输,催生了需求导向的生产方式,改变了传统的供应链构成,模糊了生产与消费的边界。企业层面内部结构不断下沉、缩减与融合,越来越扁平化。外部的企业间合作基于核心—技术和需求开展,更多的跨部门和跨行业协作,推动了不同的行业与商业模式的整合。在国家层面,由于数字生产要素的投入和产出不再受距离与时间的限制,虚拟产品的国际贸易和跨国界生产的虚拟组织出现,跨国企业全球管理成本大幅度下降,推动了新一轮的全球化浪潮。

---

① [德]乌尔里希·森德勒主编:《无边界的新工业革命:德国工业4.0与"中国制造2025"》,吴欢欢译,中信出版集团2018年版,第24页。

二、世界范围内数字经济的发展阶段

20世纪90年代到21世纪初期,随着互联网的广泛运用,在产业互联网的推动下,全球掀起了数字经济的浪潮,这一时期数字信息通过互联网开始改变了传统经济活动的方式和基本规律,数字经济进入了发展阶段。1991年6月,全球联网的商业用户首次超过学术研究用户,标志着数字网络阶段的真正开启。1995年前后互联网的商用价值的开启,推动了数字经济的进一步发展,网络建设和应用的高速发展是这一阶段数字经济发展的最显著特征。

这一阶段数字经济主要集中于电子商务,核心是消费互联网的发展。数字网络阶段之前的信息制造往往是单向、单线程的,由于网络参与者的互动,数字化信息的制造开始成为双向、多向和多线程的,这改变了数字经济增长的规律。建立在数字网络基础上的经济活动,其边际效益是随着参与网络的节点数量的增加而增长的,并呈现指数增长的规律。数字经济发展战略布局起步较早。美国是全球最早布局数字经济的国家,20世纪90年代就启动了"信息高速公路"战略。

三、世界范围内数字经济的大发展阶段

云计算、大数据、物联网、人工智能技术的成熟与运用推动了数字经济的大发展。数字经济真正的爆发式增长发生在2008年全球金融危机之后,美国IBM公司早在2008年就提出了"智慧地球"的概念,并推动了物联网技术和产业的发展。2007年苹果公司第一代智能手机上市,移动互联网跨入了新时代,云计算技术和应用应运而生。

英国是最早出台数字经济政策的国家,2009年发布"数字英国"计划,是数字化首次以国家顶层设计的形式出现。德国积极践行"工业4.0",不断升级高科技创新战略,积极推动中小企业数字化转型,提升数字经济竞争力。日本政府早在2001年就提出"e-Japan战略",从2013年开始致力于建设"超智能社会"。

未来数字经济会随着技术的进一步发展而得到长足的发展,世界将进一步连通,这最终将推动第三波全球化浪潮的到来。2016年9月,G20(group of twenty，20国集团）通过了《二十国集团数字经济发展与合作倡议》，提出了G20数字经济发展与合作的一些共识、原则和关键领域。近年来，世界各国加快布局数字经济抢占数字时代发展先机，世界数字经济进入大发展阶段。2016年7月，美国贸易代表办公室成立"数字贸易工作组"，旨在帮助本国企业扫清阻碍全球数字贸易的壁垒。2017年日本经济产业省发布"互联工业"战略，积极推动人工智能、物联网、云计算等科技手段应用到生产制造领域。2018年5月25日欧盟正式实施的《通用数据保护条例》极大地提升了隐私保护标准和科技企业合规成本，并在2020年2月19日发布由三份政策文件组成的"数字新政"，意图打造中美以外的"数字化第三极"。同时印度、越南、马来西亚等国家重点在数字技术创新、中小企业数字化转型等特定领域发力。2023年全球数字经济大会主论坛上，中国信息通信研究院发布的《全球数字经济白皮书》显示，2022年美国、中国、德国、日本、韩国等5个主要国家的数字经济总量为31万亿美元，数字经济占GDP比重为58%，相比于2016年已经提升了约11个百分点，2022年全球人工智能市场收入达4500亿美元，同比增长17.3%，世界进入数字经济时代。

数字技术作为新一轮科技革命和产业变革的先导力量，日益融入经济社会发展各领域全过程，深刻改变着生产方式、生活方式和治理方式。数字经济成为重组全球要素资源、重塑全球经济结构、改变全球竞争格局的关键力量。全球数字经济浪潮的快速崛起，带动了信息产业、通信产业、互联网产业以及各种基于数字技术的新产业的大发展，涌现出大量的商业新场景、新业态、新模式，很大程度上改变了世界经济结构。今后二十年，新一代互联网、人工智能、区块链、元宇宙、云计算、量子信息等新技术的成熟，必将催生更多新产业，并推动原有产业沿着数字技术创新路线实现升级。从世界数字化浪潮来看，数字经济不仅成为推动经济发展的重要引擎，也是各国新一轮科技革命的重要战略基础。各国高度重视数字经济发展，加快数字经济战略的出台，推动区域数字经济合作，新时代背景下全球数字经济发展格局逐步形成。

第二节
世界主要经济体发展数字经济的战略

数字经济的发展始于20世纪90年代的欧美国家和地区,随着数字经济时代的到来,世界各主要经济体对数字经济的重视度日渐提升,不断升级数字经济发展战略、规划及配套政策,抢夺战略高地。截至2020年,全球共有30多个经济体制定了数字经济的发展战略及相关规划,全球数字化发展正在行动①。

一、美国:聚焦前沿技术创新,引领全球数字经济发展

1998年1月,美国副总统艾伯特·戈尔首次提出"数字地球"的概念,在全球引发了一场热潮;同年7月,美国商务部发布《浮现中的数字经济》报告。从此,美国政府正式揭开了数字经济大幕,不断引领数字技术发展潮流,成为当之无愧的数字经济领导者。美国商务部是美国数字经济的主导推动者,先后出台了一系列数字经济政策与举措,如《数字经济议程》《大数据研发计划》《数字政府战略》《美国国家网络战略》《国家人工智能研究和发展战略计划》《先进制造业美国领导力战略》《数字战略2020—2024》《设计美国的数字发展战略》等。

(一)抢占数字经济技术制高点

美国非常注重前沿性、前瞻性的基础研究,积极推进芯片、人工智能、5G通信、先进计算机等具有关键核心主导地位的数字技术研发。在芯片领域,出台的《ERI计划》和《JUMP计划》,主要用来抢占数字芯片在全球数字经济发展中的制高点;在人工智能领域,2018年和2019年先后发布了《美国机器智能国家战略》和《国家人工智能研究和发展战略计划》,从智能化技术及零件的突破研发入手,来加快智能经济的快速发展;在云计算和大数据方面,2009年的《联邦云计算发展战略》奠定了"云优先"政策的发展基调,美国国家标准与技术研究院发布的《SP 500-299 NIST 云计算安全参考框架(NCC-SRA)》已成为云计算产业的

---

① 金江军:《数字经济引领高质量发展》,中信出版集团2019年版,第8页。

重要标准。2012年发布的《大数据研发计划》将大数据上升为国家战略,加快了技术的商业化和数字化转型,目前美国在信息领域研究、专利的商业转化能力及产品全球化程度方面均处于领先地位。

(二) 主导全球数字贸易规则与多边合作

美国在双边和多边贸易协定中率先提出了数字贸易规则,2016年7月美国贸易代表办公室成立数字贸易工作组,以快速识别数字贸易壁垒,制定相应政策规则。2017年7月,美国向亚太经济合作组织秘书处提交的《促进数字贸易的基本要素》中,提出了其以自由贸易为核心的数字贸易基本主张,包括互联网的自由开放、跨境服务贸易规则适用于数字贸易、数据存储设备及源代码非强制本地化、禁止强制性技术转移、数据跨境自由流动等五个方面。在多边合作方面,《数字战略2020—2024》提出建立数字伙伴关系、通过数字技术加强对外援助等策略。《设计美国的数字发展战略》提出了四项指导原则及五项策略。四项指导原则强调了政府统筹、私营部门参与、笼络有区域影响力的摇摆国的重要性。

(三) 推进工业与能源等领域的互联网应用

自2009年开始,美国就提出了以"先进制造战略"为基础的"再制造战略",强调互联网以及智能技术等在制造业转型中的应用。2012年,由通用电气公司提出"工业互联网"概念,并于2014年主导成立工业互联网联盟,积极布局产业的智能化转型。2018年发布的《先进制造业美国领导力战略》进一步点明了先进制造业的政策转型方向,包括开发转型智能技术、教育培训数字化劳动力、扩大国内制造业供应链能力;同时在能源互联网方面,美国基于能源控制技术和能源信息技术,推进数字化减排。

二、欧盟:加强数字治理,打造强大、统一的数字经济生态

欧盟在2013年前后开始关注数字经济的发展问题,并先后提出了如《欧盟网络安全战略》《欧洲数字议程》《数字单一市场战略》《产业数字化规划》《地平线欧洲》《塑造欧洲的数字未来》《2030数字指南针:欧洲数字十年之路》等战略政策和规划。这一系列战略和规划主要围绕着扩大数字治理的范围,旨在通过建

立完备的数据保护制度来构建统一的数字经济生态,保障数字经济的发展。

(一) 数字治理规则探索与数字单一市场建设

欧盟的数字政策强调既要促进欧洲的经济增长,又要体现出其价值目标。但是,想要赶上数字创新的步伐以及其他国家(特别是亚太和北美地区国家)的数字应用水平,还需要强烈的政治意愿,如此才能在欧盟范围内制订协调一致、创新友好的数字政策和法规。因此,长期以来,欧盟不断致力于打造一个数字单一市场,探索数字治理的深度规则。2015年提出实施《数字单一市场战略》,主要目的是消除成员国之间的管制壁垒。2017年欧盟发布《打造欧盟数据经济》,为非个人的机器生成数据的归属、交换和贸易制定规则,促进数据资源共享。2018年欧盟正式实施《通用数据保护条例》,从"个人数据处理的基本原则、数据主体的权利、数据控制者和处理者的义务、个人数据跨境转移"等方面,建立了完备的个人数据保护制度,成为全球个人数据保护立法的典范。《欧洲数据战略》(2020年)提出创建一个单一数据空间,其中个人和非个人数据(包括敏感的业务数据)都是安全的,企业也可以轻松访问无限的高质量工业数据,并利用数据促进经济增长、价值创造。

(二) 发展工业数字化,引领产业数字化发展

欧盟依托在微系统和微控制器零件、组件和模块制造、3D打印等先进制造技术领域的长期积累,重点发展工业数字化。德国、法国和意大利等工业强国在工业4.0领域不断深化发展,工业数字化渗透率领先全球。2018年6月,《地平线欧洲》提出2021年至2027年的发展目标和行动路线,数字化和产业化作为"全球挑战与产业竞争力"五大主题之一,重点聚焦制造技术、人工智能与机器人、下一代互联网等关键领域发展。2020年发布《欧洲新工业战略》提出通过物联网、大数据和人工智能三大技术来提高欧洲工业的智能化程度。

(三) 分层次推进数字技术创新

2020年欧盟连续发布和实施数字技术相关战略规划,"数字欧洲"计划重点推进超级计算、人工智能、网络安全、高级数字技能、广泛使用数字技术,从而提

高欧洲数字技术竞争力。"地平线欧洲"(2021—2027年)计划正式启动,将推进基础研究和科研成果的共享,重塑欧盟科研面貌。《塑造欧洲的数字未来》以发展服务于人的技术、发展公平竞争的经济以及打造开放、民主和可持续的社会为三个关键目标,充分利用数据经济的优势,创建正确的框架以确保技术值得信赖,并赋予企业信心、能力和方法去参与数字化。《2030数字指南针:欧洲数字十年之路》以2020年欧盟数字战略为基础,量化阐述了2030年欧盟数字愿景。文件将欧盟数字雄心转化为四大行动方向:培育公民数字能力及高技能数字专业人员;打造安全、高效、可持续的数字基础设施框架;企业数字化转型;公共服务数字化。

三、德国:突破基础设施瓶颈,树立全球制造业数字化转型标杆

2010年12月,德国联邦政府发布了"数字战略2015",首次在国家战略层面提出数字化转型的方向。继此,有了著名的德国工业4.0战略、"数字战略2025",德国联邦政府首次就数字化发展做出了系统安排。2018年德国进一步提出了《高科技战略2025》和《人工智能德国制造》,开始布局工业的智能化转型。2019年先后提出《国家继续教育战略》和《国家工业战略2030》,对数字经济时代的数字化人才和关键产业部门的数字化进行指导。

(一)打破数字基础设施瓶颈

德国早期在数字化转型中面临的首要问题是在高速宽带网络部署、信息通信技术应用方面的持续落后。首先是光纤宽带发展的落后。2015年德国在网络速率和固定宽带平均速率上不及韩国的一半,与瑞典和日本也有较大差距。其次是4G网络发展缓慢。2015年的网络覆盖率和渗透率甚至低于经济合作与发展组织的其他成员国。最后是农村宽带发展水平低,城乡数字鸿沟严重,农村地区带宽30兆以上的家庭用户占比仅为城市的一半。因此,2016年的"数字战略2025"当即确定了针对高速宽带网络基础设施建设的十大重点任务:一是2025年前建设千兆光纤网络;二是引导新的创业潮流,促进公司合作;三是为投资和创新构建监管框架;四是推荐设备智能互联网;五是保障数据安全,维护数据主权;六是支持中小企业创新商业模式;七是利用工业4.0推进工业现代化;

八是使技术的研发和创新达到全球顶尖水平；九是实现全生命周期的数字化教学覆盖；十是设立数字化管理局。

（二）制造业科技创新作为数字化发展的主攻方向

德国是全球领先的制造业强国，因此在智能化转型方面选取在国民经济中比重最大的制造业，力求打造全球标杆级别的数字化制造业。2018年9月，德国发布《高科技战略2025》，将数字化转型作为制造业科技创新发展战略的核心；2020年12月更新《国家人工智能战略》，新增20亿欧元支持德国人工智能研究，助力制造业智能转型；推进高性能计算中心网络建设，对8个高校的计算中心进行为期10年、每年6250万欧元的资助；德国德累斯顿工业大学实施"超高数据速率测量平台"项目，计划研发世界最快的微芯片，为产业互联网的6G通信应用提供保障；马普智能系统研究所与纽约大学合作，推出开源的四足机器人项目。

四、日本：构建超智能社会，加强经济社会的数字融合

日本关于数字经济的顶层设计起步较早，最早可追溯到1995年《面向21世纪的日本经济结构改革思路》关于重点发展通信、信息等相关资本技术产业的安排。在21世纪初就制定"IT立国"战略，2000年到2012年，注重数字信息技术在经济社会的应用，先后推出"e-Japan"（2001年）、"u-Japan"（2004年）、"i-Japan"（2009年）战略计划；2013年提出建设最尖端IT国家与"超智能社会"，2013年到2015年强调以机器人革命为突破带动产业结构变革，陆续出台了《日本振兴战略》等。2016年以来，致力于"超智能社会5.0"计划，通过利用人工智能、物联网、大数据等推动向数字化、智能化社会转型，发布《科学技术创新综合战略2016》《日本制造业白皮书》《综合创新战略》《集成创新战略》《第2期战略性创新推进计划》等战略计划[①]。

（一）加速智能型社会建设

2016年，日本政府在《第五期科学技术基本计划（2016—2020）》和《科学技

---

① 蓝庆新、彭一然：《日本"数字新政"战略动机与发展特征》，《人民论坛》2020年第25期。

术创新战略 2016》中首次提出超智能"社会 5.0"概念，旨在交通、医疗、养老等领域推动数字化转型，形成适合日本发展需要的新型社会形态。这种社会形态，以虚拟空间与现实空间的高度技术融合为基础，人和机器人、人工智能共存，可超越年龄、性别、语言等限制，针对细节和多样化潜在需求提供对应的产品和服务；是能够实现经济发展与社会问题相协调、满足人们高质量生活品质、以人为本的社会形态。此后，日本发布了《下一代人工智能推进战略》《科技创新综合战略 2017》《集成创新战略》等纲领性文件，从战略规划、制度建设、人才培养等方面为"社会 5.0"和"互联工业"铺平道路。2019 年日本开始全力推进"数字新政"战略，在"后 5G"信息通信基础设施、学校的信息技术应用、中小企业信息化和信息技术领域研发等方面，加大资金投入力度，推动社会数字化、智能化转型。

（二）推进产业数字化转型

日本强大的制造业基础为数字化转型提供了很好的试验田，2017 年日本经济产业省发布"互联工业"战略，积极推动人工智能、物联网、云计算等科技手段应用到生产制造领域，突破人口老龄化、劳动力短缺、产业竞争力不足等发展瓶颈。日本发布了《日本制造业白皮书》《综合创新战略》《集成创新战略》《第 2 期战略性创新推进计划》等战略和计划，推动产业数字化发展。产业数字化的推进强调着眼于产业数字化与数字产业化相结合，共同推动数字经济发展。2020 年 9 月，日本内阁明确将数字化转型提升为重要国策，2020 年 11 月明确提出将在 2021 年 9 月 1 日成立数字厅作为数字化转型的"司令塔"。

五、英国：强化数字战略引领，多维布局数字化产业转型

英国是第一次工业革命的发源地，也是最早出台数字经济政策的国家，英国政府早在 2009 年即推出了"数字大不列颠"行动计划，致力于实现英国主导的世界数字经济世代，是数字化首次以国家顶层设计的形式出现。这一计划的主题是通过改善基础设施、推广全民数字应用、提供更好的数字保护，从而将英国打造成世界性的"数字之都"。该计划是世界首次以国家战略形式，论述了数字经济全面发展的制度性安排，至此英国拉开了数字经济战略的帷幕。

（一）数字经济发展上升到国家战略

英国一直秉行并延续了以国家顶层设计推进数字经济发展的模式，国家战略体现了英国对于数字经济发展的高度重视，同时借助国家战略开启了全面布局数字经济的快速发展模式。2009年后英国陆续推出了《数字经济战略（2015—2018）》《英国数字战略2017》《国家数据战略（2020）》等战略计划，对打造世界领先的数字经济和全面推进数字化转型做出全面而周密的部署。其中，《英国数字战略2017》较为全面地奠定了英国数字经济布局的基础。该战略设定了明确途径以帮助英国在启动和推进数字化产业、使用新兴技术或者实施先进技术研究方面占据优势，并提出计划目标是将英国建设成为一个现代化的全球贸易性大国。包括七大战略任务：一是连接，即一流的数字化基础设施；二是数字化技能与包容性；三是建立数字化平台；四是促进企业数字化转型；五是安全的网络空间；六是数字化政府；七是释放数据能量。

（二）积极推进数字政府建设

在《英国数字战略2017》中，数字化政府成为现代化与数字化英国建设的重要任务之一。这一任务要求确保英国政府在全球为民众提供在线服务方面处于领先地位，提升政府的电子政务水平。英国从推动政府网站"瘦身"到发布最新版的《数字服务标准》，数字政府建设正在完成从"服务数字化"到"数字服务化"的进化；2019年英国发布《数字服务标准》最新版。2020年发布的《国家数据战略（2020）》阐明了在英国如何释放数据的力量，为处理和投资数据以促进经济发展建立了框架，提出通过数据使用推动增长，改善社会公共服务，使英国成为下一轮数据驱动型创新的领导者。

（三）多面布局人工智能等数字产业

在现代化产业打造上，英国通过在技术—商业—高校等多个层面布局数字化转型，于2018年先后发布了《产业战略：人工智能领域行动》《国家计量战略实施计划》等一系列战略行动计划。通过拥抱和利用数字创新来推动经济繁荣和增强经济适应力，人工智能、机器学习和网络安全等领域将是推动国内发展和出口的关键。截至 2020 年 12 月，英国政府已向包括虚拟技术在内的沉浸式新技术研发投入 3300 万英镑，向数字安全软件开发和商业示范投入 7000 万英镑，向下一代人工智能服务等投入 2000 万英镑的研发经费。英国布里斯托大学成功建立了城市范围的超安全量子网络。英国萨里大学成立了专注于 6G 技术研究的创新中心。

第三节
世界范围内数字经济浪潮的新特征

从农业经济到工业经济、再从工业经济到数字经济，世界经济数字化转型已经是大势所趋。数字技术正在全球范围内迅猛发展，世界各国和企业纷纷开启数字化转型之路。当前数字化浪潮下，数字经济作为新生业态，正在深刻改变着人们的生产和生活。目前席卷全球的数字化浪潮出现了新的特征：

一、平台化成为世界范围内数字经济浪潮的新载体

大数据、云计算、人工智能技术的进步和应用，大大提升了企业分析和使用数据的能力，增加了数据规模。各大场景用户规模的增长，平台成了新的产品和服务载体，围绕平台形成数字产业生态。以平台化为转型基础，以智能化为转型目标，以实体经济与数字经济融合为主要方式。平台企业推动，通过提供云服务、数据服务和平台服务、数字化基础设施为其他产业进行数字赋能，促进业务流程的数字化转型。或者由传统制造业厂商推动，通过对 ICT 基础设施投资搭建基于自身制造经验的互联网平台，将业务流程、产品和服务以数字化的形式呈现，如西门子的 MindSphere、美国通用的 Predix 等。

二、智能化成为世界范围内数字经济浪潮的新趋势

人工智能技术的进步不仅改变了生产组织形式、企业形态，也改变了城市的面貌和基础设施、公共服务供给。在技术的推动下，生产端和消费端深度融合，产品中包含了更多的服务，消费者本身也可以作为内容、创意的供给方为生产服务；生产领域相继出现了智能化车间、智能化工厂、智能化供应链；部分行业出现

新一轮机器人对人工的替代；在社会领域，基于交通大数据和无人驾驶技术的"智慧交通"体系正在各城市不断实践，运用远程技术和医疗数据的"智慧医疗"体系也在不断建设，政府服务也可以在"电子政务平台"进行。

三、共享成为世界范围内数字经济浪潮的新特征

数字交易、数字金融、数字发行等数字产品和服务逐步向消费者推广，更有厂商试图通过打造"社区"等手段提高用户的粘性，数字经济整合服务业的速度不断加快。与此同时，制造业与服务业"融合"形式的数字化转型也大规模开启。计算机和电子设备厂商成为制造业领域"融合"服务的主要推动力，数字内容开始被融入新开发的电子设备中，以工业产品的形式为消费者提供服务，在跨国企业的推动下，电子设备制造业在全球布局。IT企业则开始数字化转型路径的探索，率先将软硬两个层面的能力打通，利用数字技术进行二三产业融合。更多的制造业企业则通过购买数字化服务来提升企业的生产效率，对数字服务的购买也降低了企业独立进行ICT基础设施开发投资的成本，节约了社会资源。在数字产品软硬件的综合作用下，企业对数据分析和运用能力大大提升，数据的重要性开始凸显。

四、数字经济推动了世界范围内的经济转型

数字经济通过将传统链条式交换的贸易转为统一聚合的市场，能够加快全球贸易发展的进程。基于云计算、人工智能及区块链等新型技术，数字经济能够创造一种更为灵活的全球协作系统，进而更好地契合经济全球化发展下的多边协作的需要。数字经济能够加速创新要素资源在全球范围内的流动，并降低各国参与全球贸易和区域产业链分工的成本，进而实现发展成果的普惠式共享。同时，数字经济以区块链、人工智能等新兴技术为依托，能够推动统一、透明、公正、合理的交易监管机制的形成，进而推动全球经济治理中的代表权和话语权的合理再分配，为新兴发展中国家和中小企业提供更多的发声机会。

五、数字经济为促进世界范围内的开放提供了新路径

数字经济将各类经济主体通过互联网技术相互连接，世界各国的数据与资

源通过互联网技术实现共享。这就意味着,国家与国家之间的贸易连接可以通过数字经济来实现,数字经济在国家与国家贸易之间的应用,可打造全球经济贸易的产业链与供应链,使全球各国的生产分工和贸易交换更加便捷,使全球各国之间经济往来更加密切,同样也使国家与国家之间的各项经济往来更加紧密。如果每个国家都可以加大对外开放的力度,实行积极的对外开放政策,让数字经济在各国的合作中得到高水平、高质量发展,那么数字经济的发展也一定会促进各国间的紧密交流和友好合作,推动世界各国及整个世界经济的发展。

第二章
世界范围内数字化浪潮下的经济现代化

在世界文明浪潮中,从工业革命开始的三百年间,世界现代化经历了四次现代化浪潮,前三次浪潮是由工业革命推动的,而第四次现代化浪潮是由数字经济浪潮推动的。在数字经济浪潮推动下,世界现代化发生了深刻变化,经济发展开始由以工业经济为核心转变到以数字经济为核心,社会由工业社会转向数字化的社会,文明形态从工业文明转向数字文明,世界现代化进入二次现代化阶段。

第一节
世界范围内数字化浪潮下的经济现代化浪潮

20世纪80年代,托夫勒的《第三次浪潮》认为人类迄今已经历了三次文明浪潮:第一次是"农业革命",即人类从原始野蛮的渔猎时代进入以农业为基础的社会,历时几千年;第二次是"工业革命",历时300年,摧毁了古老的文明社会。工业革命在第二次世界大战后10年达到顶峰。在第二次浪潮时期,以使用化石燃料作为能源基础;技术突飞猛进。第三次浪潮时期,以电子工业、宇航工业、海洋工业、遗传工程组成工业群。在世界三次文明浪潮中,从工业革命开始的三百年间,世界经济现代化经历了四次浪潮:

经济现代化的第一次浪潮发生在18世纪下半叶的英国。由第一次工业革命所推动,包括现代工业的诞生和发展,以及欧洲农业革命,主要特点是机械化。主要表现为经济持续增长、农业比重下降、工业比重上升、全国市场一体化、工业技术和制度扩散到其他经济部门等。技术发明和创新、殖民效应、海外贸易和资本积累是主要动力。第一次浪潮是由技术发明、技术创新和制度创新组成,这次浪潮的关键技术创新发生在纺织工业、煤炭工业、机械工业、运输工业、冶金工业和通讯工业等领域。

经济现代化的第二次浪潮发生在1870—1913年期间。经济现代化的前两次浪潮都是由工业革命推动的,经济现代化第二次浪潮是由第二次工业革命所推动,但第二次经济现代化浪潮的前锋转移到欧洲大陆和美国。德国成为世界科学中心,德国和美国成为第二次浪潮的主体。第二次经济现代化浪潮以科学为基础,以电、内燃机和电气化为特点。第二次经济现代化浪潮关键技术创新发生在动力工业、钢铁工业、能源和化工、运输工业和电讯产业等,其中内燃机和发电机的发明是革命性的。第二次经济现代化浪潮使得世界经济格局发生着变化,德国成为欧洲最大的工业国,英国屈居欧洲第二,美国成为世界头号工业强国,亚洲的日本工业化也取得较大进展。

经济现代化的第三次浪潮发生在1946—1970年间,包括发达的工业化国家黄金时代和发展中农业国家的经济现代化。发达的工业化国家的黄金时代是经济现代化第三次浪潮的核心和前沿，农业国家的经济现代化是农业国家开始第一次经济现代化浪潮。麦迪森认为这一时期人类经济史上的黄金岁月，全球经济进入增长最快的时期，工业经济发展达到鼎盛时期。发展中农业国家的经济现代化起步时间不一致，布莱克在《现代化的动力》一书中列出一百多个国家和地区的现代化进程，其中9个农业国家的现代化启动在1870年前。19个国家在1870—1913年期间启动。23个国家在1913—1945年期间启动，1946年以来发展中国家的经济增长率比发达国家更快。第三次浪潮也是由技术创新推动的，技术创新领域涉及人工合成技术、电子工业、工业自动化、新材料、新能源和航空航天工业等。

　　世界范围内数字化浪潮下的经济现代化第四次浪潮发生在1970年以来，包括世界经济前沿的知识革命，以及后进国家的经济现代化。前三次浪潮都是由工业革命推动的，第四次浪潮是由知识革命推动的，知识革命导致工业比重的下降和知识产业比重的上升。信息技术、生物技术材料技、先进制、先进能源、航天技术、自动化技术、环境技术、光电技术、海洋技术等。信息革命是由现代信息技术及其产业的快速发展引起的，通信、电脑和网络的发展是它的重要内容。信息革命以数字化信息技术为基础，包括电脑化第一阶段、网络化第二阶段和智能化第三阶段等三个阶段，知识经济的崛起速度远远超过了工业经济。第四次经济现代化浪潮中信息化和网络化，数字化信息技术大量应用于生产和产品，计算机辅助设计和智能化制造日益普及。经济现代化的第四次浪潮以大数据、数字化、网络化和智能化为代表的"第四次工业革命"为核心，技术创新领域涉及连通性、数据和计算能力领域中的云技术、互联网、区块链、传感器。分析和智能领域中的高级分析、机器学习、人工智能。人机交互领域的虚拟现实（VR）和增强现实（AR）、机器人技术和自动化、自动导引车。高级工程领域的增材制造（例如3D打印）、可再生能源、纳米粒子。克劳斯·施瓦布在《第四次工业革命》一书中指出"与历次工业革命不同，第四次工业革命有其显著特点，比如互联网变得无所不在、移动性大幅提高，传感器体积变得更小、性能更强大、成本也更低，同时，人工智能和机器学习也开始展露锋芒。"经济现代化的第四次浪潮的特点，从"要素"的角度看是数字要素、新能源等新型要素的产生,从经济运行逻辑的角度看是零边际成本。在产业组织上,全球产业加速进入模块化设计、模块化生产和模块化消费的模块化大发展时期。技术融合、产品融合、服务融合和产业融合可能成为产业链升级的最重要的形式。

世界范围内数字经济的迅猛发展推动了第四次经济现代化浪潮,代表了世界经济的方向和未来,中国式现代化要积极拥抱第四次浪潮,同时推进信息化和工业化,以数字经济为引擎推动高质量发展和中国式现代化行稳致远。在制度变革方面,在完成工业化时代的一次现代化任务的同时,积极推进以信息化和数字化为核心的二次现代化,做好数字经济时代中国式现代化的推进和拓展。同时在制度安排上加强国家治理体系和治理能力的现代化,"推动中国式现代化从经济基础现代化向上层建筑现代化迈进"[①]。在技术进步方面,充分把握第四次科技革命的契机,发挥新型举国体制的优势,实现科技的自立自强,大力发展数字经济,实现数字经济与中国式现代化的深度融合,推动数字经济与实体经济的深度融合,超越信息化、自动化,积极推进智能化,通过数字技术创新驱动,结构转型和制度创新推动新旧动能转换。在结构转变方面,积极推进重大结构转型的突破,适应数字经济发展大势,提升我国在经济全球供应链价值链中的地位。适应世界新科技革命发展大势,加快优化科技结构,实现科技自立自强。

第二节
世界范围内数字化浪潮下经济现代化的物质技术基础

18 世纪以来,工业现代化不仅是经济现代化的核心内涵和国家现代化的战略基石,也是经济现代化和国家现代化的推动力。可以说工业革命既是世界工业化和工业现代化的起点,也是世界现代化的开端,以工业革命为基础的现代化被称为一次现代化。在世界范围内的数字化浪潮下,中国数字经济的发展带来新技术、新业态、新模式等,进一步推动了经济现代化发展的物质基础、技术基

---

① 洪银兴:《中国式现代化论纲》,江苏人民出版社 2023 年版,第 47 页。

础、产业基础和制度基础的转变,实现了产业基础能力的高级化和产业链的现代化,培育了经济现代化发展的新优势。

一、生产力基础:从传统生产力转向新质生产力转变

生产力理论是马克思主义经济学理论的重要组成部分,按照经济学的生产力理论,生产力就是劳动生产力,就是人们生产和创造社会财富的一种能力,是人类在认识世界、改造世界过程中所积累的生产能力,马克思把劳动生产力分为劳动的社会生产力和劳动的自然生产力。按照马克思经济学的生产力理论,生产力是一个多因素,且动态变化的概念,在数字经济发展和数字技术推动下,新工艺、新材料的不断涌现,生产力系统中正在进行重大变革。生产力要素不只是劳动者、劳动对象和劳动手段,信息、数据、网络、知识和技术等都成了生产力的重要因素。数字经济情况下要素生产力地位下降,组合生产力地位进一步提升。正如马克思所说,"劳动生产力是由多种情况决定的,其中包括工人的平均熟练程度、科学发展的水平和它在工艺上应用的程度,生产过程的社会结合,生产资料的规模和效能,以及自然条件"[1]。在马克思历史唯物主义的思想范式中,马克思从生产力的发展变化揭示社会发展的基本规律。生产力是一个国家现代化水平和程度的集中体现,也是影响现代化进程的重要因素。从第一次工业革命的机械化,到第二次工业革命的电气化,再到第三次工业革命的信息化,不断地科技创新,带来社会生产力的大解放,为人类现代化的演进提供了源源不断的动力,推动了人类现代化从低级向高级的演进。数字经济的快速崛起推动了生产力的变化。里夫金在《第三次工业革命:数字经济模式如何改变世界》中提出的数字经济的标志是:在能源、交通和基础设施领域大量采用数字技术,当这些领域中采用数字技术的比例越来越高时,就标志着真正的数字经济产生。2023年习近平总书记在四川、黑龙江、浙江、广西等地考察期间,提出要整合科技创新资源,引领发展战略性新兴产业和未来产业,加快形成新质生产力[2]。在9月7日召开的新时代推动东北全面振兴座谈会上再次指出,"积极培育新能源、新材料、

---

[1] 《马克思恩格斯全集》第23卷,人民出版社2004年版,第53页。
[2] 习近平:《发展新质生产力是推动高质量发展的内在要求和重要着力点》,《求是》2024年第11期。

先进制造、电子信息等战略性新兴产业,积极培育未来产业,加快形成新质生产力,增强发展新动能。"新质生产力是以科技创新为主的生产力,是数字时代体现新内涵的生产力。"新"是指不同于传统生产力,以新技术、新经济、新业态为主要内涵的生产力。"质"是强调把创新驱动作为生产力的关键要素,以实现自立自强的关键性颠覆性技术突破为龙头的生产力跃升。数字经济改变了生产力,促进了生产力从传统生产力向新质生产力的转变,使现代化的生产力基础发生了变化。

(一)数字赋能的新质生产力为经济现代化提供了新的生产力基础要素

生产力基础要素表现为一定经济形态的生产要素。工业化时代生产力基础要素表现为劳动、资本和土地三种生产要素。数字经济时代"数字生产力"作为新质生产力的代表,其核心就是数字化、智能化,数字化引领生产力,智能化增添发展动能,为经济现代化提供了新的生产力基础要素。一是在数字技术的普及方面,数字经济的发展以新一代信息数字技术为基础,新一代数字技术和传统数字技术最大的区别在于万物互联和数字化。近年以来,互联网、云计算、大数据、人工智能等新技术的普及,互联网帮助人们随时随地获取信息,云计算降低运算成本,大数据获得海量数据,人工智能便捷人们的工作和生活方式,物联网将虚拟与现实连接起来。在这些技术的普及之下,数字经济培育了大量的新型劳动者。二是新型劳动者的产生。数字经济时代的劳动不仅包括传统政治经济学概念上的劳动,还因为其网络共享性的特点改变了原有的劳动模式,因此诞生的数字劳动者的工作和休闲界限被模糊掉了,他们以更加密集的劳动参与到工作中,凭借自己的脑力和体力生产传播技术,给互联网平台提供了无意识的免费劳动。在过去政治经济学的背景下,劳动分为简单劳动和复杂劳动。但在数字经济背景下,所有劳动都是复杂劳动,劳动的划分是创造性和非创造性劳动之间的区别,这产生了大量的信息劳动者。三是数据作为一种全新的生产要素,成为数字化时代新型知识生产方式。数据作为新的生产要素,在重构生产力方面表现出了依附性倍增和的集约性替代,在重构生产关系方面表现为网状共享性和分配特殊性。数字经济时代把数据作为第五种生产要素纳入到生产过程中,改变了生产函数和增长体系,数字要素成为数字经济时代的核心战略要素。数字经济体基于互联网、大数据、云计算、人工智能、区块链等技术,能够快速掌握大量可靠的数据,更精准地分析预测市场需求和供给,提高资源配置效率。数字技术的发展与普及催生了大量的网络平台和在线交易,为消费者和生产者提供了更加便捷的信息获取渠道,加速了资本的积累。因此,数据成为数字经济时代下生产力现代化的要素。

(二) 数字赋能的新质生产力凸显了经济现代化进程中创新要素的作用

新质生产力更加突出创新驱动,其核心是创新要素,创新要素包括智力、算力、算法、数据等无形的创新生产力。以数字技术为基础产生的新质生产力主要表现为数字赋能的新质生产力,数字赋能的新质生产力指通过数字技术融合其他生产要素,是生产力要素即劳动者、劳动资料和劳动对象"三位一体"的数字化结果,凸显了推动中国式现代化的创新要素的地位。一是数字赋能的高级生产要素在中国式现代化中的作用被提升。现代化发展阶段不同,使用生产要素的级别不同。资本和劳动力是传统经济生产力的关键要素,而知识、技术、人力资本、信息、数据、平台、系统是数字经济的生产力要素。传统经济强调物质生产力,在生产力要素中主要关注劳动、劳动对象和劳动资料这些简单的生产要素,教育、科学技术、文化、创造性劳动这些高级生产要素的重要地位没有受到关注。在数字背景下的中国式现代化中,教育、科学技术、文化、创造性劳动这些高级生产要素的地位被提高了。二是在中国式现代化中数字赋能的创新生产力地位的日益提升。数字经济的本质是创新,在数字经济背景下,创新生产力的地位和作用日益提升。约瑟夫·熊彼得在《经济发展理论》中强调创新在经济发展过程中的作用。创新的核心主要是生产技术的革新和生产方法的变革,在创新过程中企业家是主体,创新就是要建立一种新的生产函数,把新生产要素和生产条件进行新组合,从而形成一种新的生产力。三是在中国式现代化中数字赋能的创新驱动成为核心驱动力。新质生产力作为当前先进生产力的具体表现形式,推动着未来产业的诞生和成长。诺贝尔经济学奖获得者克莱因教授将经济构成划分为三个部分:传统经济体系、知识经济体系和数字经济体系。传统经济体系以传统制造业为主体的产业体系,知识经济体系是以高新技术产业为主体的产业体系,数字经济体系以新兴产业为主体的产业体系。数字经济体系以高技术为支柱,以智力资源为依托,核心驱动力在于创新,创新既可以形成新的产业,如云计算、人工智能、物联网、移动互联等。创新可以通过新机器的驱动,提高生产率,驱动更多的物质财富,"创新的驱动力是成本最小化、产出最大化,以及资源的利用。它确实带来了日益增长的物质财富,也可以带来利润的上升"①。数字经济是将数据作为基础要素的经济形态,通过数字技术,主要包括数据的收集、存储、处理、传输和显示,产生数字化的产品和服务,作为直接消费品或生产过程的中间产品再次进入经济体系,同时,数字技术在向传统经济的渗透过程中,通过数字化、智能化迅速提高生产效率,在市场竞争环境下,促使整个行业迅速接受数字经济与传统生产方式的融合,从而实现数字经济与传统经济的融合。

二、物质基础:从实体经济基础转向数实融合的经济基础

没有坚实的物质技术基础,就不可能建成社会主义现代化强国,物质基础是一定社会的经济制度存在和发展的社会生产力状况。新中国成立以来,在党的领导下开辟了中国特色的工业化和现代化的之路,建立起独立完整的工业体系和国民经济体系,为中国式现代化奠定了坚实的物质基础,使中国进入了现代经济增长时期。独立完整的工业体系中的实体经济作为国家经济发展的关键所在,同时也是推动中国式现代化高质量发展的关键力量。在数字经济浪潮的冲击下,经济现代化的物质基础需要从实现由实体经济向数实融合的经济基础的转变,没有强大的实体经济作为支撑,就不能形成经济现代化坚实的物质基础。中国式现代化需要充分发挥数字技术对实体经济的放大、叠加作用,通过数实融合推动实体经济高质量发展。数实融合即数字技术对非数字实体经济的渗透和应用,实现数字经济对实体经济的赋能,推动实体经济的高质量发展,奠定现代化产业体系的发展基础。

(一) 实体经济是经济现代化坚实的物质基础

在世界现代化进程中,实体经济是经济现代化坚实的物质基础。实体经济

---

① [英]保罗·梅森:《数字经济的逻辑》,中信出版社2018年版,第215页。

是财富创造的根本源泉,新中国成立以来我国建立了完善的实体经济,而且改革开放以来经济发展是从实体经济起家的,我国拥有联合国产业分类中全部工业门类的国家,制造业增加值占全球比重近30%,中国式现代化不能脱实向虚,必须以实体经济为基础,加快建设以实体经济为支撑的现代化产业体系。党的二十大报告中明确指出:"中国共产党的中心任务就是团结带领全国各族人民全面建成社会主义现代化强国、实现第二个百年奋斗目标,以中国式现代化全面推进中华民族伟大复兴。"[1]二十届三中全会的《决定》指出"全党必须把改革摆在更加突出的位置,紧紧围绕推进中国式现代化进一步全面深化改革"。[2] 在数字经济背景下,实现中华民族的伟大复兴,要把推进中国式现代化作为发展的关键力量,实体经济作为国家经济发展的根本,以数字经济作为新动能和新优势,把发展经济的着力点放在实体经济上,实现数字经济与实体经济的深度融合,推进和拓展中国式现代化,构建以数字经济为核心的现代化经济体系。进入新时代以来,数字经济的发展已经成为各国把握发展先机,掌握发展主动权的关键举措,在数字经济的发展背景下,数字经济与实体经济的深度融合形成了经济式现代化坚实的物质基础。《"十四五"数字经济发展规划》中明确指出要"以数据为关键要素,以数字经济与实体经济的深度融合为主线,加强数字基础设施建设,完善数字经济治理体系,协同推进数字产业化和产业数字化,赋能传统产业转型升级,培育新产业新业态新模式,不断做强做优做大我国数字经济,为构建数字中国提供有力支撑。"[3]世界正经历百年未有之大变局,在变局中掌握发展的主动权,提升我国经济竞争力,需要进一步做大做强做优实体经济,数字经济与实体经济的深度融合完善,是未来推动经济现代化高质量发展的重要支撑。

(二) 数实融合夯实了经济现代化的物质基础

数字经济时代,经济现代化与数字经济的发展高度契合,数字经济作为一种新型经济形态,是提升产业发展竞争力,重塑经济结构的关键。数字经济与实体

---

[1] 习近平:《高举中国特色社会主义伟大旗帜　为全面建设社会主义现代化国家而团结奋斗》,《人民日报》2022年10月26日,第1版。
[2] 《中共中央关于进一步全面深化改革推进中国式现代化的决定》,人民出版社2004年版,第3页。
[3] 《"十四五"数字经济发展规划》,《人民日报》2022年1月13日,第1版。

经济的深度融合是以数据作为新型生产要素为基础的[①]，数据作为数字经济发展的关键生产要素，推动了实体经济生产方式、生产工具、生产对象等的变革。中国式现代化是人口规模巨大的现代化，我国拥有14亿多的人口，是世界第二大经济体，对于数字消费而言，拥有巨大的消费市场。数字经济的发展，促进了数字技术在各行各业的渗透，推动了数字经济与实体经济的深度融合，数字经济的发展需要实体经济的支撑，而做大做强做优实体经济需要数字经济发展所带来的数字技术的支持，数字经济与实体经济的深度融合奠定了中国式现代化坚实的物质基础。党的十八大以来，习近平总书记多次强调要坚持把发展经济的着力点放在实体经济上，筑牢实体经济根基，只有牢牢把握住实体经济的发展根基，才能实现新时期经济的高质量发展。党的二十大报告在重申把发展经济的着力点放在实体经济上的同时，指出要加快发展数字经济，促进数字经济与实体经济的深度融合，打造具有国际竞争力的数字产业集群。二十届三中全会的《决定》提出"健全促进实体经济和数字经济深度融合制度"。经济发展的新时期，数字经济的快速发展为实体经济发展提供了数字技术的支持，加快了实体经济的数字化转型，以数字技术的应用为契机，深化数实融合，为中国式现代化的高质量发展奠定物质技术基础。

（三）数实融合是推动中国式现代化物质基础高质量发展的关键动力

数字经济的发展打通了生产、消费、流通的各个环节，促进了传统生产方式的变革，数字技术融入生产的各个环节，加快了实体经济的数字化转型。在数字经济发展的背景下，实体经济发展方式也逐渐转变，实体经济与数字经济的深度融合成为促进实体经济高质量发展的重要路径，也成为推动中国式现代化物质基础高质量发展的关键动力。中国式现代化的高质量发展需要坚实的实体经济基础，需要筑牢实体经济的根基，只有具有强大的实体经济，才能推动中国式现代化行稳致远。而随着发展环境的不断转变，传统的实体经济基础已经不能完全支撑实现中国式现代化的现实所需，实现中国式现代化的高质量发展，需要建

[①] 洪银兴、任保平：《数字经济与实体经济深度融合的内涵和途径》，《中国工业经济》2023年第2期。

设高质量的产业体系,数字经济与实体经济的融合,通过新技术、新业态、新模式等,充分发挥了数字化的发展优势,提升实体经济的发展质量,数字经济与实体经济的深度融合,形成新时期中国式现代化新的物质技术基础。信息技术的迭代更新,加快了数字经济的发展进程,数字经济发展规模呈现快速增长的趋势,且随着经济社会的快速发展,数字经济逐渐成为拉动中国经济高质量增长的重要动力。数字经济作为新时代经济发展的新引擎,实体经济作为现代化产业体系的基础,数字经济与实体经济的深度融合赋能中国式现代化的高质量发展。

(四) 数实融合是构建经济现代化物质基础新发展格局的关键环节

数字经济与实体经济的深度融合,不仅为实体经济赋予了新的内涵,同时是数字经济时代构建经济现代化物质基础新发展格局的关键环节。数字经济的发展通过数字技术融入实体经济,数字经济与实体经济的融合,在促进传统产业数字化转型的同时,推动传统产业生产方式、发展模式、组织架构等的变革,提升实体经济的发展效率。数字经济时代,在数字经济与实体经济深度融合的过程中,实体经济作为发展的核心,通过与数字技术的融合应用,加快了数字化转型,形成实体经济创新发展的新格局。在经济发展新阶段,实现中国式现代化高质量发展,不再是以传统的实体经济作为物质基础,而是通过数实融合,深化实体经济效率变革,通过在发展过程中对数字技术的应用,提高传统产业的生产效率,降低生产成本。同时,以数字化转型为契机,重构传统产业的生产体系,提升产业竞争力,强化了实体经济对中国式现代化高质量发展的支撑。中国式现代化道路,是中国共产党领导的社会主义现代化道路,是具有中国特色的现代化道路,没有经验可以借鉴,实现中国式现代化,就必须具备坚实的物质基础。在数字经济的发展背景下,数字经济与实体经济的深度融合,构建起中国式现代化物质基础新发展格局,推动实体经济做大做优做强,为数字经济时代促进经济现代化和高质量发展奠定了坚实物质基础。

三、技术基础:从工业技术创新转到工业技术创新与数字技术创新的结合

在世界范围内数字化浪潮中,以数字技术为代表的新一轮科技革命和产业变革,预示着经济社会进入了新的发展时代。埃里克·布莱恩约弗森等在《第二

次机器革命》中指出"数字技术是最通用的通用目的技术,它具有普遍性,能够随着时间提升,而且还能催生大量的创新。"[1]数字经济发展的核心在于通过数字技术的应用,促进传统产业的数字化转型,形成新时期产业发展的创新领域,推动新时期产业、技术的颠覆性变革。新时期实现中国式现代化,不仅要在经济上实现现代化,同时要推动中国科技现代化,实现高水平的科技自立自强,工业技术创新与数字技术创新的结合,在推动中国式现代化高质量发展的过程中,发挥着强大的动力作用。

(一) 数字技术创新与工业技术创新的结合推动了经济现代化的科技现代化

新的发展环境下,实现中国式现代化,不能走西方国家的老路,中国式现代化道路是具有中国特色,符合中国国情的现代化道路,要坚持绿色和平的发展道路,实现绿色发展就必须依靠科技创新。在数字经济发展的背景下,单纯地依靠传统的工业技术创新无法在新的变局中掌握发展的主动权,数字技术创新与工业技术创新的结合,是推动经济现代化高质量发展的重要引擎。科技创新一直以来都是推动经济发展的重要动力,党的二十大报告中明确强调要"坚持创新在我国现代化建设全局中的核心地位。"创新是现代化的第一动力[2],也是实现现代化的重要动力,中国式现代化不同于西方国家的现代化,是符合中国国情,具有中国发展特色的现代化道路,我国从一个工业体系不完整,工业基础薄弱的国家,发展成为一个具有完备工业体系的制造业大国,在发展的过程中工业技术创新的作用不容忽视。在数字经济的发展背景下,数字技术的发展推动了传统工业技术的升级换代,数字技术的创新驱动作用,实现了工业技术创新与数字技术创新的结合,进一步发挥了我国完备的工业产业体系和国内大市场的优势。在新的发展形势下,数字技术的不断创新,推动了传统工业技术的升级,数字技术与工业技术创新的结合,为经济现代化提供了技术支持。

(二) 数字技术创新与工业技术创新的结合为经济现代化提供了新动能

在数字经济发展浪潮的冲击下,实现现代化高质量发展这一目标,不能仅在

---

[1] [美]埃里克·布莱恩约弗森、安德鲁·麦卡菲:《第二次机器革命》,蒋永军译,中信出版社2016版,第106页。
[2] 洪银兴:《中国式现代化:目标、进程和道路》,《学海》2023年第3期。

工业技术创新上下功夫,还要重视数字经济时代数字技术的创新驱动作用,构建新的科技创新体系,实现经济现代化的技术基础由工业技术创新向工业技术创新与数字技术创新相结合的转变。数字技术创新与工业技术创新的结合,拓展了数字技术的发展空间,提高了我国科技发展的核心竞争力,形成了经济现代化高质量发展的技术基础。在新的历史变局中,经济现代化这一目标的实现,需要新的技术创新体系的支撑,要在新一轮科技革命和产业变革中掌握发展主动权,保持数字经济持续增长的空间,就必须在数字技术创新上有新的作为。经济现代化与我国科技创新密切相关,在数字经济的发展背景下,随着云计算、互联网、大数据、人工智能等新一代信息技术的迭代更新,工业技术创新逐渐呈现出与数字技术创新相结合的发展趋势。数字经济时代,数字技术的发展推动了技术创新方式的多样化转型,逐渐形成数字技术的创新生态系统,数字技术创新与工业技术创新的结合,提升了我国数字技术的创新能力,通过数字技术的创新发展,赋能生产生活等各个领域,突破关键核心技术难关,实现我国数字技术创新的自立自强,为经济现代化提供了新动能。

(三)数字技术创新与工业技术创新结合培育了经济现代化的新优势

随着新一轮数字技术的快速进步,数字经济已经进入了快速发展期,逐渐展现了后发国家的后发优势,在数字经济进入深度应用阶段,提升数字经济的竞争力,使数字经济的发展更好地为经济现代化服务,要求数字技术创新向更高水平发展。科技的现代化,是经济现代化的重要组成部分,建设科技强国,就是要提升我国自主创新能力,强化科技自立自强对中国式现代化的战略支撑,培育经济现代化的新优势。当前世界新一轮科技革命和产业变革正在兴起,数字技术的创新发展,推动我国自主创新体系的变革,从根本上改变了传统工业技术的发展范式,数字技术创新与工业技术创新的结合,提升了工业技术创新的效率,切实提高了我国关键领域的自主创新能力,使技术创新更好地服务于中国式现代化建设。数字经济时代,以大数据、云计算、物联网和人工智能等为代表的数字技术的纵深发展,已经成为驱动经济高质量发展的重要力量,数字技术的迭代更新,促进了生产方式、生产关系、经济结构等的变革。信息技术的日新月异,技术创新的广度和深度也在不断变化，工业技术创新与数字技术创新的结合，驱动我国价值链、产业链和创新链的融合，推动我国技术创新体系纵深化发展，创造更多的原创性成果，逐渐突破关键核心技术难关，培育实现经济现代化高质量发展的技术优势。

（四）数字技术创新与工业技术创新的结合形成了经济现代化新的驱动机制

数字技术创新不同于传统的工业技术创新，数字技术创新具有较强的融合性，可以产生创新的协同效应，在技术创新的过程中，数字技术的创新可以降低技术创新的成本，提升创新效率。经济现代化是建立在数字经济发展的基础之上，数字经济时代，经济现代化被赋予了更多的数字经济的内涵。在新的发展环境下，数字经济的发展打通了生产、交换、流通、分配和消费的各个环节，依托数字技术的创新发展，实现生产过程现代化转型。在经济现代化的进程中，推进数字技术的创新，就是通过数字技术与传统工业技术的结合，充分挖掘数字技术的发展潜力，构建数字技术创新体系。随着经济社会的快速发展，创新驱动战略的深入实施，我国自主科技创新能力有所提升，但面对新的国际环境，个别发达国家对我国实行的技术压制，关键核心技术的"卡脖子"问题，仍是制约我国实现科技自立自强的关键因素。在数字经济时代，实现高水平科技自立自强，要注重数字技术创新，建立数字技术创新对经济现代化的长效驱动机制。在推进经济现代化的新征程中，数字技术创新与工业技术创新的结合，不仅提升了工业技术创新的创新效益，同时促进了科技创新成果向生产力的转化，充分发挥了数字技术创新的优势，以数字技术创新能力的提升，为经济现代化提供技术支撑。

四、产业基础：从工业经济的产业体系转向数字经济的产业体系

工业体系一直以来都是支撑国民经济发展的关键[①]，1953—1957年提出第一个五年计划，我国的工业化建设在国家贫穷时期艰难起步，我们党领导全国人民逐步建设社会主义现代化工业体系。时至今日，我国已经成为世界第一制造大国，拥有世界上最完备的工业体系，并逐步实现从"制造大国"向"制造强国"的

[①] 杨琰：《新中国工业体系的创立、发展及其历史贡献》，《毛泽东邓小平理论研究》2019年第8期。

转变。《中华人民共和国国民经济和社会发展第十四个五年规划和2035年远景目标纲要》中指出要坚持自主可控、安全高效,推进产业基础高级化、产业链现代化,保持制造业比重基本稳定,增强制造业竞争优势,推动制造业高质量发展[①]。工业经济的产业体系一直以来都是支撑国民经济高质量发展的关键力量,但随着经济社会的快速发展,现有的工业经济的产业体系已经不能完全支撑起新时期国民经济的高质量发展,在数字经济的发展背景下,数字经济与三大产业的深度融合,尤其是数字经济与制造业的深度融合,推进制造业的数字化转型,加快数字产业化与产业数字化的发展进程,形成了新的数字经济的产业体系。

(一) 数字经济产业体系的构建是经济现代化提升产业基础能力的关键环节

新一轮的科技革命和产业变革已经到来,如何把握发展机遇,提升产业竞争力,是世界各国关注的焦点。数字技术的应用,可以进一步优化我国产业结构,创造更多高附加值的高端产品,促进我国产业向全球价值链中高端迈进。在经济发展的新时期,经济发展实现从工业经济迈向数字经济,产业体系实现从工业产业体系迈向数字化产业体系,为中国式现代奠定坚实的产业基础。数字经济与传统产业的深度融合,进一步推动了产业基础高级化和产业链的现代化,在数字经济的背景下,建设现代化的产业体系,就是要加快建设数字化的产业体系,以数字化产业体系的构建,提升经济现代化的产业基础能力。我国虽然具有世界上最完备的工业体系,但总体而言我国产业整体供给质量不高,关键核心技术仍然受制于人,缺乏高精尖产业的支撑。在实现经济现代化的进程中,亟需实现由工业体系向数字化产业体系的转变,顺应数字经济的发展大势,弥补产业发展的短板,促进全产业链升级,提升产业竞争力。在经济现代化新征程中重塑我国产业参与国际竞争的竞争优势。数字化产业体系的构建,可以进一步加快数字经济产业的发展进程,促进传统产业的数字化转型,提升产业供给质量,推动产业基础的高级化。

---

① 《中华人民共和国国民经济和社会发展第十四个五年规划和2035年远景目标纲要》,《人民日报》2021年3月13日,第1版。

（二）数字经济的产业体系是经济现代化的新动能

在数字经济的发展背景下，数字经济与传统产业的深度融合，为产业发展注入了新的生命力，数字经济为产业发展带来的新技术、新业态、新模式等的支持，数字技术在产业生产过程中的应用可以提升供给质量，减少无效供给。在数字技术的推动下，数字技术与传统产业的融合，加快了传统产业的数字化转型，产业数字化与数字产业化的快速发展，可以进一步促进我国产业的数字化、智能化，构建现代化产业体系，提升我国产业的整体运行效率。数字经济浪潮的冲击，加快了产业发展模式的转变，在推进传统产业转型的同时，培育了许多新兴产业，形成了新时期经济现代化高质量发展的新动能。一方面，我国虽然是世界上第一制造大国，但从总体来看，制造业"大而不精"，产业基础薄弱，传统产业的存量仍然较大。数字经济的快速发展，数字技术融入生产的全过程，传统产业与数字技术的结合，通过数字化转型来降低发展成本，增加产业产出效率，创造更多的产品和服务，提升传统产业竞争力。另一方面，数字化产业体系的构建，为数字经济产业的发展营造良好的发展环境。数字经济的发展不仅带来了新技术、新业态、新模式等的支持，同时数字经济的发展创造了新的经济增长点，为产业发展注入了新的增长动力，加速传统产业的智能化、数字化、信息化转型，促进现代化产业体系的建设，数字化产业体系的建设逐渐成为经济现代化高质量发展的新引擎。

（三）数字经济的产业体系推动了经济现代化中现代化产业体系的构建

实现中国式现代化，要深刻认识到构建现代化产业体系的重要意义，夯实经济现代化发展的产业基础。实现现代化首先要实现经济的现代化，而经济的现代化需要现代化的产业体系作为支撑，在数字经济的发展背景下，现代化产业体系的构建，就是要在数字经济发展的推动下，形成数字化产业体系，推进传统产业的数字化转型，加快数字产业化与产业数字化的发展进程。随着经济社会的快速发展，数字化产业体系的构建，进一步提升了我国产业链发展的安全性和稳定性，为实现中国式现代化提供了坚实的产业基础支撑。数字经济的发展与实现中国式现代化在其内涵和实现过程上高度契合，推动数字经济的高质量发展，其首要任务就是要构建数字化的产业体系,大力发展数字经济产业,而实现中国式现代化,其核心内容就是要实现产业体系的现代化,推动中国经济的现代化。在经济发展新时期,信息技术的迭代更新,数字经济的持续健康发展,加快了产业结构的转型升级,通过数字产业化与产业数字化,建设数字化产业体系,实现传统工业产业体系向数字化产业体系的转变,以数字化产业体系推动中国式现代化的高质量发展。中国式现代化是结合中国基本国情,具有中国特色的现代化道路,随着经济社会的快速发展,中国式现代化的产业基础也在随着经济发展形势而改变,数字经济时代,数字经济的创新性、融合性和渗透性,是数字经济产业发展的重要引擎,通过数字经济产业的发展,构建数字化产业体系,以数字化产业体系赋能经济现代化的高质量发展。

(四) 数字经济的产业体系推动了产业基础能力的高级化

经济现代化是一个动态发展的过程,其发展过程和发展方式是随着时代变化而不断改变,实现经济现代化必然要经历产业体系的现代化过程,通过现代化产业体系的建设,夯实经济现代化的产业根基,提升产业基础能力。当前世界正经历新一轮的科技革命和产业变革,面对历史之变、时代之变,如何在变局中把握发展机遇,探索创新发展路径,是新时期推进经济现代化的首要问题。数字经济时代,数字技术的应用,为产业发展提供了技术支持,数字产业化与产业数字化的发展,为我国产业基础能力的提升带来了新的发展机遇,没有产业体系的现代化,就无法实现经济的现代化,没有经济的现代化,就无法实现经济现代化。随着经济社会的快速发展,我国产业链发展水平逐步提高,产业发展质量也逐渐提升,但总体来看我国产业基础能力不高,产业链发展的安全性和稳定性有待提高。在数字经济浪潮的冲击下,以数字化产业体系的建设为契机,实现传统产业的数字化转型,充分运用数字技术,提升产业基础能力,加强关键核心技术攻关,突破重点领域"卡脖子"技术。数字经济的融合作用,实现各产业融合发展,推动了数字经济产业的发展,形成数字经济产业群,实现工业产业体系向数字化产业体系的升级,使数字化产业体系更好地服务现代化建设。

（五）数字经济的产业体系推动了产业链的现代化

产业链现代化是现代化的表现，也是产业现代化内涵的延伸和拓展，数字经济作为一种技术范式创新，具有高创新性、强渗透性、广覆盖性，成为推动产业链现代化，促进经济现代化的新引擎。一方面，数字技术能拓展产业链组织的分工边界，改变了原有的成本结构，推动了产业链的加速整合，促进了产业链强度的提升且促进效应逐渐增强，形成了数字产业链。数字产业链是在传统产业链的基础上由数字经济发展推动形成的新型的产业链，数字产业链能推动传统产业链降低成本，对传统产业链产生正向影响，形成产业链的成本优势，提升传统产业链的竞争优势，推动产业链现代化的发展。另一方面，数字产业链为产业高端化发展提供有效的科技牵引力，实现创新要素的高效配置，抢占高端价值链，将技术优势转化为提高产业链的高端链接能力，促进传统产业链的运作模式进行转型，提升了产业链高端链接能力，加强数字产业链的技术渗透进入传统产业链，从而促进我国的产业链现代化。同时数字经济有助于提升产业链创新能力，在推动产业链创新和产业组织变革方面发挥作用，实现创新要素集聚和创新主体整合。在产业链上下游以及不同链条之间实现纵向关联的深化和横向关联的拓展，推动产业链与创新链的融合，促进产业链高效循环，提升产业链韧性，增强产业链弹性，最终实现产业链的现代化。

五、制度基础：数据要素市场的完善和治理体系的现代化

中国式现代化不同于西方国家的现代化，既具有现代化的一般特征，同时又体现着中国特色，实现中国式现代化，在充分发挥后发优势的同时，也要充分发挥我国社会主义基本经济制度的制度优势。2020 年中共中央、国务院发布的《关于构建更加完善的要素市场化配置体制机制的意见》中把数据定义为继土地、劳动、资本、技术之后的第五大生产要素。数据作为新的生产要素，是数字经济与传统经济的根本性区别[①]，数字经济时代，数据是数字经济发展的核心要素，我国人口多达 14 亿，拥有巨大的数据市场和消费市场，巨大的人口数量和经

---

① 任保平：《以数字经济打造中国式现代化新引擎》，《人民论坛·学术前沿》2023 年第 3 期。

济体量产生的大量数据,形成了我国数字经济发展的新优势。在数字经济的发展背景下,数据要素市场的完善,以及数据基础制度体系的构建,可以充分释放数据要素的价值,赋能经济现代化的高质量发展,为经济现代化提供制度保障。

(一) 数字经济制度体系的构建是形成经济现代化制度基础的重要方面

中国式现代化的制度基础,包括社会主义公有制、所有制基础,以及社会主义分配制度。① 中国共产党的领导是中国特色社会主义制度最大的优势,在实现中国式现代化的新征程中,要始终坚持党对现代化的集中统一领导,充分发挥中国特色社会主义制度的制度优势。而在数字经济时代,数据要素价值的充分释放,需要完善的要素市场的支撑,要站在中国式现代化的战略高度上去认识数据要素市场的建立。在新的发展环境下,要推进制度建设的创新,使制度建设顺应数字产业化与产业数字化的发展趋势。新一轮的科技革命和产业变革正在兴起,要在新的发展格局中占据数字经济发展的制高点,就要在推进技术创新、产业变革的同时,加强制度建设,构建数字经济发展的制度体系,以制度创新引领数字经济的创新发展。中国式现代化目标的实现,不仅需要物质基础、技术基础、产业基础的支撑,同时也需要具备一定的制度基础,为中国式现代化的高质量发展营造良好的制度环境。中国式现代化道路不同于西方的现代化道路,其中最重要一点,就是中国式现代化道路蕴含着中国特色社会主义制度的制度优势,这是其他西方国家现代化道路所不具备的。数字经济时代,在数据要素治理模式的不断探索中,形成政府主导的协同治理体系,数字技术的创新会引致制度的创新,而技术的创新又需要良好的制度环境的支持。数字经济发展的大环境下,制度的创新可以促进数字技术的应用,可以进一步优化经济现代化的制度环境。在实现经济现代化的过程中,强化数字经济发展对经济现代化高质量发展的赋能,就要加快构建数字经济发展的制度体系,夯实数字经济背景下经济现代化高质量发展的制度基础。

(二) 数据要素市场的完善促进了资源配置制度的现代化

历史经验表明,科技革命的到来必然带来生产力的变革,世界正经历新一轮

---

① 刘灿:《中国式现代化的制度基础》,《当代经济研究》2023年第2期。

的科技革命和产业变革,而这次革命所带来的生产力的发展,其主要特征在于数据作为关键生产要素对生产力的促进作用。在数字经济时代,数据作为发展的核心要素,只有充分认识和把握数据资源发展的基本规律,完善数据要素市场,推进数据要素治理体系的现代化,才能充分释放数据资源的价值,以数据资源支撑数字经济的高质量发展,从而为实现中国式现代化目标奠定经济基础。在数字经济的发展背景下,要实现以中国式现代化推进中华民族的伟大复兴,必须注重数据资源对现代化建设的赋能,数据要素作为数字经济时代关键的生产要素,是实现数字化转型的基础,数据要素在生产、生活等领域的应用,深刻改变着人们的生产、生活方式。中共中央、国务院发布的《构建数据基础制度更好发挥数据要素作用的意见》中指出要:"顺应数字产业化、产业数字化发展趋势,充分发挥市场在资源配置中的决定性作用,更好发挥政府的作用。完善数据要素市场化配置机制,扩大数据要素市场化配置范围和按价值贡献参与分配渠道。"[1]在数字经济发展的新阶段,推进现代化要不断完善数据要素市场,推进数据要素治理体系的现代化,夯实经济现代化的制度基础。

(三) 数据要素治理体系的现代化是国家治理体系和治理能力现代化的体现

实现经济现代化要在坚持社会主义基本经济制度的同时,要进一步完善数据要素市场,推动数据要素治理体系的现代化,把我国制度优势转化为实现经济现代化的重要动能。在新的发展时期,数据作为重要的生产要素,数据要素市场的完善,进一步推动了重点领域的改革创新,为中国式现代化的高质量发展营造了良好的制度环境。数字经济的发展加快了数据要素市场的建设,形成了中国式现代化的数据要素治理体系,推动我国治理体系和治理能力的现代化。数字经济的快速发展,凸显了数据要素作为第五大生产要素对促进经济高质量发展的重要作用,数字经济发展带来的数据资源,为我国数据要素市场的完善,以及数据要素治理体系的现代化提供了新的发展思路。随着经济社会的快速发展,数据要素已经融入生产生活的各个领域,完善我国数据要素市场,推动数据要素

---

[1] 《中共中央国务院关于构建数据基础制度 更好发挥数据要素作用的意见》,《人民日报》2022年12月20日,第1版。

治理体系的现代化,已经成为实现国家治理体系和治理能力现代化的重要组成部分。实现中国式现代化,要坚持中国共产党的领导,在坚持我国基本经济制度的同时,顺应数字经济的发展趋势,创新数字时代经济高质量发展的制度建设。当前,在数字化转型的大环境下,数据要素市场的进一步完善,提升了数据资源的配置效率,更好地发挥了数据资源在促进经济高质量发展中的重要作用,以数据资源的高效配置推动中国式现代化的高质量发展。

(四) 制度化的数据要素市场夯实了经济现代化发展的制度基础

在数字经济的发展背景下,实现经济现代化要在坚持社会主义基本经济制度的同时,推动制度建设顺应数字经济的发展趋势,进一步建立和完善市场经济的基础制度,充分发挥市场在资源配置中的决定性作用,更好地发挥政府的作用,实现有效市场和有为政府的结合。经济发展新时期,数据要素市场的建立和完善,可以进一步发挥市场在数据资源配置中的决定性作用,提升数据要素的市场配置效率。数字经济时代,实现中国式现代化的高质量发展,就要进一步夯实中国式现代化的制度基础,完善数据要素市场基础制度的建设。在实现中国式现代化的新征程中,中国式现代化制度基础的创新发展,数据要素市场的完善,可以进一步释放数据要素的价值,充分发挥数据作为关键生产要素对提高全要素生产率的积极作用。在新的发展环境下完善数据要素市场,推进数字据要素治理体系的现代化,已经成为促进国家治理体系和治理能力现代化,助力经济现代化和高质量发展的重要引擎。数字时代,实现经济现代化要充分结合数字经济的发展优势,构建制度化的数据要素市场,建立数据要素的系统治理框架,深化对于数据要素的认识,以规范化、制度化的数据要素市场,以及现代化的数据要素治理体系优化经济现代化高质量发展的制度环境。

第三章
数字经济是中国式经济现代化的新引擎

新中国成立以来,中国式现代化经历了站起来时期的现代化、富起来时期的现代化和强起来时期的现代化。强起来时期的中国式现代化是正在进行时,遇到了数字经济发展带来的新机遇,数字经济的快速发展已成为强起来时期中国式现代化的新引擎。我们要抓住数字经济发展机遇,以数字经济推动中国式现代化的延伸和拓展。

第一节
中国式经济现代化的历史进程

现代化是从以农业为主的经济发展转向以工业为主的经济发展过程,也指发展中国家追赶现行发达国家的过程。现代化内涵包括许多方面,其中经济现代化是基础和核心。实现国家的现代化发展一直是我党百年来的崇高理想,自 1921 年建党以来,我们党就一直致力于对经济现代化的追求。在百年发展历程中,我们党始终追求和探索中国式的经济现代化道路,在不同历史时期形成了不同阶段的现代化。但是中国式现代化真正是从新中国开始的,新中国成立以来中国式现代化经历了以下三个阶段:

一、站起来时期的中国式经济现代化

新中国成立以后,我国现代化开始从理想向现实转变,真正开启了中国现代化的实践进程。新中国成立后前 30 年的社会主义建设实践探索中,逐渐提出了四个现代化的目标,并以此作为我国现代化建设的指导思想,推进了我国工业化进程,建立了独立完整的国民经济体系,这一阶段是站起来时期的中国式现代化。

在中国式现代化的目标上,这一时期确立了"四个现代化"目标。1952 年我国国民经济恢复的任务已经基本完成,党中央从我国发展实际出发,提出了我们党在过渡时期的总路线,并把推进"农业现代化、交通运输现代化"和"建设巩固的现代国防"都写入了党在过渡时期的总路线。随着我国国民经济的恢复,我们党开始认识到如何使我国走向富强、实现国家现代化的重大问题,进一步探索我国社会主义现代化建设。1954 年,毛泽东同志在第一届全国人大会上提出了建设高度现代化的工业化大国的伟大目标。据此,周恩来总理在政府工作报告中首次提出了四个现代化目标。1956 年我国完成了社会主义改造,基本建立了社会主义制度,新制度的建立促进了我国社会主义现代化建设的发展。三大改造的完成,在一定程度上促进了社会主义的进一步完善,为我国现代化建设提供了

坚实的制度保障。1963年周恩来同志在科技工作会议中指出，把我国建设成为社会主义强国，关键是实现科学技术现代化。1964年在第三次全国人民代表大会上第一次提出了包括现代农业、现代工业、现代国防和现代科学技术现代化的"四个现代化"的任务。周恩来同志在1975年第四届全国人大上又重申了实现"四个现代化"的战略安排。1977年党的十一大将"四个现代化"的目标再次写入《党章》，我们党对于把我国建成社会主义强国的认识进一步深化。

在实践进程上，随着社会主义现代化建设实践的不断推进，实现了国家工业化到实现"四个现代化"的转变。新中国的成立加快了我国现代化建设的步伐，1964年，周恩来总理在政府工作报告中正式提出了"四个现代化"的战略目标，他指出把我国建设成具有"四个现代化"的社会主义强国，赶超世界先进水平。同时他指出，20世纪要分两步走实现"四个现代化"，第一步是建立独立的、比较完整的工业体系和国民经济体系；第二步是全面实现"四个现代化"，使我国经济发展走在世界前列。社会主义建设时期的现代化实践，紧紧围绕"四个现代化"宏伟目标，把我国建设成为赶超世界先进水平的社会主义强国。1949年3月召开的七届二中全会，我们党指出了由农业国向工业国转变的发展方向[1]。1953年，中共中央提出了实施国家建设的第一个五年规划，明确了基本方针和任务，是集中力量发展重工业，建立国家工业化和国防现代化的初步基础。1966年，我国开始实施第三个五年计划，明确提出要逐步实现"四个现代化"的目标，把我国建设成为社会主义强国。1956年至1966年的十年间，我党带领中国人民在艰难曲折的发展环境中，逐步形成了现代化建设赖以发展的物质技术基础。1964年，我国第一颗原子弹爆炸成功；1967年，我国第一颗氢弹爆炸成功；1970年我国第一颗人造卫星发射成功，我国的"两弹一星"是20世纪中华民族最伟大的业绩，为我国现代化建设事业提供了保障。在社会主义建设时期，我国面临着严峻的发展环境，在现代化发展阶段，我们党领导中国人民进行了长期的实践探索，在"四个现代化"方面取得了一定的成就，为我国现代化提供了一定的物质基础。

---

[1] 张金才：《新中国社会主义现代化建设奋斗目标的历史演进》，《党的文献》2019年第6期。

二、富起来时期的中国式经济现代化

改革开放初期，邓小平指出，我们党现阶段的政治路线，概括起来就是全心全意搞四个现代化，这一阶段是富起来时期的中国式现代化。十一届六中全会通过了《关于建国以来党的若干历史问题的决议》，肯定了十一届三中全会以来建设社会主义现代化强国的道路，指明了党和国家的工作的方向，对我国社会主义现代化道路作了系统的理论概括。

在中国式现代化的目标上，继续推进"四个现代化"目标。1982年党的十二大在沿用"四个现代化"提法的同时，在十二大报告中总结了党的历史经验和新取得的经验，提出了党在新时期的总任务，就是团结全国各族人民，自力更生，艰苦奋斗，逐步实现工农业现代化、国防和科学技术的现代化。1987年，党的十三大把社会主义现代化建设的目标从经济建设、政治建设扩展到文化建设，确定了现代化"三步走"发展战略，首次提出"基本实现现代化"的概念，并提出了具体标准。1992年，中国共产党第十四次全国代表大会提出："力争经过20年的努力，使广东等有条件的地方成为我国基本实现现代化的地区。"1997年，党的十五大提出"有条件的地方率先基本实现现代化"是对"基本实现现代化"的重要补充。同时十五大报告中指出"新三步走"战略，2010年国民生产总值比2000年翻一番，在人民生活更加富裕的基础上，建设完善的社会主义市场经济体制；在中国共产党成立100年时，国民经济进一步发展，各项制度更加完善；新中国成立100周年时，基本实现现代化。在经济和社会持续发展的过程中，2002年中国共产党第十六次全国代表大会提出："要在本世纪头二十年集中力量，全面建成惠及十几亿人口的更高水平的小康社会"，"基本实现现代化"的目标是"全面建设惠及十几亿人口的更高水平的小康社会"。2007年，党的十七大再次拓展和提升了中国现代化的内涵和战略发展目标，提出了"建设富强民主文明和谐的社会主义现代化国家"的任务。党的十八大进一步丰富了现代化的内涵，做出了"到二〇二〇年实现全面建成小康社会"的庄严承诺，同时党的十九大又进一步提出了两步走的现代化战略。

在实践进程上，1978年，中国共产党十一届三中全会的召开，吹响了改革开放的号角,实现了我国历史上具有深远意义的伟大转折,我国现代化事业迈出新步伐。十一届三中全会指出,要把工作重心转移到经济建设上来,深化改革、扩大开放,开放经济特区和沿海经济开放区,大力发展新时期我国的经济建设,我国经济发展迅速,逐渐深化各个领域的改革,我国国内生产总值明显提高。同时十一届三中全会历史性地做出了"党的工作重点应从一九七九年转向社会主义现代化建设"的重大决策①。随着改革开放的不断深化和我国现代化建设独特经验的积累,推动了我国社会主义现代化建设步伐的加快。从改革开放到21世纪初,我国以经济建设为中心的发展目标,设计了社会主义现代化建设的总体布局,建立我国社会主义市场经济体制,并明确"到本世纪中叶基本实现现代化"。1992年邓小平同志在《在武昌、深圳、珠海、上海等地的谈话要点》一文中指出:"社会主义要赢得与资本主义相比较的优势,就必须大胆吸收和借鉴人类社会创造的一切文明成果,包括当今资本主义发达国家一切反映现代社会化生产规律的先进管理方法和经营方式。"②20世纪末21世纪初我国实行国企改革,逐步推进我国企业现代化建设,2000年,党的十五届五中全会把实施西部大开发作为一项战略任务,西部大开发战略的提出,是党中央对邓小平"两个大局"战略思想在中国现代化建设中的贯彻落实,是新世纪全面推进我国现代化建设事业的重大战略部署。这一时期我国现代化进程进入快速发展时期,2010年我国GDP首次超过日本成为世界第二大经济体,人民生活水平明显提高,现代化建设步伐加快,我们党带领中国人民实现了从站起来到富起来的伟大飞跃。

三、强起来时期的中国式经济现代化

在中国式现代化目标上,党的十八大在《党章》修正案把"富强民主文明和谐的社会主义现代化国家"作为现代化建设的目标。党的十八大报告首次提出了"五位一体"的总体布局。党的十八大报告进一步明确,新中国成立100年时,在全面建成小康社会的基础上实现建成社会主义现代化国家的目标。党的十八大以来,我们党提出了新时代全面建设社会主义现代化强国的战略任务。党的十

---

① 杨德山、刘鑫:《新中国成立以来中国特色社会主义现代化道路探索的历程及经验》,《理论探讨》2019年第6期。
② 邓小平:《在武昌、深圳、珠海、上海等地的谈话要点》,《政策》2018年第12期。

九大对新时代推进我国社会主义现代化作出两步走新战略顶层设计,"从2020年到2035年,在全面建成小康社会的基础上,再奋斗15年,基本实现社会主义现代化。第二阶段,从2035年到21世纪中叶,在基本实现现代化的基础上,再奋斗15年,把我国建设成为富强民主文明和谐美丽的社会主义现代化强国"[①]。十九大现代化战略的新设计深化了我们党对社会主义现代化建设规律的认识,推进了现代化理论的创新。社会主义现代化国家两步走的战略部署,是我们党在新时代发展背景下对现代化理论的深刻理解,是推进我国现代化建设事业的重要战略抉择,绘就了我国现代化建设的蓝图。党的二十大报告中,习近平总书记强调:"以中国式现代化全面推进中华民族伟大复兴。中国式现代化,是中国共产党领导的社会主义现代化,既有各国现代化的共同特征,更有基于自己国情的中国特色。"[①]二十届三中全会《决定》指出"当前和今后一个时期是以中国式现代化全面推进强国建设、民族复兴伟业的关键时期"。[②] 这就意味着中国式现代化进入了新的征程,形成了中华民族由站起来、富起来,再到强起来的历史逻辑。

在实践上,党的十八大以来我国进入新时代,现代化建设迈入新征程,新时代发展背景下我国综合国力明显提升。以习近平同志为核心的党中央站在新的历史起点上,勾画了中国特色社会主义现代化的新蓝图,确立了"两步走"的新目标,在全面建成小康社会的基础上,把我国建设成为社会主义现代化强国。新时代的现代化紧紧围绕"两步走"战略,确立了新的现代化发展目标,提出了现代化的新内涵。随着我国经济社会的快速发展,进入新时代以来,我国取得了航天、电子科技、探月工程、通信设施等标志性成果,2020年我国实现了现行标准下农村人口的全面脱贫,开始迈向了"两步走"战略的第一步,到2035年基本实现我国社会主义现代化。进一步明确了党和国家的奋斗方向和战略任务,中国由此开创了全面建设社会主义强国的新时代,这是党对人民的政治承诺和行动宣言。新时代,我国的主要矛盾已经转变为人民日益增长的美好生活需要和不平衡、不

[①] 习近平:《决胜全面建成小康社会,夺取新时代中国特色社会主义伟大胜利》,《十九大以来的文献选编》,中央文献出版社2019年版,第20页。
[②] 《中共中央关于进一步全面深化改革 推进中国式现代化的决定》,人民出版社2024年版,第2页。

充分的发展之间的矛盾。解决新矛盾成为现代化建设中的一项重大任务,也是我国现代化建设中必须解决的重大问题。十九届五中全会开启了全面建设现代化强国的新征程。新时代推进现代化实践,要进一步实现国家治理体系和治理能力现代化。2022 年召开的二十大提出要"以中国式现代化全面推进中华民族的伟大复兴"[1]。2024 年 7 月召开的二十届三中全会通过了《中共中央关于进一步全面深化改革推进中国式现代化的决定》,《决定》提出"紧紧围绕推进中国式现代化进一步全面深化改革"[2]。

第二节
数字经济作为新引擎为中国式经济现代化赋能

　　党的十八大以来,党中央、国务院把数字经济发展上升为国家战略,高度重视数字经济发展。习近平总书记 2016 年在十八届中央政治局第三十六次集体学习时强调要做大做强数字经济、拓展经济发展新空间。2017 年在十九届中央政治局第二次集体学习时强调要加快建设数字中国,2018 年在中央经济工作会议上强调要加快 5G、人工智能、工业互联网等新型基础设施建设;2021 年在致世界互联网大会乌镇峰会的贺信中指出,要激发数字经济活力。同时,党中央、国务院出台一系列政策措施推动数字经济发展,全面实施网络强国战略和国家大数据战略,在《国民经济和社会发展第十四个五年规划和 2035 年远景目标纲要》的第五篇专题部署"加快数字化发展,建设数字中国",2022 年国务院印发了《"十四五"数字经济发展规划》,党的二十大报告提出:"加快发展数字经济,促进数字经济和实体经济深度融合",这些政策措施全方位推进了数字经济向纵深发展。

　　现代化是一个发展过程,是指由于工业革命所引发的一系列变化,这种变化包括从传统农业经济向工业经济、农业社会向工业社会、农业文明向工业文明的转变。中国式现代化的历史进程就体现了这种变化。中国式现代化面临着数字

---

[1] 习近平:《高举中国特色社会主义伟大旗帜　为全面建设社会主义现代化国家而团结奋斗》,人民出版社 2022 年版,第 21 页。
[2] 《中共中央关于进一步全面深化改革　推进中国式现代化的决定》,人民出版社 2024 年版,第 3 页。

经济带来的机遇和挑战,数字经济日渐成为中国式经济现代化的新引擎,从以下方面为中国式经济现代化赋能。

一、数字经济赋予中国式经济现代化的新内涵

站起来时期中国式经济现代化的内涵是从农业国转变为工业国,从农业社会转变为工业社会,从农业文明向工业文明的转变,目标是建立强大的工业国,具体路径是"四个现代化"。富起来时期中国式经济现代化的内涵是从农业经济转变为工业经济,从计划经济体制转变为社会主义市场经济体制,从农业社会继续转变为工业社会,从农业文明继续转变为工业文明,从封闭经济转变为开放经济。目标是建设富强民主文明和谐的社会主义现代化国家,具体路径是继续实现"四个现代化"和实现走中国特色新型工业化、信息化、城镇化、农业现代化的"新四化"。在数字经济新引擎的推动下,强起来时期的中国式现代化被赋予了新的内涵,从工业经济转变为数字经济,从建立社会主义市场经济转变为维护社会主义市场经济,从工业社会转变为信息化社会,从工业文明转变为数字文明。从融入全球化转变为主导全球化,并构建人类命运共同体,目标是建设富强民主文明和谐美丽的社会主义现代化强国,具体路径是促进工业化、信息化、城镇化、农业现代化同步发展。

二、数字经济赋予中国式经济现代化新动能

现代化与科技创新密切相关,世界三次大的现代化浪潮都是由重大科技创新来推动的,世界历史上三次重大科技革命加速推进了世界现代化进程,科技创新是现代化的内生动力,不断更迭的科技革命是世界现代化的源动力。站起来和富起来的中国式现代化时期都是以前三次科技革命的成果为动能来推动的。在数字经济是第四次科技革命的成果,在第四次科技革命基础上产生了继蒸汽机时代、电气化时代、信息化时代之后的"第四次工业革命"。克劳斯·施瓦布在《第四次工业革命》中指出"第四次工业革命建立在数字革命的基础之上,结合了各种各样的技术,这些技术不仅改变着我们所做的事和做事的方式,甚至在改变人类自身"[①]。在第四次工业革命背景下随着云计算、大数据、人工智能等新一

---

① [德]克劳斯·施瓦布:《第四次工业革命》,中信出版集团2018年版,第18页。

代信息技术的不断突破和广泛应用,数字经济发展正在成为中国式现代化的新动能。中国式现代化必须紧紧抓住数字经济发展的机遇,以数字化的知识和信息作为关键生产要素,以数字技术为核心驱动力,在数据要素和数字技术的双轮驱动下培育强起来时期的中国式现代化的新动能。

三、数字经济赋予中国式经济现代化新优势

习近平总书记在《求是》杂志的署名文章《不断做强做优做大我国数字经济》一文中指出"数字经济健康发展,有利于推动构筑国家竞争新优势","数字经济事关国家发展大局"[1]。现代化的核心是产业体系的现代化,强起来时期的中国式现代化要在世界数字经济快速发展的背景下,充分发挥数字经济的创新驱动作用,把握数字经济带来的新机遇,利用我国完备的产业体系和庞大国内市场的优势,把数字经济与实体经济相结合构建现代化产业体系。提升数字技术创新能力,把数据技术创新摆在更加突出的位置,着力突破"关键技术""卡脖子技术"。我国数字经济发展已经走过了信息互联网时代、消费互联网时代,正在迈向产业互联网时代。要以工业互联网为突破口,加快生产方式的智能化变革,形成在数字化条件下产业数字化转型的新范式,以数字经济发展培育强起来时期的中国式现代化的新优势。

第三节
数字经济作为中国式经济现代化新引擎的驱动机制

数字经济的发展主要是由于数据成为生产要素,数字技术在现代化各个方面的渗透,形成数据要素和数字技术的双轮驱动,从而推动经济发展从工业经济转变为数字经济,经济体制从建立社会主义市场经济转变为维护社会主义市场经济,社会发展从工业社会转变为信息化社会,文明形态从工业文明转变为数字文明。在这一系列转变过程中,通过数字经济打造中国式现代化升级版主要通过三大驱动机制:

---

[1] 习近平:《不断做强做优做大我国数字经济》,《求是》2022年第2期。

一、数字经济打造中国式经济现代化升级版的数字技术创新驱动机制

数字技术与一般技术不同,它所具有的万物互联特征可以将分散的设备、企业、市场等连接起来,实现研发、生产、供应链、市场等环节的联动发展,提升创新效率,改变创新方式和创新类型,拓展创新空间。数字技术创新与一般技术创新的目标是相同的,但是数字技术创新具有特殊的创新驱动机制,一方面数字技术创新可以推动其他创新要素的改造与革新,产生创新要素协同效应,形成数据对其他创新要素的乘数效应,提升创新要素生产率。另一方面在技术创新过程中,降低技术创新成本和对接技术创新的供需,提高面向市场的应用性创新能力。同时人工智能、大数据和云计算等技术的迭代升级产生更多颠覆性创新,以数据实现多元创新主体的连接,提高创新资源配置效率,促进创新方式的变革。在中国式现代化新征程中,可以充分发挥这种特殊的数字技术创新驱动机制,打造强起来时期的中国式现代化的新优势。

二、数字经济打造中国式经济现代化升级版的数据要素驱动机制

数据成为新的生产要素是数字经济与传统经济的根本性区别,在数字经济中数据是基础性战略资源和关键性生产要素,数据要素是驱动数字经济新产业、新业态、新模式发展的基础。数据对其他生产要素也具有乘数作用,利用数据实现供给与需求的精准对接、创新价值链流转方式。数字化的数据贯穿数字化生产、数字化管理和数字化经营等各个环节,可以构建数据新型生产要素和数字技术新型生产力的生产关系。在中国式现代化新征程中要发挥数据要素驱动机制,通过数字经济打造强起来时期的中国式现代化新优势。一是推动数据要素市场化、规范化、制度化建设。实现数据交易平台的统一、交易规范的统一、管理体系的统一,建设统一的数据交易市场。构建数据治理监管体系,使数据要素充分参与市场配置,提高数据要素市场化配置效率。二是激活数据要素。释放数据要素的价值,夯实产业数字化转型的数据基础,利用数据实现供给与需求的精准对接、创新价值链流转方式。三是发挥数据作为生产要素的重要作用。将数字要素提升到与技术、资本、人才等要素同等的高度,将数据要素贯穿到实体经济的研发、生产、流通、服务和消费全流程,提高数据要素的配置效率,推动数据

要素在全价值链中的协同,运用数据生产要素推动数字经济与实体经济深度融合,为强起来时期的中国式现代化提供新动力。

三、数字经济打造中国式经济现代化升级版的数字协同创新驱动机制

数字技术创新具有协同化创新的特征,在实验科学、理论科学、计算科学发展、数据探索基础上派生出数字孪生技术,以数字孪生技术为核心,构建涵盖物理世界与数字世界的融合系统,实现对物理过程、系统以及数据等的全面感知、动态分析和智能决策。这种技术创新可以形成协同创新驱动机制,一方面数字技术协同了科学研究、产品开发、工艺流程和设备运维,利用平台的知识资源、信息资源、计算资源和产业资源驱动了自主创新活动。另一方面数字技术协同了"政、产、学、研、用"等各类主体,运用数字技术构建数字化、网络化和智能化创新平台,实现大协同、大分工、大合作,驱动构建了跨时空、跨领域、跨行业,共创、共享、共赢的科技创新协同体系。因此,要发挥数字经济的协同创新驱动机制,推动数字经济打造强起来时期的中国式现代化的新优势,推进知识创新、技术创新、产业创新、产品创新、商业模式创新、管理创新、业态创新的协同,并在此基础上实现经济现代化、社会现代化、生态现代化和区域现代化的协同,实现人口规模巨大的现代化、全体人民共同富裕的现代化、物质文明和精神文明相协调的现代化、人与自然和谐共生的现代化、走和平发展道路的现代化"五个现代化特征"的协同。

第四节
数字经济作为新引擎赋能中国式经济现代化的路径

数字经济是中国式现代化推进的背景,也是中国式现代化的新引擎,在强起来阶段的中国式现代化的新征程中,要紧紧抓住数字经济发展的机遇,以数字经济推进中国式现代化的延伸和拓展:

一、加强数字技术创新,增强中国式现代化的科技现代化

科技现代化是强起来时期中国式现代化中的关键内容,要把数字技术创新

放到更加突出的位置,以数字技术创新增强强起来时期中国式现代化的科技现代化:一是要积极构建先进适用的数字技术创新体系,打好数字关键核心技术攻坚战,在数字技术的基础研究、科技攻关、成果转化的全链条进行布局。以智能制造和工业互联网作为数字技术创新的重点突破方向,加大数字技术创新研发投入。二是立足新发展阶段,围绕攻克关键核心技术、培育战略科技力量、打造科技创新主力军这些重点领域,实施数字经济科技攻关行动。在人工智能、机器人、物联网、工业互联网、量子计算等新兴和前沿领域加强研发和战略布局。三是扩展数字技术创新的应用场景,以数字技术创新促进自主创新体系变革、协同创新体系变革、开放创新体系变革。以数字技术创新促进纵向集成,大力建设数字化工厂。以数字技术创新打造端到端集成,提升价值链水平。以数字技术创新促进企业内部和企业之间的横向集成,构建现代产业协同价值网。

二、加强数字经济与制造业的深度融合,构建中国式现代化产业体系

立足世界范围内新产业革命和新工业革命的背景,构建现代化产业体系,实现产业现代化和构建现代化产业体系是强起来时期的中国式现代化的核心内容。据此,要以数字经济与制造业的深度融合构建强起来时期中国式现代化的现代化产业体系:一是构建制造业创新网络。推动数字经济与制造业的深度融合。促进创新链和产业链精准对接,围绕制造业产业链布局数字技术创新链。依托制造业创新中心、数字产业创新联盟等载体,开展关键共性技术研发供给。二是加快制造业数字化转型,推动数字经济与制造业的深度融合。加快制造业领域 5G 网络部署,推动 5G 应用向核心生产环节渗透,全链条、多环节、高质量打造制造业数字化转型,推动人工智能、区块链、大数据等技术在制造领域的创新融合。搭建工业互联网平台体系,加强制造企业和平台企业间的合作交流,不断提升工业互联网平台服务能力。三是推动数据平台建设,推动数字经济与制造业的深度融合。充分利用大数据、人工智能等数字技术,推进智能制造替代传统制造,实现智能制造、智能控制,提高工业生产效率。构建企业经营大数据平台,通过企业生产、销售、经营风险等数据为制造业企业发展提供决策支持。搭

建生产协作平台,通过柔性生产、虚拟企业等形式提高生产协作能力,响应市场需求,提升产品竞争力。

三、发挥数字经济的"并联式"发展优势,提升中国式现代化中的五个现代化特征

党的二十大指出中国式现代化具有五个特征:"中国式现代化是人口规模巨大的现代化,是全体人民共同富裕的现代化,是物质文明和精神文明相协调的现代化,是人与自然和谐共生的现代化,是走和平发展道路的现代化"[1],由于数字经济具有互联互通、渗透性和共享性的特点,从而具有"并联式"发展优势,发挥数字经济的"并联式"发展优势,提升强起来时期的中国式现代化的五个现代化特征:一是以数字经济的特点发挥人口规模巨大的中国式现代化优势特征。通过数字技术的开放、共享等特征,推动人口和劳动力在区域之间、城乡之间自由地流动。通过数字经济发展创造新的增长点,催生了就业岗位的基础上,优化人口结构和提高人口素质,进一步发挥我国人口规模巨大的优势,为数字经济发展提供巨大的应用场景,打造人口规模巨大的现代化。二是以数字技术新优势提升共同富裕的中国式现代化特征。数字技术本质上是一种普惠性技术,具有"互联互通、共建共享"的技术特征,可以改善知识、能力和机会获取的公平性和便利性,可以增加低收入群体的致富机会。数字金融的普惠性可以缓解投融资双方的信息不对称,提高中低收入群体获得金融支持的机会。数字经济的这些优势可以进一步提升共同富裕的现代化特征。三是以数字经济新形态促进物质文明与精神文明协调的中国式现代化特征。数字经济的发展不仅可以促进新技术、新产业、新产品和新业态的发展,推动物质文明,而且有助于推动文化繁荣和基本公共服务改善,提高教育、医疗、卫生、交通等公共资源的供需匹配,延展人们的精神生活空间,提高人们生活内容的多样性,推动精神文明,实现物质文明与精神文明的协调。四是以数字经济彰显人与自然和谐共生的中国式现代化特征。数字技术在能源生产、环境监测、碳排放和环境污染中的广泛应用,提高了

---

[1] 习近平:《高举中国特色社会主义伟大旗帜 为全面建设社会主义现代化国家而团结奋斗》,《人民日报》2022年10月26日。

能源利用效率和环境监测效率,提高了碳排放和环境污染的协同治理,彰显人与自然和谐共生的现代化特征。五是数字经济发展增进交流与合作,助力走和平发展道路的中国式现代化特征。数字经济重塑国际贸易模式,数字技术简化了交易流程,减少了国际贸易的交易成本,通过参与数字经济国际合作及相关规则制定,维护和完善全球数字治理机制,助力走和平发展道路的中国式现代化特征。

六、强化数字治理的作用,推进国家治理体系和治理能力的现代化

十八届三中全会提出"国家治理体系和治理能力现代化"被认为是继"工业、农业、国防和科学技术四个现代化"之后的"第五个现代化"。二十届三中全会的《决定》提出进一步全面深化改革的总目标是"继续完善和发展中国特色社会主义制度,推进国家治理体系和治理能力现代化。"[①]数字经济发展带来的数字治理,提升了国家治理体系和治理能力的现代化:一是提升政府数字治理的应用效果。数字治理以数据为基础,强化治理主体的相互关系,通过联动治理释放治理潜能,提升政府数字治理的应用效果。二是提高政府数字治理的文明程度。数字治理以算法为抓手,完善治理体系的制度规则,形成产业的数字链接、业务的数字打造、服务的数字惠民,提高政府数字治理的文明程度。三是提高政府数字治理的水平。数字治理以系统为核心,形成统筹治理的工作运行机制。数字治理中的数字系统为治理工作提供技术保障,实现治理领域、治理环节和治理的业务运行的统筹优化以及各场景、各要素业务效能的统筹管理,创造可视化治理、动态治理、整体智治等全新的数字治理模式,提高政府数字治理的水平。四是为政府数字治理提供技术支撑。数字技术为社会治理提供支撑。数字技术广泛应用于政府管理活动,提高政府数字化、智能化水平,为推进国家治理体系和治理能力现代化提供有力的技术支撑。同时数字技术应用为解决人口、交通、环境和能源治理中不协调、不平衡和不合理等矛盾问题给出了一系列创新解决方案。

---

① 《中共中央关于进一步全面深化改革 推进中国式现代化的决定》,人民出版社 2024 年版,第 4 页。

第四章
数字经济与中国式经济现代化的深度融合

党的二十大把中国式现代化作为全面推进中华民族伟大复兴的中心任务,同时强调加快建设网络强国、数字中国,体现了数字经济发展、数字中国建设对中国式现代化的重大意义。二十届三中全会提出要紧紧围绕推进中国式现代化进一步全面深化改革。数字化是现代化的战略新引擎,也是现代化发展的新动能。在中国式现代化新征程上,需要实现数字经济与中国式现代化的深度融合,以数字经济赋能中国式现代化,培育中国式现代化的新动能和新优势。

第一节
数字经济与中国式经济现代化深度融合的理论逻辑

中国式现代化既要顺应世界现代化趋势，又要立足于中国实际，"实现民族性与世界性的统一"①。世界数字经济的迅猛发展，并引起了社会经济生活各个领域发生了深刻的变化，正在深刻改变着经济运行方式，社会运行方式和人们的生活方式。在数字经济发展背景下，要做好数字经济与中国式经济现代化的深度融合。

一、数字经济与中国式经济现代化的深度融合促进中国式现代化的转型

现代化一般是指在科技革命和产业革命推动下，社会从传统向现代方向发展的过程和趋势，或者是以现代工业、科学和技术革命的推动力，引起传统的农业社会向现代工业社会的大转变。传统现代化指由于工业革命给人类社会带来的深刻变化，这些变化包括从传统经济向现代经济、传统社会向现代社会、传统政治向现代政治、传统文明向现代文明的转变。数字经济与中国式现代化的深度融合推动了中国式现代化的转型：一是中国式现代化从工业经济向数字经济时代的新经济、工业化时代的社会向数字化时代的社会、传统工业时代的文明向数字化时代的新文明转变。中国式现代化的进程及其伟大创造，都是在工业经济时代的。数字经济的发展推动了中国式现代化要在数字经济背景下进行一系列的转型，使中国式现代化更具数字经济时代的特征。二是数字经济推动下形成的这一系列转型为中国式现代化培育了新优势。数字经济是数字技术领域的产业革命与制度创新的产物，是新一代信息技术、新产品、新业态、新模式的综合，在支撑基础、技术特征、组织结构、产业组织、社会发展和社会治理等方面都展现出独特优势，这种独特优势可以培育中国式现代化的新优势。三是数字经济推动下形成的这一系列转型重塑了中国式现代化的未来取向。数字经济推进了中国式现代化的数字化转型以及智能化提升，形成了融合并行发展的格局，数

---

① 任保平、任欣怡：《中国式现代化民族性与世界性的统一》，《人文杂志》2022年第10期。

字化深入社会经济和发展和国民的日常生产生活,数字经济服务性进一步扩大。数字经济的开放化融合,促进跨价值链、跨行业的普遍协作和跨界融合。数字经济推动了社会现代化蜕变式的、升华式的重构,数字经济的泛在化普惠,使得社会现代化呈现人人参与,共建、共享的普惠格局。在数字化理念引导下,政府综合服务便利性提高,公众参与社会治理的积极性提高。

二、 数字经济与中国式经济现代化的深度融合推动中国式经济体系现代化

数字经济是中国式现代进程中构建现代化经济体系的重要推动力,通过数字经济与中国式现代化的深度融合推进产业基础能力的现代化水平,推动数字化新产业的成长,从而赋能中国式现代化。一是数字经济与中国式现代化的深度融合重塑产业分工协作新格局。数字技术推动数字化资源配置不断扩展,促进产业间技术渗透融合,产业新生态、新模式、新业态迅速崛起,成为产业转型升级的新方向和新的经济增长点①。开拓了产业发展的新空间,重塑产业分工协作新格局。二是数字经济与中国式现代化的深度融合推动了产业基础能力的高级化。产业基础能力是产业高质量发展的基础,加快产业基础能力高级化是中国式现代化发展中的一项重要任务。数字经济的发展,数据成为基础能力发展的新型基础要素,产业创新需要互联网、物联网、大数据、新计算、人工智能、5G等新技术赋能,数字经济推动了产业基础能力的现代化。三是数字经济与中国式现代化的深度融合推动了产业链现代化。产业链现代化指的是产业链水平的现代化,包括产业基础能力提升、运行模式优化、产业链控制力增强等。数字经济发展使得产业链上下游和生产制造各环节紧密衔接,数字技术打造智能化、信息化、网络化的产业链,促进了中国式现代化中产业链的现代化水平。

三、 数字经济与中国式经济现代化的深度融合为中国式现代化提供新的动能

科技和产业的重大进步是现代化的动能,人类历史上的现代化都是在科技进步和产业重大发展下推动的。现代化不仅表现为生产力的现代化,而且表现为生产关系的现代化,是生产力现代化和生产关系现代化的统一。从现代化的

---

① 任保平:《数字经济引领高质量发展的逻辑、机制与路径》,《西安财经大学学报》2020年第2期。

历史来看,技术进步和产业革命是现代化的动能,每一次技术革命和产业革命都会为现代化发展提供新的动能。数字经济与中国式现代化的深度融合能为中国式现代化提供新的动能:一是数字技术的广泛应用形成了生产活动的动能,催生了新产业、新业态、新模式,推动了技术创新和产业变革,拓展了生产可能性边界,形成了更多新的增长点。二是数字经济发展形成了消费新动能。数字技术和数字经济拓展了消费可能性边界,创造出新的消费场景、消费模式和服务种类,丰富消费选择,激发了消费需求,引导了新型消费,形成了消费新动能。三是数字经济发展形成了社会发展的新动能。数字技术与数字经济使就医方式、就医体验等得到了极大改善,数字经济的发展,线下的物理社会和线上的数字社会高度地交织,对社会治理和城市演变产生重大影响,搭建安全可靠的智慧治理体系,形成了社会发展的新动能。

四、数字经济与中国式经济现代化的深度融合引导数字文明新形态

人类文明一次经历了农业文明、工业文明和数字文明三种形态,数字文明是人类文明的高级版本,是与工业文明相区别的文明新形态。数字文明以数据为中心,以数字技术为新技术框架,在数字生产力和数字生产关系的推动下,形成了数字经济、数字社会、数字政府、数字城市、数字治理等文明新形态。数字文明推动了生产方式与生活方式的重大改变,也推动着人与社会、人与人、人与自然的关系重构,赋予了现代化新的内容和要求。目前中国式现代化正处在工业文明向数字文明转化的交汇点上,中国式现代化新的定位就是做数字文明的引领者。这就需要实现数字经济与中国式现代化的深度融合,发挥举国体制优势引领世界数字文明,为世界数字文明贡献中国方案。正如国家主席习近平给2021年世界互联网大会乌镇峰会的贺信中所提出的"中国愿同世界各国一道,共同担起为人类谋进步的历史责任,激发数字经济活力,增强数字政府效能,优化数字社会环境,构建数字合作格局,筑牢数字安全屏障,让数字文明造福各国人民,推动构建人类命运共同体。"[①]

---

① 习近平:《不断做强做优做大我国数字经济》,《求是》2022年第2期。

第二节
数字经济与中国式经济现代化的深度融合的机制

中国式现代化是一个进行时,同时具有任务的二重性,既要完成传统工业化的任务,又要迎接信息化时代现代化的挑战。在二重任务叠加下数字经济与中国式现代化的深度融合需要构建和完善相应的衔接机制,这些衔接机制包括:

一、数字经济与中国式经济现代化的深度融合的融合机制

数字经济的发展使得经济社会中的生产生活呈现全面融合态势。在这种态势下,数字经济与中国式现代化版本的深度融合需要构建数字经济的融合机制。融合机制包括:一是基础设施融合。基础设施融合是在数字经济发展推动下,信息基础设施的拓展和延伸,数字化发展从消费领域加速向生产制造、社会服务、政府治理等领域渗透,数字技术广泛应用到传统基础设施,使传统基础设施的单一功能得以改变,逐步演变成融合信息感知、传输、存储、计算、处理等功能为一体的智能化、综合化基础设施,形成基础设施融合新形态。提高基础设施运转和服务效率,通过数字化赋能经济社会各领域。二是产业融合。产业融合是指在数字经济发展推动下,不同产业或同一产业不同行业相互渗透、融合为一体,逐步形成新产业过程。这一融合使得产业从分立走向融合,产业边界模糊化,形成产业渗透、产业交叉和产业重组,从而产生经济增长的放大效应。三是产业链融合。围绕产业链不同环节、不同主体、不同客体的行为信息,形成产业运行基本态势的数据体系,实现产业链数据融合。在数据融合基础上,实现技术、资本、人才等要素与实体经济的业务融合。通过数据融合、业务融合实现价值链之间相互交叉,形成有机融合的价值网络。

二、数字经济与中国式经济现代化深度融合的联动机制

在数字经济发展中,数据作为一种生产要素进入经济体系,能与其他要素联动、实现多要素有机联动,多价值链的有机联动,形成一种联动机制。数字经济与中国式现代化的深度融合需要完善相应的机制,这些联动机制包括:一是数据

与其他生产要素的联动。农业经济时代的核心生产要素是土地,工业经济时代的核心生产要素是技术和资本,数字经济时代的核心生产要素是数据。但是在数字经济背景下,数字要素不是单独发挥作用的,数字经济时代以大数据、人工智能为代表的数字技术强化和延伸了人的智能,对技术、人才等其他多种创新要素实现联动,促进有效决策、提高劳动效率。二是多要素联动。数字经济以产业数字化实现多要素有机联动,产业数字化通过数据生产要素对实体经济和传统制造业进行改造,实现多要素联动,推动数字经济与实体经济的融合,重塑业态结构,创造新市场、新模式和新增长点,提升实体经济的全要素生产率[①]。三是多价值有机联动。数字技术的特点是万物互联,在新一代数字技术的推动下,经济社会运行网络化,打破传统的社会分工模式,形成新的产业运作模式,使得产业分工模式向功能复合化、角色多样化和服务全程化方向发展。实现人才、技术、资本、管理等创新要素的价值链联动,形成以数据驱动的价值网管理体系。

三、数字经济与中国式经济现代化深度融合的并联机制

中国式现代化的重要特征是并联式现代化,习近平总书记指出:"我国现代化同西方发达国家有很大不同。西方发达国家是一个'串联式'的发展过程,工业化、城镇化、农业现代化、信息化顺序发展,发展到目前水平用了二百多年时间。我们要后来居上,把'失去的二百年'找回来,决定了我国发展必然是一个'并联式'的过程,工业化、信息化、城镇化、农业现代化是叠加发展的。"[②]在数字经济推动下,其他国家的现代化是串联的,先完成工业化时代的第一次现代化,再完成数字化时代的第二次现代化。而中国是两次现代化并联进行,是同步发展。以工业化带动信息化,以信息化提升工业化,通过"四化同步"协调发展,走并联式现代化战略。通过并联式现代化战略,实现两次现代化的叠加,实现第一次现代化(工业化、城市化、市场化),并快速进入第二次现代化(信息化、智能化、生态化)。通过数字经济赋能农业、工业和城镇化发展,实现四化同步协调的"并联"发展。数字经济与中国式现代化的深度融合需要发挥数字经济的作用,提高

---

① 王建冬、童楠楠:《数字经济背景下数据与其他生产要素的协同联动机制研究》,《电子政务》2020年第3期。
② 中共中央文献研究室:《习近平关于社会主义经济建设论点摘编》,中央文献出版社2017年版,第159页。

并联的质量和效率,使得数字经济与中国式现代化实现更高层次的结合。

四、数字经济与中国式经济现代化深度融合的合作机制

数字经济打破了时间和空间的限制,实现了资源的合理配置和有效利用,形成了数字经济合作机制,促进资源开放、共享数字红利,合力推动中国式现代化发展中的合作机制的形成,这些合作包括供应链合作、产业链合作、区域合作。一是供应链合作。通过数字经济的大数据计算等技术,形成核心企业和上下游中企业的数字供应链,实现数字技术与供应链各个环节的融合创新。数字供应链基于互联网、物联网、大数据、人工智能等数字技术,以价值创造为导向、以数据为驱动要素,对供应链产业链进行整体改造和优化。使得不同企业在供货、采购、铺货、加盟等生产经营全链路中实现合作。二是产业链合作。数字经济促进了产业链上下游的合作和产业之间的跨界合作,通过数字化、自动化、智能化提升产业链运行效率,推动产业链组织方式的变革,在产业链各环节的深化中产生价值增值。一方面,数字化打通产业链各环节,避免供需错配,围绕市场需求,使供给方能够精确地对需求变化做出反应,提高信息流、产品流、技术流、资本流在产业链各环节之间的交换速度。另一方面,以数字化武装产业链各环节,运用大数据、区块链、云计算等技术,在产业链中对数据要素进行价值挖掘,推动产业链各环节价值增值。三是区域合作。数字经济可以打破空间限制,克服距离的障碍,冲破地区间地理边界的束缚,促进地区间经济联系,形成优势互补高质量发展的区域经济布局。

第三节
数字经济与中国式经济现代化深度融合的路径

党的二十大把中国式现代化作为全面推进中华民族伟大复兴的中心任务,同时提出了数字中国建设。在数字经济迅速发展的背景下,在中国式现代化新征程中,要选择既能促进数字中国建设进程,也能推动中国式现代化转型升级的路径,以实现二者的深度融合。新征程中数字经济与中国式经济现代化深度融合的路径在于：

一、充分利用中国的大国优势实现数字经济与中国式经济现代化深度融合

在中国式现代化新征程中，充分利用中国的大国优势、大市场优势，制度优势、完整的工业化体系优势、推进数字化转型，走中国式数字化道路，实现数字经济与中国式现代化的有机衔。一是我国人口众多，是全球最大最有潜力的数字经济消费市场，具有数字经济发展的超大规模市场和内需潜力，数字消费者数量大，数字应用渗透率高，数字技术和生产方式相结合，数字经济与中国式现代化深度融合存在巨大增长空间。二是我国具有集中力量办大事的举国体制的制度优势，能组织好各类力量推动数字经济与中国式现代化深度融合，数字经济与中国式现代化深度融合奠定生态体系，促使数字经济的新产业、新业态和新模式的强大动能不断释放。三是工业体系优势。我国是制造业大国，工业门类齐全，工业体系完备，借助完整工业体系的优势打造完善的数字经济供应链体系。同时先进的数字技术和信息技术正在加快推进产业化应用，为数字产业数字化和数字产业化提供了强大支撑。在数字经济发展的同时推动了智慧城市、智慧医疗、智慧社会建设，为数字经济与中国式现代化深度融合奠定了良好的经济基础。

二、全面推进数字中国建设进程实现数字经济与中国式经济现代化深度融合

推动数字经济与中国式现代化有机衔，需要在中国式现代化新征程中全面推进数字中国建设进程：一是努力消除数字鸿沟。数字鸿沟包括接入鸿沟、使用鸿沟和能力鸿沟，消除"数字鸿沟"是数字中国建设的重要内容。通过支持创新和技术升级，加快数字经济转型，解决数字经济领域发展不平衡、不充分、不健全、不合理等问题，建立和完善公众参与数字经济治理的渠道，把制度优势更好转化为数字经济治理效能。二是提升数字经济核心竞争力。加快数字经济领域关键核心技术创新，突破卡脖子技术的约束。推进新基建进程和水平，完善数字经济发展的基础设施支撑。加快培育数据等新型要素市场其交易规则，构建完善数据要素资源体系。推动产业数字化和数字产业化，增强数字经济发展动能。推进宏观领域数字化转型，缩小"数字鸿沟"。推进中观领域产业数字化转型和重点领域数字产业发展，提高产业链现代化水平。推进微观领域的企业数字化

转型，构建数字经济发展的微观机制。在实现数字经济与中国式现代化有机衔中提升数字经济发展的核心竞争力。三是加快数字化转型步伐。数字化转型是将数字技术集成到社会经济运行的所有领域，在实现数字经济与中国式现代化有机衔中，要加快数字化转型步伐。数字化转型的重点包括：一方面推进产业数字化。运用数字技术对传统产业进行全产业链的改造，加快推进产业数字化，以数字技术赋能产业转型升级。另一方面推动数字产业化。通过数字技术的市场化，将数字化的知识和信息转化为生产要素，推动数字产业的发展，形成数字产业链和产业集群。同时加快数字基础设施的数字化，构建智能融合基础设施，提升基础设施智能化水平，加快推进各个领域基础设施的数字化。四是完善数字经济人才建设机制。数字人才是数字经济发展的核心驱动要素，在实现数字经济与中国式现代化有机衔中，建设素质高、结构优的数字人才队伍，以数字人才建设夯实数字经济与中国式现代化有机衔的根基。

三、以数字经济与实体经济深度融合实现数字经济与中国式经济现代化深度融合

数字经济与实体经济的融合是构建现代化产业体系的着力点，数字经济和实体经济融合的重点是产业融合的基础和产业生态建设两个方面。而这两个方面是从产业创新层面推动数字经济和实体经济深度融合，以此来提高数字经济的产业融合率。一是为产业融合发展奠定数据共享基础。从需求侧整合消费信息和个人信息，在此基础上整合数据标准，构建数据结构，提高数据质量。促进数据流动，为数字经济和实体经济融合提供数据标准，为数字经济和实体经济融合奠定数据共享基础。二是推动数字经济和实体经济深度融合的结构转化。在推动数字经济和实体经济深度融合中把重点放在提升数字经济的产业结构升级上。按照数字产业发展的逻辑，推动产业组织方式、产业发展形态的革命性变化，推动产业结构的高级化和现代化，实现产业结构之间的关系由上下游、产供销的线性关系转向网络化、生态化和智能化方向，形成新型产业结构关系。三是推动数字经济和实体经济深度融合的产业生态建设。产业生态是数字经济和实体经济融合的路径。从产业层面加大对平台型产业创新组织的支持力度，构建

起支持数字经济和实体经济融合的产业生态,在政策上支持产业孵化器、产业加速器、产业互联网等支持数字经济和实体经济融合的载体建设,同时支持产业创新共同体、产业生态等支持数字经济和实体经济融合的创新性组织建设。

四、以数字经济的高质量发展实现数字经济与中国式经济现代化深度融合

数字经济高质量发展是中国式现代化的重要推动力量,在中国式现代化新征程中为了实现数字经济与中国式现代化的深度融合,需要形成一种满足数据要素市场化配置的数字生产关系,解放和发展数字生产力,推动数字经济的高质量发展。一是夯实实现数字经济与中国式现代化的深度融合的技术基础。加强数字技术基础研发,推动关键核心技术的突破,提升数字关键核心技术自主创新能力,掌握数字经济自主权,夯实实现数字经济与中国式现代化的深度融合的技术基础。二是激活实现数字经济与中国式现代化深度融合的数据要素潜能。构建高水平的数据要素市场,强化高质量数据要素供给,提高数字经济的价值创造能力。创新数据要素开发利用机制,提高数字经济的价值实现,着力实施数据质量提升,激活实现数字经济与中国式现代化深度融合的数据要素潜能。三是筑牢数字经济与中国式现代化深度融合的数据要素潜能。高质量推动数字产业的结构优化和结构升级,培育数字经济发展的新业态、新模式和新优势,提升数字产业的规模和质量,筑牢数字经济与中国式现代化深度融合的数据要素潜能的产业基础。四是强化实现数字经济与中国式现代化深度融合的政策保障。细化分解数字经济发展目标、战略重点和重要任务,综合运用各种政策手段,完善促进数字经济与中国式现代化深度融合的政策体系,为实现数字经济与中国式现代化深度融合提供政策保障。

第五章
数字经济赋能中国式经济现代化的延伸和拓展

习近平总书记在庆祝中国共产党成立100周年大会上的讲话中指出:"我们坚持和发展中国特色社会主义,推动物质文明、政治文明、精神文明、社会文明、生态文明协调发展,创造了中国式现代化新道路,创造了人类文明新形态。"① 现代化理论起源于西方国家,西方学者将现代化概括为经济工业化、社会城市化、政治民主化、管理科层化、文化世俗化等若干指标。旨在以发达国家经验为发展中国家引导方向,其内涵一度与"西方化"等同。而中国式现代化则是指遵循现代化一般规律,又具有中国特色的社会主义现代化。

---

① 习近平:《在中国共产党成立100周年大会上的讲话》,《人民日报》2021年7月2日。

第一节
数字经济发展对中国式经济现代化的影响

现代化的概念在历史学、社会学等领域得到了广泛的讨论,但各自的定义并不一致。历史学角度的现代化指从传统不发达的农业社会转变为现代发达的工业社会的历史过程,而社会学中将现代化定义为工业革命推动下的经济、政治、文化、心理等方面的社会变迁。经济学对现代化的研究并不关注其结果的评价指标,而是关注其进程和发展战略。可以从罗斯托的经济成长理论和库兹涅茨的现代经济增长理论中得到说明。①

以上各领域关于现代化的定义都是以发达国家经验为基础建立的。观察发达国家的现代化进程,可以发现,现代化已有了三次大浪潮,每次现代化浪潮都是由产业革命或科技革命推动的。② 随着数字技术的不断发展,数字经济时代已经到来,新的时代伴随着新的科技革命,将催生新一次的现代化浪潮。这为中国式现代化提供了新的历史机遇,错过前几次现代化浪潮的中国绝不能再次与之擦肩而过。数字技术对社会经济全方面的渗透正在影响着现有经济形态与经济结构的不断变革。因此,在数字经济背景下,中国式现代化的道路面临着诸多转型。而借助数字经济实现中国式现代化的转型,将使中国式现代化道路迈向更高的台阶,推动世界的现代化进程,为还在探寻现代化道路的国家提供中国方案和中国智慧。

随着数字技术的深化应用,数字经济与传统经济走向深度融合。由此带来经济形态和经济结构的变革驱动着中国式现代化出现了诸多变化,主要表现在三个方面:现代化模式的重塑,现代化动能的转变以及现代化新优势的形成。

一、数字经济重塑中国式经济现代化模式

中国式现代化的模式诞生于中国式现代化道路的长期探索过程中,是对现

---

① 洪银兴:《现代化理论和区域率先基本现代化》,《经济学动态》2012 年第 3 期。
② 洪银兴:《社会主义现代化读本》,江苏人民出版社 2014 年版,第 8 页。

代化过程中重要领域的系统变化的概括与提炼。在现代化进程中，不同阶段的现代化模式不尽相同。中国早期的现代化建设主要围绕解决贫穷与落后的问题，将目光聚集在经济增长上，处于以经济增长速度为目标，以增加要素投入数量为方式，以经济规模的数量型扩张为途经的现代化建设阶段。进入新时代以来，我国社会主要矛盾发生转化，对新时代里的中国式现代化提出了新的要求。在新阶段里，面对新要求的中国式现代化迎来了数字经济蓬勃发展的历史机遇。数字经济是一种更高级、可持续的经济形态，以信息通信技术为核心的技术手段对社会经济的各个方面起着前所未有的促进作用①。因此，在数字经济背景下，中国式现代化的模式将得到重塑。

（一）以人民美好生活为目标的中国式现代化

社会主要矛盾已经转化为人民日益增长的美好生活需要和不平衡不充分的发展之间的矛盾，这意味着需求体系的结构发生了重大变化。一是范围扩展上，除了物质文化生活之外，人们在民主、法治、公平、正义、安全、环境等方面的要求日益增长，对健康、教育等更加关注。二是层次提升上，更加关注产品和服务的质量，美好生活需要呈现出多样性、个性化的特征。②满足人民需要是中国式现代化题中应有之义，数字经济从物质和精神两方面不断满足人民对美好生活的多重需要。首先，数字经济的核心在于信息技术，信息技术带来了供求两端的信息高效交流，降低信息不对称程度，减少交易成本。由此抑制逆向选择并发挥长尾效应，更好地匹配供需，提升供给端的产品和服务质量，并满足人们多样化、个性化的需求。其次，数字经济的发展催化了数字文化产业的繁荣。在数字技术的助力下，文化的内容形式更加多元，传播更加广泛，进一步满足了人民的精神需要。

（二）以效率提升为方式的中国式现代化

效率提升强调在保持要素投入数量不变的情况下社会、经济产出的提升。

---

① 裴长洪、倪江飞、李越：《数字经济的政治经济学分析》，《财贸经济》2018 年第 9 期。
② 高培勇、杜创、刘霞辉、袁富华、汤铎铎：《高质量发展背景下的现代化经济体系建设：一个逻辑框架》，《经济研究》2019 年第 4 期。

数字经济从两个层面推进我国的效率变革,推动效率提升。一是强调经济系统的全局最优,也就是经济系统达到帕累托最优状态,此时资源配置最优。根据福利经济学第一定理,有效的竞争市场可以通过价格机制调节经济活动,从而达到帕累托最优的资源配置。因此,提高宏观生产要素配置效率的关键在于健全要素市场建设,发挥市场机制作用。数字经济下生产要素供求双方借助数字技术传递信息,并且借助数字平台进行超越地理空间范围的竞争。所以数字经济能够提高要素供需匹配效率,强化市场竞争机制,助力要素市场化建设,进而提高生产要素配置效率。二是强调资源利用的最大程度,即一定条件下产出能力最大,这体现在全要素生产率的增长及其贡献率上。数字经济发展带来了科技创新投入和人力资本投入的增加,提高了劳动生产率,又加强了物质资本的科学配置,提高了物质资本生产率,最终实现全要素生产率的提升。

(三) 以经济发展质量型提升为途经的中国式现代化

早期的中国式现代化建设是以经济规模的数量型扩张为途经来实现的,进入现代化建设的新时期,更应当注重发展的质量。质量型发展是通过创新驱动、结构转化、效率提升等多方面机制的综合作用实现的。一是数字经济的创新驱动作用。数字经济兴起于 21 世纪以来大数据、云计算、人工智能等技术的深化应用,这标志着新的科学技术革命的到来。与此同时,新能源技术的不断发展则成为新一轮科技革命的重要支柱。以数字技术加新能源为主要特征的新一轮科技革命本身蕴含着无数的创新,所以它可以通过创新驱动作用显著提高经济发展的质量。二是数字经济的结构转化作用。数字经济的创新特质带来了商业模式的变革,新商业模式的出现使市场中的领导性企业发生更迭。这是产业重塑的核心与实质,从而带动了产业结构的变迁。三是数字经济的效率提升作用。数字经济通过信息化及技术进步等方式实现产业结构的高级化和合理化,促进生产要素从低效率、高消耗的生产部门进入到高效率、低消耗的生产部门。由此带来国民经济整体的生产率提升与能源消耗降低,推动经济发展质量型提升,构成中国式现代化的重要途径。

二、数字经济转变中国式经济现代化动能

经济发展是有阶段的，不同的阶段需要不同的动能驱动现代化进程。根据美国经济学家罗斯托的经济成长阶段论，一个国家从传统走向现代，要经历以下阶段：传统社会，为起飞创造条件，起飞，走向成熟，大众高消费，消费阶段以后。① 其中起飞阶段是现代化进程的分水岭，我国全面小康社会建成就相当于实现了经济起飞。② 在经济起飞之前，中国依靠传统动能完成了小康社会的建设。但随着现代化进程的推进，我国在劳动力和自然资源等要素方面不再具有比较优势，以人口红利、投资及外需拉动制造业发展的传统现代化动能已经逐渐走向枯竭。数字经济正是实现现代化动能转变的重要契机，主要通过创新驱动、产业融合与扩大内需三个层面转变中国式现代化动能。

（一）数字经济赋能科技创新，驱动现代化进程

一方面，在数字经济背景下，5G、工业互联网、物联网等成为新型基础设施，这对产业基础能力提出了要求。产业基础能力是科技创新能量释放的关键所在，从科学成果发现到技术应用离不开产业基础能力的保障。而数字经济则可以促进产业基础再造，支持传统基础设施智能改组，提升了基础设施服务的质量和效率。在很大程度上提高了现阶段的产业基础能力，为创新成果产业化奠定了良好的基础，保障创新能量的有效释放。另一方面，数字经济推动协同创新体系的构建和完善。创新体系是由政府、企业、高校和科研机构等多元主体构成的复杂系统，其构建和完善必须依靠产学研的深度融合。数字经济为政府优化制度供给提供了技术基础，构成了产学研融合的制度保障。基于数字技术建设的开放式创新创业平台则成为产学研融合的交汇点，形成企业、高校和科研机构联合创新的新局面。由此释放创新能量，促进现代化新旧动能转变的实现。

（二）数字经济促进产业融合，驱动现代化进程

进入数字经济时代以来，产业结构数字化转型不断推进，这是数字技术与传

---

① ［美］W. W. 罗斯托：《经济成长的阶段》，郭熙保、王松茂译，中国社会科学出版社 2012 年版，第 4—12 页。
② 洪银兴：《论中国式现代化的经济学维度》，《管理世界》2022 年第 4 期。

统产业融合的过程。数字技术具有强渗透性,使传统产业之间发生跨产业的渗透,使产业间从分立走向融合。一方面,数字技术为产业融合提供了基础。在数字技术与传统产业融合过程中,数字技术与传统技术相互渗透,不断带来新的产业形态,使传统产业发生战略调整和产业重组,由此促进了产业间的相互融合。另一方面,数字经济催生大型企业,淡化了产业边界。由于数字产品具有典型的网络效应特征,即产品对用户的价值与产品的用户数量成正比,所以数字经济存在普遍的"赢者通吃"现象。这导致了大型企业的不断出现,大型企业组织是推动产业融合发展的重要载体,将产业间分工转化为企业内分工,淡化产业边界,促进了产业融合。产业融合丰富了产业发展模式,扩展了产业间的竞争范围,形成新的增长点,构成中国式现代化的新动能。

(三) 数字经济助力扩大内需,驱动现代化进程

随着我国现代化水平的不断提高以及国际经济环境的变化,外需对我国经济的带动力逐渐衰减。并且现代化水平越高,原有比较优势就越弱,这种衰减效果越明显。这决定了中国式现代化进程转向依靠内需带动的客观必要性。内需主要指国内的消费需求与投资需求。一方面,中国区域发展不平衡的现状产生了多级的市场消费需求,身为数字经济先驱的电子商务的成熟,将不同区域的消费需求集合到一起,创造了国内统一大市场建成的前提条件,形成中国式现代化的内需动力。另一方面,数字经济的发展催生了新型基础设施的投资需求。基础设施投资部分转向新型基础设施,有利于推动制造业升级和服务业发展。[①]因此,投资依然是新阶段里中国式现代化的重要驱动力。

三、数字经济培育中国式经济现代化的新优势

中国式现代化进入了新的阶段,对我国现代化优势提出了新的时代要求。中国早期的现代化建设主要依靠在国际分工中的比较优势,比较优势理论强调一个国家和地区在土地、劳动力和天然资源等生产要素方面所独具的有利条件。然而,随着我国现代化水平的不断提高,这种比较优势将逐渐失去活力。并且,

---

① 郭凯明、潘珊、颜色:《新型基础设施投资与产业结构转型升级》,《中国工业经济》2020年第3期。

进入新时代以来,中国式现代化逐步从追赶型转向赶超型,这也要求我们不能依仗传统的比较优势参与国际分工与竞争,提出了现代化优势转换的客观要求。因此,在新的阶段里,新优势的培育必须超越比较优势的理论层次,借助数字经济发展的历史机遇,提升到国家的竞争优势。根据迈克尔·波特的国家竞争钻石体系,国家竞争优势取决于四个关键要素,即生产要素,需求条件,相关产业与支持性产业,企业战略、企业结构和同业竞争。① 这四个关键要素可以归纳为中国式现代化新阶段里的三大新优势,生产要素优势、需求条件优势以及制度优势。

(一) 数字经济培育生产要素优势

在数字经济背景下,数据成为新的生产要素,并逐步走向生产要素的核心地位。而且,新一轮技术革命里各个国家几乎站在同一起跑线,这构成了现代化新优势中生产要素优势形成的历史条件。一方面,数据要素的广泛使用带来了传统要素生产效率的提升。数据要素在生产中发挥的核心作用就是利用其承载的有价值信息,提高劳动、资本等其他要素之间的协同性。② 从微观角度看,数据的使用提高了企业的决策效率,尤其是大数据与人工智能技术的发展应用。在数据的指引下,企业摆脱了原有的直觉决策模式,转向了科学决策方法,使传统生产要素的使用更加精准高效。另一方面,数据要素本身具有低成本、易复制、非竞争性等特征,这决定了数据要素的潜在经济价值远超传统要素。而且,中国具有巨大的人口规模,导致我国经济活动中所创造的数据量巨大。从数据生产要素的角度看,这是我国国情在数字经济时代里显现出的独特优势。

(二) 数字经济培育需求条件优势

在数字经济背景下,数据不但能在生产端成为关键的生产要素,还可以让消费者获得足够的信息,提升消费者信息能力。信息能力指消费者对产品的知情程度。一方面,新的供需关系认为,对于给定信息能力的消费者,他们购买某一

---

① [美]迈克尔·波特:《国家竞争优势》(上),李明轩、邱如美译,中信出版社2012年版,第64—65页。
② 蔡跃洲、马文君:《数据要素对高质量发展影响与数据流动制约》,《数量经济技术经济研究》2021年第3期。

产品的概率依赖于产品的质量。信息能力越高,购买概率对质量变化越敏感。[①]由此,出现了迈克尔·波特所提到的挑剔型消费者,懂行且挑剔的消费者是本国产品质量提升的来源,更会激发本国的竞争优势。并且,挑剔型消费者往往愿意尝试新产品,这也会从国内市场中产生引领国际市场的需求,从而形成本国企业的竞争优势。另一方面,消费者日益提升的总信息能力和因人而异的广泛需求,将驱动商家生产新产品,从而提升产品的多样性。国内产品多样性的增加将提升国内市场需求转为国际市场需求的能力,使我国企业比较容易获得竞争优势。因此,数字经济能够带来我国需求条件的改变,创造了我国参与国际分工与竞争的新优势,也是中国式现代化新阶段的新优势。

(三)数字经济培育制度优势

在各种发展经济学与现代化理论中,一个基本的共识在于制度对现代化进程所起到的关键性作用。适宜的制度可以构建出合理的社会激励结构,进而在现代化进程中创造秩序并降低交易的不确定性。因此,在数字经济背景下,我国制度优势的培育极为关键。一方面,互联网尤其是新一代移动通信技术的迅猛发展,极大提升了社会主体之间信息与资源交换的效率,促进了连接的增加。[②]政府与其他社会主体间信息更加畅通,有利于执行严格的产品、安全和环境标准,刺激厂商改善品质、提升技术,促进竞争优势的形成。同时,准确而及时的经济信息也有利于反垄断监管的执行,从而使产业充满竞争活力,培育国内竞争所产生的自我强化力量,创造竞争优势。另一方面,技术赋能也进一步提升了各级政府的行政管理能力。随着"互联网+政务服务"建设的不断推进,数字政务系统逐渐健全,增加了政府、企业、民众等社会主体间的良性互动,提高政务服务效率,为中国式现代化提供了良好的制度环境优势。

---

① 张翼成、吕琳媛、周涛:《重塑信息经济的结构》,四川人民出版社2018年版,第92页。
② 乔天宇、向静林:《社会治理数字化转型的底层逻辑》,《学术月刊》2022年第2期。

第二节
数字经济赋能中国式经济现代化目标的延伸和拓展

全面小康社会建成后,中国式现代化建设进入新征程。新征程里的中国式现代化阶段性目标是建立现代化的治理体系与经济体系,最终实现人的全面发展。在数字经济背景下,中国式现代化目标的延伸和拓展也成为现代化新征程里的重大议题。

一、数字经济背景下治理体系现代化

治理体系现代化是中国式现代化的基本任务,也是实现中国式现代化的制度保障。数字经济背景下,现代化的治理体系主要从治理主体、治理模式、治理范围三个维度发生转型。

(一)治理主体的转型

良好的治理要依靠社会多元主体间的有效沟通与相互协作,现代化的治理主体也应当是多元且互动的。长期以来,在传统经济社会中信息交流严重不足,各社会主体间的沟通与协作严重受限。因此,传统经济中的治理主体是一元化的,主要是政府部门。而在数字经济背景下,互联网与大数据等数字技术在治理领域的应用为治理主体的多元化提供了技术基础,政府、市场与社会协同治理的治理格局成为可以实现的目标。一方面,新的治理主体出现,互联网平台企业的发展壮大为治理体系提供了新的元素。作为市场主体之一平台企业与传统企业的概念有所区别,平台企业也可以作为治理体系中的关键治理主体。如今平台经济日渐发展,许多经济活动直接发生在互联网平台上,这使平台企业在市场监管、信用评估和维护竞争秩序等方面具有先天的优势,因此可以承担起部分治理功能。另一方面,数字技术的广泛使用也强化了社会组织和群众自治水平,城乡社区治理能力得到有效提升。社会治理中产生的问题往往极为庞杂与专业,政府治理难以面面俱到。因此,社会组织和群众自治可以与政府治理形成有效协同,为治理体系现代化的实现奠定坚实基础。

(二) 治理模式的转型

随着数字经济的快速发展,传统科层制的治理结构渐显僵化,难以适应变得更加开放与不确定的经济环境。科层制中的治理模式是由上而下的纵向模式。在这种模式下,社会成员内部缺乏联系,难以形成有效的协商,政府与各类社会成员之间也存在严重的屏障,民情民意不能顺畅表达。此时,各类社会成员不能主动参与到治理活动中,是治理活动的被动接受者,治理更多地体现出强制性。而数字技术在社会治理中的广泛应用有助于增强社会内部的横向连通与政府社会的纵向连通。[1] 科层制的治理结构逐渐走向扁平化。各类社会成员有序参与到社会治理,在线表达、线上互动,形成了纵横结合的治理模式。在这种治理模式下,各类社会成员成为治理主体,多元化的治理主体之间形成有效的协同和良性互动。由此使公民更好地行使了民主权利,强化公民对政府的权力监督,各类社会成员成为治理活动的主动参与者,治理更多地体现出协商性。

(三) 治理范围的转型

传统社会主要由政府部门治理,所以此时的治理范围局限于政府权力所达的边界。而在数字经济背景下,治理主体的多元化必然带来治理范围的变化,主要是总体治理范围的扩大与政府治理范围的相对缩小。一方面,各种社会主体参与到治理活动中,治理的边界因此扩大到了公共领域所达的最大范围。多元协同的治理格局能够有效地面对细致、复杂、相互关联的治理环境,对传统政府治理的有限性形成了很好的补充。另一方面,从治理范围的内部结构看,多元化的治理主体也缩小了政府的治理范围。对于政府治理来说,治理范围越大治理效率越低,所以传统治理中最大边界上的政府治理活动是低效率的。在数字经济背景下,多元主体参与到治理中,促成政府治理权力移交,相对收缩政府治理范围。这可以显著地提升治理效率,建设有限有效的政府。

值得注意的是,多元协同的治理格局并不意味着否定政府在治理中的核心地位,国家治理不同于宏观经济调控,不能把政府定位于补缺。在化解风险与处

---

[1] 乔天宇、向静林:《社会治理数字化转型的底层逻辑》,《学术月刊》2022 年第 2 期。

理危机等方面,政府依然要采取主动,发挥主导作用。同时,在数字技术支撑的多元协同治理格局下,政府预防与处理社会问题的能力也得到了进一步增强。

二、数字经济背景下经济体系现代化

经济体系现代化是中国式现代化的战略目标。所谓经济体系,是由社会经济活动各个环节、各个层面、各个领域的相互关系和内在联系构成的一个有机整体,它强调了经济的整体性和系统性。[①] 从推动现代化进程考虑,现代化经济体系可以概括为三个方面:一是现代化的支撑系统,二是现代化的动力系统,三是现代化的经济调节系统。[②]

(一) 数字经济背景下建设现代化的支撑系统

中国式现代化的基础由现代化的产业体系、城乡区域发展体系和绿色发展体系构成,三者对现代化进程起支撑作用。一是数字经济背景下现代化产业体系的构建,其重点落在数字产业化和产业数字化两个方面。从数字化转型角度讲,数字产业化承担供给功能,是数字技术与新科技的产出端,为新一轮的产业革命与科技革命提供基础。产业数字化位于需求端,是创新成果转化与应用的关键,成为实现现代化的重要支撑。二是协调联动的城乡区域发展体系,其构建的限制主要在于地理空间因素。而数字经济下出现的流动空间形式正在打破这种限制。卡斯特认为流动空间乃是通过流动而运作的共享时间之社会实践的物质组织。[③] 流动空间强调超越地理空间范围的社会活动发生的可能性,为数字经济下的城乡区域发展体系协调联动提供现实基础。三是绿色发展体系,绿色发展不仅关乎人类的健康与生活环境,也关乎经济增长的极限。因此,以资源枯竭、环境恶化为代价不是我们追求的现代化。而以低能耗为特征的数字经济则带来了资源节约、环境友好的发展,助力人与自然和谐共生的现代化建设。

---

① 高培勇、杜创、刘霞辉、袁富华、汤铎铎:《高质量发展背景下的现代化经济体系建设:一个逻辑框架》,《经济研究》2019 年第 4 期。
② 洪银兴、任保平:《新时代发展经济学》,高等教育出版社 2019 年版,第 47—50 页。
③ [西班牙] 曼纽尔·卡斯特:《网络社会的崛起》,夏铸九、王志弘等译,社会科学文献出版社 2001 年版,第 505 页。

(二）数字经济背景下建设现代化的动力系统

现代化的动力来源于内部与外部两个方面，在上一阶段的中国式现代化进程里，我们主要依靠对外开放的外部动力。进入现代化新阶段后，现代化动能面临转化，内需成为接下来现代化进程的重要动力。内需的扩大要依仗消费需求的提升，中等收入群体作为消费的主力，其数量扩张是提升内需的关键一步。这就要求我国建设现代化的收入分配体系，提高居民收入水平，缩小收入差距，形成橄榄型的收入结构。数字经济推进要素市场建设，促进公平有效的分配体系建成。但是，在数字经济背景下，数据作为生产要素参与分配，也对现代化的收入分配体系的建设提出了新挑战。同时，依靠内需拉动的同时依然要注重外部动力的作用，推动更高水平的对外开放，建设现代化的开放体系。在现代化的新阶段里，数字经济培育我国生产要素、需求条件与制度三大竞争优势，以新的姿态参与到国际分工中。此时的现代化开放体系转型主要表现为：从引进新技术发挥后发优势到引进创新人才，推进自主创新；追求在全球价值链地位的攀升，从而实现主导全球化的高质量、高层次对外开放；坚持引进来与走出去并重的开放战略不变。

（三）数字经济背景下建设现代化的经济调节系统

经济调节系统分为市场调节和政府调节两个方面。其中，市场调节经济的有效性需要依赖统一开放、竞争有序的市场体系。改革开放以来，我国统一大市场建设已经取得了巨大成就，但仍存在问题。目前的大市场建设主要局限于产品市场，而要素市场的完善程度远远不足，劳动力、土地等生产要素不能自由流动形成有效配置。在数字经济发展的今天，统一要素市场建设的传统信息障碍已经几乎消失，从客观上形成了要素市场完善化的可能性。在现代化进程中，要发挥市场对资源配置的决定性作用，但这并不意味着放弃政府对经济的调节。市场因竞争而有效，但市场本身仍会发展出阻碍竞争的因素，因此政府应当在经济调节中发挥关键的补缺作用。数字经济下的政府充当监管者，能够借助数字技术更精准到位地维护竞争。此外，在现代化进程中，市场不能够解决所有问题。尤其是社会主义国家的现代化对政府提出了更多要求，如还应执行公共服务、战略规划等职能。

三、数字经济背景下实现人的现代化

人的现代化是中国式现代化的长期目标。人的现代化不仅仅是现代化的结果,在整个国家向现代化发展的进程中,人是一个必不可少的因素。一个国家,只有当它的人民是现代人,它的国民从心理和行为上都转变为现代的人格,它的现代政治、经济和文化管理机构中的工作人员都获得了某种与现代化发展相适应的现代性,这样的国家才可真正称之为现代化的国家。否则,高速稳定的经济发展和有效的管理,都不会得以实现。即使经济已经开始起飞,也不会持续长久①。因此,人的现代化应当贯穿整个现代化进程中。人的现代化主要涉及两个方面,一是人自身的现代化,二是人的生活方式达到现代水平②。

人自身的现代化对于一个国家来说就是人口素质的提升,主要体现在收入水平的提升、受教育程度提升、道德水准提升等方面。一方面,收入水平提升更加强调不同收入群体的结构优化,即低收入者收入水平的提升,是共享发展的基本要求。数字经济背景下,低收入者获得了更多的就业机会。如依托于外卖平台的骑手,就是就业弱势人群提高收入的重要途径。另一方面,数字经济促进低教育人群教育水平的提升。数字技术提供优质教育资源的无差别共享,降低受教育成本。优质教育资源是稀缺的,线下教育成本高,受众有限。而数字经济下的教育则能够打破时空边界,共享教育资源,缩小城乡区域间的教育资源差距。此外,数字经济有助于促进公民道德水准的提升,公民道德建设是现代化的重要内容。数字技术提供共享优质文化资源的机会,有助于弘扬优秀传统文化与社会主义核心价值观,实现思想意识与价值观念的现代化。

人的生活方式现代化主要指基本公共服务的均等化。全面小康社会建成后,人民群众对生活方式的诉求进一步提升。为满足人民的诉求,实现人的生活方式现代化,就要实现基本公共服务的均等化。一方面,体现在人民关于自身现代化的诉求,关注教育与文化获得机会均等问题。数字经济下教育资源共享的

---

① [美]阿历克斯·英格尔斯等:《人的现代化》,殷陆君编译,四川人民出版社 1985 年版,第 8 页。
② 洪银兴:《论中国式现代化的经济学维度》,《管理世界》2022 年第 4 期。

机制已在上文做出分析。文化产品与服务的获得关乎人民的精神需要，以往线下文化产品服务成本极高且内容有限，非高收入群体难以实现高频消费。而在数字经济背景下，音乐平台与视频平台则提供了丰富的文化资源，并且基本实现全民共享。并且随着虚拟现实技术的发展，教育与文化行业也将面临新的变革，进一步实现资源的真正共享。另一方面，数字医疗的发展促进优质医疗资源异地共享。随着数字技术的发展，远程问诊已经实现并得到广泛应用。不仅如此，数字医疗技术的进步已经让远程治疗逐渐成为现实。例如，医生可以通过机器臂与远程监视器的辅助，实现相隔万里的一台手术，为医疗条件差的偏远地区病人提供有效医治。

第三节
数字经济赋能中国式经济现代化路径的延伸和拓展

我国数字经济规模持续扩张，借助数字经济的发展机遇已经成为中国式现代化道路上的战略选择。应推动数字经济培育现代化新优势、转变现代化动能，其延伸和拓展的具体路径体现在以下三个方面。

一、坚持并联式现代化道路，实现赶超型现代化

西方国家的现代化是串联式的过程，持续了几百年。而中国式现代化想要实现对发达国家的追赶甚至赶超，就不能跟在发达国家后面亦步亦趋。这要求我们必须要继续走并联式发展道路，工业化、信息化、城镇化、农业现代化同步推进。

（一）工业化与信息化的融合发展，以信息化带动工业化水平快速提升

我国能够用几十年就走完发达国家几百年走过的工业化历程，很大程度上得益于抓住了信息化的机遇，以信息化带动工业化发展，而不是先进行工业化，再推进信息化。在数字经济背景下，信息化已经进入到数字化阶段，为我国下一阶段工业化再次带来历史性机遇。新的阶段里，工业化更加强调智能化与绿色化，在这层含义上，我国工业化已经与发达国家站在同一起跑线上。因此，要坚

持融合发展道路,继续以数字化带动工业化发展。首先是增强数字技术研发,发展数字产业。重点在于重视基础研究投入,实现技术引领,破除"卡脖子"困境。其次是促进数字技术成果产业化,实现产业革命。重点在于发挥企业示范作用,培育企业家精神,这是将科技进步推向社会生产生活的关键所在。基础研究所带来的技术创新并不能直接引导产业革命,技术创新成果的转化才是带来产业革命的关键一环。

(二)数字化引领农业现代化,补足中国式现代化短板

相对于中国式现代化进程中的其他方面来看,我国农业现代化水平明显落后。在经典的现代化路径中,农业现代化是通过工业化赋能实现的。随工业化的发展,农业生产机械化水平逐渐提升,实现资本要素对劳动要素的部分替代,进而劳动生产率得到提高。但我国在早期的现代化进程中,并没有发生对农业生产方式的根本性改造,而是以非农化方式解决农业问题。通过转移农村劳动要素与土地要素至非农业,提高农民收入水平。这样的途径对三农发展有明显的带动作用,却导致了农业发展要素的流失,扩大了城乡发展差距。然而在数字经济背景下,农业的追赶式发展迎来新一轮红利。借鉴我国工业化由信息化带动发展的成功经验,农业现代化也可由数字化来带动。关键在于在农业中引入数字化要素,重视科技在农业中的应用,发展高质量、高附加值的农业。一是大数据对生物技术创新的推动,提升农产品品质与附加值。二是推进遥感技术与地理信息定位技术在农业生产中的应用,实现农业生产方式精准化、智能化。

(三)数字化推进新型城镇化

城镇化具有不可替代的融合作用,能够一举托两头,有利于促进工农和城乡协调发展,可以有效提高农业劳动生产率和城乡居民收入。我国原有的城镇化道路是由农村工业化引致的,承担了接收农村剩余劳动力转移的功能。在数字经济背景下,城镇化面临着新的转变。首先,城镇化的意义不仅局限于吸纳转移人口,还有助于物流网络的健全。通过人口聚集与消费集中,降低物流网络建设下沉至乡村的成本。健全的物流网络与高度成熟的电商平台相结合,助力城乡大市场联通,拉动三农发展。其次,新型城镇化的建设重点在于实现城乡基本公共服务均等化。以城镇为单位实现公共服务供给与城市平等,相对于以农村为单位大大减少了建设成本。因此,在城镇化建设中公共服务均等是可实现的,并且这也是必要的。数字经济的发展能实现人力资本要素的回流,从而在农业中形成与现代农业技术相适配的人力资本结构,助力农业现代化的追赶发展。

二、促进企业数字化转型,引领经济现代化

企业是经济活动的主体,是现代化新动能与新优势得以发挥的载体。因此,在中国式现代化的新阶段里,实现企业的数字化转型具有重大意义。而要迅速实现数字化转型,在数字经济时代里走在世界前列,就需要政府创造环境,发挥激励与引导作用。一是推动产业集群的产生,为企业快速实现数字化转型提供环境。二是直接形成激励,增强企业数字化转型意愿。

根据波特关于国家竞争优势的分析,钻石体系的基本目的就是推动一个国家的产业竞争优势趋向集群式分布,呈现由客户到供应商的垂直关系,或由市场、技术到营销网络的水平关联[①]。相对于企业孤立式的存在,产业集群在新技术的扩散效率方面具有明显优势。一方面,在产业集群内,企业得益于集中的客户需求,能够更迅速清晰地认清客户趋势。在感知创新需求与数字化需要方面显著强于单打独斗。另一方面,产业集群内的各种企业相互影响。集群内成员能够直接学习到其他企业关于新技术的应用,放大企业数字化转型的示范效应。并且,在产业集群中,企业也能够更加高效地获得数字化要素,降低转型成本。因此,在产业集群萌芽或发展时,应当给予帮助与强化。消除产业集群发展障碍,培育其发展所需要的要素,健全产业集群发展所需的运输、通信等基础设施,鼓励集群内成员交流。

在企业数字化转型过程中,政府应当承担催化剂的作用,形成直接的激励。但直接的激励应仍然以不破坏竞争机制为原则,因此要减少对某些特定对象的支持,主要发挥引导作用。具体做法包括以下几点:一是设立奖项荣誉以奖励数字化转型先行企业,刺激企业转型需要;二是实施产学研合作计划,培育企业转型所需数字化要素,满足企业对数字技术以及数字人才的需求;三是执行严格的

---

① [美]迈克尔·波特:《国家竞争优势》(上),李明轩、邱如美译,中信出版社 2012 年版,第 132—133 页。

产品、安全和环境标准,刺激企业应用数字技术改善生产流程,提高资源利用效率;四是加强反垄断监管,避免因竞争对手间的合作而阻碍竞争,通过有效的竞争加强新技术的应用与扩散。

三、构建数字平台体系,打造现代化经济新形态

数字经济背景下,数字技术的不断发展与广泛应用催生了新的组织形态——数字平台。数字平台通过对各种经济活动信息的集聚与传输,促进生产与交易更加顺利进行,成为数字时代的重要经济运行主体。因此,应着手构建完善的数字平台体系,更新产业形态,进而促进产业融合,形成现代化新动能。同时,数字平台增强消费者与生产者的在线互动,提高消费者信息能力的同时促进产品多样性的增加,培育现代化的需求条件优势,并且能够更好满足人们多样化、个性化的需求。此外,通过数字平台体系的构建,产生新的治理主体,推动治理模式与治理范围的转型,有助于实现治理体系的现代化。根据在经济运行中所发挥的作用不同,可以将数字平台体系分为产品交易平台与生产服务平台。

(一)加强产品交易平台监管

产品交易平台通过将产品供求两端聚合在一处,促进信息交流与产品流通,本质上是线上形式的交易中介。产品交易平台以淘宝网、京东和拼多多等电商平台为代表,为电子商务活动提供基础是其在经济中发挥的主要作用。作为数字经济的先驱,电子商务依托于我国庞大市场发展极为迅速,但仍存在许多有待解决的问题。例如,平台企业滥用数据侵害消费者权益,利用市场地位衍生出系列反竞争行为等。因此,在接下来产品交易平台的建设过程中,一是应重点关注平台垄断治理问题,关键在于数字经济时代里垄断行为的界定与传统经济不同,要防范传统监管模式不适应而产生的"一管死,一放乱"现象。二是关注消费者信息保护问题,推进数据确权,明确企业对消费者信息使用的边界,切实保护消费者权益。

(二)完善生产服务平台建设

这类平台的主要功能是为厂商的资源管理、生产决策和研发设计等提供服

务,包括工业互联网平台、创新创业平台和协同研发设计平台等。相对于产品交易平台的发展,我国生产服务平台的发展水平仍然相对较低。在我国数字经济早期发展阶段里,数字经济的规模与影响扩大主要依靠的是消费互联网的发展,是产品交易平台获得大发展的时代。而在产品交易平台趋于成熟后,下一阶段获得发展的数字平台就应该是生产服务平台,以生产服务平台发展为厂商的创新生产赋能,形成接下来数字经济发展的增长点,进而实现新阶段里现代化的动能转换。一是推动工业互联网平台建设,支持基于平台的企业合作,创造可快速复制的模块化生产模式,助力数字技术应用扩散。二是推动创新创业平台建设,通过平台共享模式,减小创业阻力,助力万众创新局面的诞生。三是推动协同研发设计平台建设,通过平台实现研发设计信息共享,协同产业链上下游形成资源整合效应,创造现代化生产新业态。

第四节
数字经济赋能中国式经济现代化战略的延伸和拓展

现代化战略是为了实现现代化目标的一种谋划,主要着眼于处理和解决现代化进程中带有全局性、长期性和统领性的问题,是在一个较长时期内所采取的发展道路或发展方向。在数字经济背景下,中国式现代化战略也因此面临着一系列的延伸和拓展。

一、单一发展战略转向综合发展战略

根据发展目标的不同,现代化战略可以分为单一发展战略和综合发展战略。所谓单一发展战略,主要是指为解决贫穷与落后的问题,片面追求经济增长的战略。新中国成立初期,我国为建立本国工业体系,优先发展重工业,实行以高度的计划经济体制为基础的社会主义工业化战略。为我国奠定了对国家安全和经济至关重要的工业基础,建立了较为完善的工业体系,增强了独立发展国民经济的能力,但同时产生了一定的负面影响。中共十一届三中全会后,以经济建设为中心的路线确立,通过对内改革发挥市场经济体制活力,通过对外开放同国际市

场接轨。由此我国经济取得了飞速发展，并一举成为世界第二大经济体。但是，在这两个时期中，我国选择的都是以经济增长为首要目标的单一发展战略，虽然取得了经济建设的辉煌成就，但是也随之出现了农业农村发展落后、收入分配不合理、资源浪费与环境污染等问题。因此，借助数字经济发展机遇，应对单一发展战略做出修正，实施兼顾经济、社会与环境的综合发展战略。

（一）全面推进乡村振兴，推动数字乡村建设

战略重点在于新型城镇化建设与公共服务均等化。以数字经济发展为基础，发挥城镇化的融合作用，将提升乡村公共服务作为突破点。以公共服务水平提升吸引高素质人才返乡，提升乡村整体人力资本水平，进而推动乡村产业发展，提升乡村地区收入水平，收入水平的提高带来消费需求的增长。在消费互联网大发展的时代里，乡村地区消费需求的满足关键在于物流网络的健全，而上述消费需求的增长将带来充足的利润引诱，促使物流网络建设深入乡镇一级。整个机制将随城镇化水平的提高而得到强化，发挥规模效应，促使消费需求进一步集中，物流网络建设成本进一步降低。物流网络的健全则改变了原有的市场分割格局，消除城乡市场体系不对称，有力推动城乡大市场联通，畅通城乡供求两端，助力实现三农现代化。由此快速提升乡村地区发展水平，实现公共预算增收，进一步增加公共服务供给，形成乡村地区发展良性循环，逐步实现城乡一体化的发展目标。由此逐渐缓解并最终消除三农发展落后与城乡收入分配不平衡问题。

（二）坚持绿色发展，走生态文明的现代化道路

中国式现代化所要建成的社会，是资源节约、环境友好的社会，人与自然和谐共生、全面发展。在低水平发展阶段，为解决人民温饱问题，采取了掠夺性增长方式，容忍了对生态环境的破坏。但随着人民生活条件的提升，温饱问题已经解决，原有发展方式不仅发展到了极限，也将导致人类生存条件难以维持。面对人民更高层次的需求，应持续推进生态文明建设，坚持绿色发展。在数字经济背景下，数字技术在助力绿色发展进程中扮演着重要的角色。数字技术能够与传统行业深度融合，助力重点碳排放领域提高资源使用效率，实现生产效率提升与

碳排放减少。以数字化与智能化的技术手段,赋能产业结构优化与转型升级,推进经济社会绿色转型,形成可持续的生产生活方式,降低社会总体能耗。借助数字经济的发展,为经济建设与生态文明建设同步推进指出新的方向。

二、外向型发展战略转向内外结合型发展战略

根据对外开放模式的不同,现代化战略可以分为内向型发展战略、外向型发展战略和内外结合型发展战略。内向型发展战略是发展中国家在发展初期迫不得已采用的战略,此时经济自主能力差,为建立本国独立的工业体系而采用这种战略。新中国成立初期,我们正是实行了这样的战略,但是在我国具备了一定的工业基础之后,这种封闭发展并不能使我们真正摆脱贫穷。因此,改革开放以后,我国采取了外向型发展战略。在具有相对完备的工业体系基础上,利用我国相对过剩的劳动力资源,依靠质优价廉的劳动密集型产品参与国际分工与贸易,同时吸纳我国稀缺的资本与技术要素,使产业结构逐步升级与优化。但随我国发展水平的提高,外向型发展战略的弊端也逐渐显现。一方面是对发达国家的技术高度依赖,因而使国民经济发展易受国际因素影响。另一方面是片面追求出口拉动经济而忽略了国内消费,造成国内消费潜力没有得到释放。因此,在现代化的新阶段里,应抓住数字经济迅速发展的战略机遇,实施内外结合型发展战略。

首先,推动国内统一大市场的创造与开发。一方面,中国的人口是美国的四倍多,而且是中等收入群体最大的国家,这说明中国消费市场潜力巨大,构成了扩大内需的前提条件。国际经验表明,大国经济发展要依靠内需,不能过分依赖国外市场与国际投资。所以,内外结合型发展战略的实施,要着力开发国内大市场,增强经济发展的内生动力。在数字技术的支持下,居民潜在需求得到释放,交易不再局限于特定的时间和地点,市场边界得到扩展,构成了国内统一大市场形成的技术基础。因此要通过深化改革,清除统一市场形成的障碍,利用规模优势,实现现代化动能转变。另一方面,数字经济背景下,消费者的个性化、多样化需求得到释放。生产者生产理念与经营模式的转变,伴随着消费者信息能力的提升,增加了产品的多样性。大市场的规模优势结合多样化的产品,能够创造我

国参与国际分工与竞争的新优势。

其次,推动更高水平的对外开放,创造全球大市场。从改革开放后积极融入全球化的外向型发展,转变为引领全球化的高质量、高层次开放型发展,为国内企业创造更高质量与更大空间的国际市场。进入现代化新阶段,发展需要产业转型升级,特别是相对于其他发达国家的新兴产业,推进科技和产业创新,提升我国企业所处全球价值链地位。数字经济是我国实现技术突围和摆脱国际分工地位低端锁定的有效路径,并且数字经济"无边界、全球化、全天候泛在"的市场特征有助于打破国家的物理障碍,降低交易成本、提高交易效率。[①] 一方面,数字经济对传统产业产生了全方位多层次的渗透,加快传统产业结构升级,助力实现以创新为导向的高质量开放型发展。另一方面,数字化贸易方式也进一步拓宽了全球大市场,促进了传统产品贸易的发生,增加了服务参与国际贸易的可能性,尤其是生产性服务业。

三、将数字政府建设提升至现代化战略地位

数字经济背景下,新一轮科技革命已经发生,面对数字化带来的新挑战,应当顺应数字化转型趋势,实现政府数字化升级。政府的数字化转型可以显著提升政务服务质量、推进协同治理、支撑科学决策,是实现治理体系现代化的重要载体,更是数字经济背景下中国式现代化目标实现的制度基础。从世界范围来看,以英国、美国、丹麦为代表的国家较早的开始了数字政府的建设,相继出台了一系列驱动政府数字化转型的综合战略,并已经取得了阶段性的建设成效。可见,数字政府建设是全球各国的共同战略。因此,应当将数字政府建设提升至现代化战略地位,以数字技术保障和支撑数字政府建设,最终实现数字政府反作用于数字经济发展。

数字经济背景下,新一代信息技术的发展为数字政府建设提供了先决条件。数字政府建设的重点在于利用大数据对传统治理进行革新,以及二者间的有机融合。大数据并不是简单意义上的海量数据,它是用数据创造价值的新技术,包括数据生产与数据处理两个方面。数据的生产只是信息与数据的累积,并不能

[①] 李天宇、王晓娟:《数字经济赋能中国"双循环"战略:内在逻辑与实现路径》,《经济学家》2021年第5期。

直接创造价值,因此需要通过云计算技术进行数据处理,得到数据背后蕴藏的知识。并进一步利用人工智能算法实现科学决策、精准治理与高效服务。在数字政府的建设过程中,应当注意与私营企业建立良好合作关系。在数字技术的研发与应用方面,我国私营部门已经走在时代前列。在保证数据安全、不损害社会公众利益的前提下,与私营企业合作能够有效促进数字政府的建成。

数字政府战略的实施过程中,应当注意以下几个方面:一是要以整体性政府建设为方向,实现各部门各层级间的组织整合与数据汇合,创造整体价值。二是要遵循以人民为中心的基本原则,从公民与企业的需求出发,打造"办事不求人,审批不见面"的政务环境。三是要以公务员队伍的数字素养为基础,数字政府的建设离不开人的参与,所以要提升公务员数字能力,以足够的数字化人才支撑数字政府建设的战略需要。四是以政府服务门户网站为工具,重点在于网站的集约化发展,做到"一站式"解决问题乃至跨省域"一网通办"。

新一轮信息技术的变革,对人们的生活方式与社会的组织形式产生了深远的影响,社会综合治理难度加大,传统治理面临着严峻挑战。但新一轮的信息技术也为政府建设带来了新的转变,在数字经济背景下,要抓住数字政府建设的关键机遇,以数字政府建设承载治理体系现代化,促进国家治理能力现代化的实现。从而在新一轮的现代化浪潮中,为全面建成社会主义现代化强国的奋斗目标奠定基础,推进中国式现代化进程。

第六章
数字经济赋能中国式科技现代化

党的二十大报告中指出，教育、科技、人才是全面建设社会主义现代化国家的基础性、战略性支撑，并在报告中提出了中国到2035年要建成科技强国的目标。二十届三中全会提出要统筹推进教育科技人才体制机制一体改革，健全新型举国体制，提高国家创新体系整体效能。科技创新是推动实现现代化目标的重要引擎，从人类现代化的历史过程来看，在经济社会快速发展的关键时期，都伴随着科学技术的革命性突破和大规模扩散。人类现代化的历史，也是一部科技创新和科技进步的历史。因此，中国式现代化的关键是实现中国科技的现代化。近年来，大数据、人工智能、物联网、云计算等数字技术快速发展，推动了传统经济的数字化转型，数字经济与实体经济加速融合。数字技术的扩散和数字经济的发展提升了科技创新的协同性和开放性，由此引致的科技创新模式的变革也将推动科学技术本身的深刻变化。在建设科技强国的过程中，要充分发挥数字经济对提升科技水平、培育科技主体、构建科技支撑和完善科技治理的多重作用，以数字经济发展赋能中国式科技现代化。

第六章 数字经济赋能中国式科技现代化

第一节
数字经济对科技现代化的新要求

一、中国式现代化关键在科技现代化

习近平总书记2023年在江苏考察时强调:"中国式现代化关键在科技现代化。"从新中国成立初期和改革开放初期的"四个现代化",到新时代提出全面建设社会主义现代化强国,始终强调科技现代化,科技现代化一直是中国式现代化的重要内容、动力引擎和战略支撑。从理论上来说,中国式现代化关键在科技现代化是对"科学技术是第一生产力"马克思主义论断的体现,科技进步是现代生产力发展和经济增长的第一要素,科技现代化是中国式现代化的重要内容,科技是第一生产力,创新是第一动力,只有坚持科技创新才能推动生产力的不断进步,才能为现代化提供源源不断的动力。通过科技创新和数字赋能渗透到现代生产力系统的各类要素和社会生产的各个环节中,从整体上促进社会生产力发展和全要素生产率提升。从实践上来说,科技现代化是中国式现代化的动力引擎,高水平科技自立自强是新形势下推进中国式现代化的必然选择,以高水平科技自立自强为目标,才能从根本上支撑中国式现代化进程。科技始终是一个国家迈向繁荣发展的重要动力和引擎,当前新一轮科技革命和产业变革突飞猛进,科学研究范式正在发生深刻变革,科学技术进步改变着人类社会的生产方式、生活方式、组织方式、思维方式、行为方式。中国式现代化必须不断提高科技创新和创新发展水平,以高水平科技自立自强支撑引领中国式现代化。从战略上来说,科学技术现代化是世界现代化的主要标志和根本推动力,科技现代化是中国式现代化的战略支撑,科技进步为产业升级和数字化转型提供了战略支撑,依靠科技创新和创新发展构建现代化产业体系。应围绕国家战略竞争的焦点领域,从主体、基础、资源、环境等方面着手,以国家战略人才力量为支撑,建设具有重大引领作用的跨学科、大协同的创新攻关力量。从高质量发展来看,科技现代化必须在创新能力、创新水平、创新贡献上实现跃升,提高面向世界科技前沿的原

始创新能力、面向经济主战场的引领发展能力、面向国家重大需求的协同创新能力、面向全球竞争的战略影响能力。

中国式现代化关键在科技现代化的要求表明：一是要把科技创新作为高质量发展的强大驱动力，坚持创新在我国现代化建设全局中的核心地位，把科技自立自强作为中国式现代化的战略支撑，强化教育、科技、人才对现代化建设的基础性、战略性支撑。二是把体制机制创新作为科学技术现代化的动力。坚持市场机制与新型举国体制有机结合，不断推进科技治理体系和治理能力现代化，在事关国家安全和国家核心竞争力的重大科技领域采取新型举国体制，通过集中有限资源开展重大科技攻关。在竞争性领域发挥市场在科技资源配置中的决定性作用，提高科技投入产出效率。三是把满足现代化发展的重大需求作为科学技术现代化的重要方向。面向经济社会发展领域的重大需求，实现科学技术与经济社会发展的紧密结合。四是推进研发体系现代化。构建以国家实验室为引领，由稳定型和机动型战略科技力量共同组成的战略科技力量体系。把突破关键核心技术特别是战略"卡脖子"技术作为重中之重，打通基础研究、技术开发和成果转化一体化的研发体系。五是推进创新主体现代化。鼓励产学研开展战略层面的深层次合作，支持大中小企业和各主体融通创新，形成创新生态链。

二、 科技现代化在中国式现代化中的地位

党的二十大擘画了以中国式现代化全面推进中华民族伟大复兴的宏伟蓝图，深刻阐述了中国式现代化的重要特征，中国式现代化是人口规模巨大的现代化，是全体人民共同富裕的现代化，是物质文明和精神文明相协调的现代化，是人与自然和谐共生的现代化，是走和平发展道路的现代化。科技现代化是中国式现代化的重要内容和战略支撑。党的二十大报告明确提出科技现代化的战略目标，即"到2035年，实现高水平科技自立自强，进入创新型国家前列；建成教育强国、科技强国、人才强国"，并专章擘画加快建设科技强国新蓝图，强调"必须坚持科技是第一生产力、人才是第一资源、创新是第一动力，深入实施科教兴国战略、人才强国战略、创新驱动发展战略"。从科技角度看，科技现代化是中国式现代化的重要组成部分，科技也是中国式现代化所有特征共同指向的关键词。在

革命、建设、改革各个历史时期,科技事业始终具有十分重要的战略地位,在党和人民的事业中发挥着十分重要的战略作用。从新中国成立初期提出"四个现代化",到改革开放提出全面建设小康社会,再到新时代全面建设社会主义现代化强国的提出,科技现代化始终是中国式现代化的重要内容和战略支撑。

(一) 科技现代化是支撑人口规模巨大的现代化

基于对中国国情和人口问题的认识,人口规模巨大的现代化是中国式现代化的首要特征。作为世界第一人口大国,我国贫困人口居世界首位,存在发展不平衡不充分的基本问题。中国用了几十年的时间,完成了发达国家几百年走过的工业化进程,这必然是并联式的同步、叠加发展。我国人口的巨大规模和整体素质,是推动现代化发展的基础,中国目前已经赢得了脱贫攻坚战和全面建成小康社会,必须坚持以人民为中心的发展,继续提高人民的生活水平,提高全民科学文化素养,以科技现代化支撑制造强国、教育强国、体育强国、健康中国等现代化建设,并解决人民最基本的生存需求和健康保障,提高人民的生活质量。

(二) 科技现代化是支撑全体人民共同富裕的现代化

改革开放以来,为了更好更快地发展经济,我国坚持社会主义市场经济体制改革方向,坚持人民主体地位,尊重人民首创精神,充分发挥沿海城市区位优势,实施以点带面、先富带后富的区域发展战略,为了人民促发展,依靠人民谋发展,发展成果由人民共享。党的十八大以来,共同富裕是我国现代化强国建设的重大战略任务之一。发展不平衡不充分问题是新时代我国社会发展主要矛盾的主要方面,是实现共同富裕亟待破解的难题,我国牢牢把握经济建设这个中心,在高质量发展中促进共同富裕,以科技现代化促进协调发展、共享发展,在促进要素自由流动和合理配置、兼顾公平和效率、加快构建新发展格局等方面发挥保障作用,支持乡村全面振兴、城乡融合发展、新型工业化和区域协调发展等现代化建设任务。确保发展成果更多更公平惠及全体人民,逐步实现全面富裕、整体富裕、普遍富裕,更好满足人民美好生活需要,确保人民共同富裕。

(三) 科技现代化是支撑物质文明和精神文明相协调的现代化

物质富足、精神富有,是社会主义现代化的根本要求。从生产力和生产关系看,科技创新和制度创新是物质文明和精神文明的重要组成部分。党的十九大报告提出,新时代中国特色社会主义社会主要矛盾已经转化为人民日益增长的美好生活需要和不平衡不充分的发展之间的矛盾,对物质文明和精神文明协调发展提出了更高要求。要站在物质文明与精神文明协调发展的高位,切实担负起以科技创新为物质文明和精神文明赋能,培育经济增长新动能,增强创新自信和文化自信,以科技现代化支撑服务业现代化、文化强国现代化建设,不断夯实现代化物质基础,更好传承中华文明,促进物质全面丰富和人的全面发展,推动物质文明和精神文明相协调。

(四) 科技现代化是支撑人与自然和谐共生的现代化

大自然是人类生存和发展的基本条件。尊重自然、顺应自然、保护自然,是全面建设社会主义现代化国家的内在要求,是中国式现代化的鲜明特征。为了子孙后代,为了长远发展,坚定不移走绿色、低碳、可持续发展的生态文明之路。坚持"绿水青山就是金山银山"理念,以建设资源节约型、环境友好型社会为载体,以绿色创新为抓手,以新型工业化、新型城镇化为路径,努力实现碳达峰和碳中和排放目标,统筹好经济发展和保护、建设、恢复生态环境之间的关系,共同构建人与自然生命共同体、建设生产发展、生活富裕、生态良好的"三生共赢"现代化社会。以科技现代化支撑资源能源安全,共建美丽中国,推动经济社会绿色低碳发展,实现人与自然和谐共生。

(五) 科技现代化是支撑走和平发展道路的现代化

和平发展是中国的战略选择和郑重承诺,中国传统文化历来主张民族和睦、天下大同。中国没有走那些通过战争、殖民、掠夺实现现代化国家的老路,而是依靠团结协作、守正创新和艰苦奋斗,实现了从站起来到富起来、强起来的伟大飞跃。近年来,我国在量子信息、材料、脑科学、空间科学等基础研究领域取得重大成就,载人航天、深空深海探测等关键核心技术取得突破,为科技创新强国奠定了坚实基础。十年来,围绕科技与经济紧密结合,我国全面深化在科技成果转化、人才评价激励、企业技术创新等方面的改革,高水平研究型大学和科研院所科研能力持续提升,一批具有国际竞争力的科技企业发展壮大,更加高效顺畅的国家创新体系成为现代化经济体系的"筋骨"。坚持开放发展、安全发展,以科技现代化支撑国防和军队现代化建设,走中国特色大国外交,更好地维护世界和平与发展。新时代国家安全体系涵盖国土安全、经济安全、科技安全、生态安全、军事安全、数据安全、海外利益安全等多领域,对科学技术提供战略支撑提出了更多、更新、更高的需求。

三、数字经济对我国科技现代化的新要求

数字经济是推动构建新发展格局、建设现代化经济体系的重要引擎,也是浙江经济社会发展的增长点和优势。党的二十大庄严宣布,以中国式现代化全面推进中华民族伟大复兴。结合新形势新特点大力发展数字经济、为中国式现代化提供源源不断的强劲动能,也成为浙江当前的重要任务。随着中国特色社会主义进入新时代,我国经济发展进入新常态,高质量发展成为各行业各领域必须遵循的根本要求。作为国民经济的重要组成部分,科学技术是建设现代化经济体系的关键。推动科技高质量发展是未来我国经济发展的方向和主题,是实现国家经济社会高质量发展的必由之路。中国式现代化的关键在于科学技术的现代化,推动数字经济高质量发展,需要高质量推进科技现代化。我们要深刻认识和准确把握科技现代化多主体协作、多要素互动、多环节衔接的动态发展特征,全面提升科技现代化质量水平。

(一)加强中国特色科技现代化理论研究,以理论创新驱动实践创新

理论创新是实践创新的先导,实践创新又进一步为理论创新提供源源不断的实证材料。中国式现代化理论是党的二十大的一个重大理论创新,是科学社会主义的最新重大成果。在中国式现代化引领下,高质量推进中国特色科技现代化理论创新,要立足理论研究与实践探索良性互动的视角,进一步确立科学导向,始终坚持理论研究在科技现代化进程中不可或缺的地位。要立足现代化与科技现代化交叉融合的视角,深入挖掘科技现代化的内涵、外延和本质特征,深刻阐释科技现代化的实践方向和推进路径,回答科技现代化"是什么"和"怎么做"等问题。要立足学术理论与应用有效衔接的视角,充分发挥各类科研院所及各种智库平台作用,推动理论创新向制度创新、政策创新、措施创新转变,强化科

技现代化实践创新的理论驱动。

（二）深化基础科技研究，增强科技原始创新能力

科技创新的源泉在于基础研究，没有基础研究的高质量发展，科技现代化就会成为无源之水、无根之木。高质量推进科技现代化，必须切实尊重科技发展规律，不断提高基础科技研究水平，从源头上奠定科技自立自强的基础。从资金投入、政策支持、科学评价、激励机制建设等方面着力形成系统、长期、稳定的基础研究支撑体系，强化基础研究保障。要着力构建政产学研协同创新机制，推动各类创新主体联系合作，发挥各自优势和特长，建设集成创新链，增强科技创新协同性。要推动基础研究和应用研究更加紧密结合，形成以应用研究带动基础研究的方向，促进基础研究向应用研究高效转化。当前，世界正经历百年未有之大变局，新一轮科技革命和产业变革蓬勃兴起，中国进入了一个新的发展阶段，国际环境发生深刻复杂变化，国家发展和安全领域不断对源头创新提出新要求。新形势下，全面加强基础研究、提高原始创新能力，既是有效应对外部风险挑战、实现科技自立自强的迫切要求，也是我国构筑先发优势、建设世界科技强国、实现中华民族的伟大复兴、谋求长远发展的重要战略支撑。

（三）推进体制机制创新，强化科技现代化制度驱动

总体来看，我国科技创新正处于从量的积累到质的飞跃、点的突破到系统能力提升的重要时期。新形势下，科技创新体制机制改革既要适应这一重要阶段性特征，又要适应内外部环境变化的新要求，推动科技创新力量布局、要素配置、人才队伍等进一步系统化、制度化、协同化，提高国家创新体系整体效能。科学高效的体制机制是高质量推进科技现代化的关键，要突出有效市场和有为政府相结合，不断加强体制机制创新，激发科技创新活力。确保更多科技创新主体平等进入市场、参与公平竞争、获得合理收益。实施更加系统化、导向性强的产业政策，提高科技创新、转化效率。实施更加稳健精准的调控政策，科学运用财政政策、税收政策、金融政策、产业政策，打造健康高效的市场运行机制。进一步深化简政放权改革，持续加强简政放权不到位、事中事后监管不尽职、服务功能不到位等问题治理，着力优化市场环境，降低制度性交易成本，激发科技创新主体活力。

（四）加强多元主体培育，提高科技现代化主体能力

科技现代化是集创新、转化、推广、应用等环节为一体的全链条现代化，只有全面提升各环节主体建设质量，才能有效提升科技现代化效率和水平。要突出企业创新主体地位，加快推动领先技术企业做大做强，采取全面稳定的扶持政策，推动形成大中小科技企业协同发展格局。加强人才队伍建设，通过制定实施更加明确的建设目标、措施和步骤，建立刚性的资金投入机制、人才队伍建设机制和考核机制，努力形成数量充足、结构优化、质量优良的队伍。综合运用资金扶持、科技培训等措施，不断加强新型科技经营主体和服务主体建设，使新型科技经营主体和服务主体成为科技成果应用推广的重要力量，辐射传统科技与现代科技深度融合。同时，创新主体是创新系统中最活跃的因素，直接决定着科技创新发展的整体效率。培育多元化创新主体，要强化企业创新主体地位，强化企业自主创新意识，实施科学技术引领企业赋能工程、高新技术企业倍增计划，完善企业研发投入和技术改造激励机制，加快培育创新头部企业。支持企业建立创新联合体，促进产学研融合，让创新资源要素更加活跃，充分释放创新成果价值，让企业真正成为技术创新、研发投入、成果应用的主体。

第二节
数字经济赋能中国式科技现代化的理论逻辑

数字经济驱动中国式科技现代化的逻辑，要围绕中国式科技现代化的内涵来展开。中国式科技现代化包括三重内涵：一是科技水平的现代化，即中国的科学技术水平要能够达到世界主要科技强国，在一些重要科学方向和前沿技术领域处于世界领先水平。二是科技主体的现代化，即中国从事科技活动的主体具有高水平的创新能力，形成一批世界一流的创新型企业、高校和科研机构，并形成有效的协同科技创新体系。三是科技治理的现代化，即中国的科学技术治理要达到世界一流水平，实现科技治理体系和治理能力现代化。

一、数字经济融合汇聚创新要素驱动科技水平现代化的逻辑

数字经济发展能够加快创新要素汇聚，推动融合创新，驱动科技水平的现代化。第一，数字经济时代，数据作为投入要素打破了传统要素的稀缺性对经济增长的制约[①]，也同样打破了科学知识生产中传统投入要素稀缺性的制约。数据作为科技创新投入要素是可液化（liquefaction）和可整合（integration）的，具备可重编程特征[②]。数据要素引入科学研究，让传统的科学研究在基于演绎逻辑和实证主义的理论与实验研究之外，还产生了以海量数据挖掘为特点的大数据研究，并演化出数字孪生技术，重构科技创新的流程和范式，提升科技创新的效率。第二，数字经济时代，数据不仅是科技创新的直接投入要素，而且还可改变其他科技创新投入要素的组合方式和基本属性，促进其他科技创新要素之间的信息流动，降低信息不对称，打破科技创新各节点的壁垒，提升催生新型科技创新模式。第三，数字经济发展有利于推动开放式创新，推动中国融入全球创新网络。数字经济时代，各国创新是相互交织的，前沿科学技术多来自多国共同研发，并共同拥有专利和分享收益。在推动构建新发展格局背景下，中国走自主创新道路，实现科技自立自强，更要将"引进来"和"走出去"相结合，充分利用国际国内两种资源，融入全球创新网络。数字经济的快速发展，能够为融入全球创新网络提供基础支撑，从而推动合作研发，提升科技水平[③]。

二、数字经济提升主体创新能力驱动科技主体现代化的逻辑

数字经济能够提升科技主体的创新能力，从而驱动科技主体的现代化。第一，数字经济快速发展有利于培育数字化的创新型企业。科技创新的主体既包括政府、高校和科研机构，也包括企业。提升科技主体的创新能力，主要有以政府和科研机构作为主要创新主体的"从理论到应用"的"培根模式"和以企业作为

[①] 郭晗、廉玉妍：《数字经济与中国未来经济新动能培育》，《西北大学学报（哲学社会科学版）》2020年第1期，第65—72页。
[②] Barrett M., Davidson E., Prabhu J., et al.: Service innovation in the digital age: Key contributions and future directions, *MIS Quarterly*, 2015,39(1): 135-154.
[③] 江小涓、靳景：《中国数字经济发展的回顾与展望》，《中共中央党校（国家行政学院）学报》2022年第1期，第69—77页。

主要创新主体的"斯密模式"之分,而企业作为创新主体的"斯密模式"则更加有助于提升国家整体的创新能力①。数字经济的发展主要是通过企业的数字化转型来实现的,企业的数字化转型则有利于其本身的数字技术创新,并通过数字工厂、数字物流等实现个性化需求定制和规模化柔性制造。第二,数字经济快速发展有利于培育数字化的创新型科研机构,传统科研院所的科技创新依托于物理空间,而在数字化背景下,则可以充分发挥网络组织特征,基于虚拟科研平台,在全球范围内整合具备地方知识资源优势的科学家,形成全新的科研合作模式和大科学工程(如 e-Science),通过全球性科研合作来共享资源和成果,这就能够突破传统科研组织边界,将科研平台从物理空间延伸至数字空间,提高科研资源利用率。第三,数字经济快速发展有利于培育数字化创新人才,所有创新主体最终落实到具体的"工具力"——创新型的劳动生产力中,而数字经济的发展使这种"工具力"得到改造升级,基于数字化转型中不断扩散的新知识和新信息,推动实现数字化人力资本的积累,在这个过程中自然生产力和劳动生产力的匹配度也持续得到提升②。

三、数字经济增进科技治理效能驱动科技治理现代化的逻辑

数字经济和数字技术的发展能够推动建设高质量的现代化科技治理体系,为加强国家创新体系建设和强化战略科技力量提供重要驱动力。一是数字经济发展中能够实现科技资源的数字化,通过对平台、项目、人才、成果等科技资源数字化后,依托相应数字技术对其运行状态进行实时采集分析,进而实现对科技资源的精准检测和动态预警,提升科技资源管理效率。二是数字经济发展会使得云计算和大数据产业的快速发展,依托云计算和大数据,能够有效破解科技治理体系建设中的"数据孤岛"难题,破除传统科技创新链上各个环节的数据壁垒,构建统一完备的科技大数据资源库,从而能够实现科技大数据的深度共享和高效使用。三是数字经济的发展能够实现大数据导向的科技决策,基于大数据和人

---

① 董志勇:《科技创新与现代化经济体系》,《经济科学》2018 年第 6 期,第 11—17 页。
② 任保平、孙一心:《数字经济培育我国经济高质量发展新优势的机制与路径》,《经济纵横》2022 年第 4 期,第 38—48 页。

工智能的深度分析，能够有效提升科技决策和科技成果转化的效率，实现科技创新目标与产业发展目标的高效匹配，使科技创新能够更好地服务于大众需求，从而推动科技治理能力和科技治理体系的现代化。

第三节
数字经济赋能中国式科技现代化的实现机制

中国式科技现代化要面向经济社会发展的重大需求，建立起现代化经济体系和社会体系。在这一过程中，要充分发挥数字经济发展的驱动作用，将开放创新、协同创新等多重创新模式融合，建立数字化的技术供需对接机制、数据开放共享机制和科研创新协同机制，推动新型科技创新模式的完善和中国式科技现代化目标的达成。

一、数字经济驱动中国式科技现代化的技术供需对接机制

传统科技创新模式中，创新价值链的特征是线性和单向的，其前端的科学研究是由科研院所为代表的科学界完成，而后端的应用和开发则由企业界完成，这种模式带来的问题是科学研究和技术应用的分割，无法有效支撑国家科技战略任务，也不能有效满足用户需求。这一问题的实质是技术供给和技术需求难以实现有效对接。数字经济的快速发展引致"技术—经济"范式革命，为经济的高水平发展提供物质保证和技术基础[①]，与此同时也对经济社会系统的发展空间和发展方式进行重构，使科技创新更加精准地面向经济社会发展的需求。其实现机制就是在数字经济背景下，构建面向重大经济社会发展需求具有复杂多维特征的数字创新链，从而突破创新主体间的壁垒，在研发创新、数据收集、远程协同等方面对研发流程进行重组，实现技术供给和技术需求的精准和实时对接。随着产业互联网和物联网的发展，产业链创新链上下游的信息资源实时汇聚，使得以需求为引领的更加贴近用户的创新机制得以形成。数字创新链形成的这种

---

① 郭晗、全勤慧：《数字经济与实体经济融合发展：测度评价与实现路径》，《经济纵横》2022年第11期，第72—82页。

技术供需对接机制,为中国式科技现代化提供了新的可能性。

二、数字经济驱动中国式科技现代化的数据开放共享机制

在数字经济快速发展的背景下,全球创新网络在前沿科技领域中的地位越来越重要,随着科技数据资源在数字化时代的流动性和开放性快速提升,其也成为中国式科技现代化中最重要的创新要素和生产资料。根据全球知名的科技出版商 elesvier 公司在其发布的《科研的未来:下一个十年的驱动因素与场景》报告,科学数据的开放共享将成为未来科研活动中最显著的特征,甚至引致科研创新的重大变革。因此,在数字经济驱动中国式科技现代化过程中,要加快推进科学数据的开放和共享,加速科研合作进程。同时还要依托于新型数字技术做好相应的激励措施与质量控制,在减少科技数据壁垒、加强科技产权保护和实现科技自立自强中达到高效平衡。最后,数据开放共享也可以促进科学家流动和科学仪器设备的共享,要以数字经济发展背景下的数据资源流动为突破口,以数据流引领人才流、知识流、技术流,形成高效的科研生态。

三、数字经济驱动中国式科技现代化的科研创新协同机制

传统的科技创新范式以学科划分为基本架构,难以实效有效的资源汇聚与协同创新。在数字技术和数字产业变革推动下,"政、产、学、研、用"等各类科技创新主体,基于数字化、网络化和智能化创新平台,实现大协同、大分工、大合作。首先是研发环节的协同创新,主要是以数字化协同打破传统的科研模式局限,将基础研究、应用研究、技术开发和产品转化变成一个有机整体,形成一体化研发模式,使新技术、新产品和新产业加速迭代扩张。其次是生产环节的协同创新,通过数字孪生技术的有效应用和企业新产品制造运营等多环节的数字化实现交互,从而在价值链多个环节为企业带来新价值,在生产过程中形成的在线即时数据,不仅能够实现各类生产要素的精准匹配,也成为生产商进行产品性能优化再创新的重要数据来源,从而推动创新流程和创新产品的持续改进。最后是终端使用环节的协同创新,以数字技术的深度嵌入实现研发机构、企业与用户之间的数字交互,使用户能够被纳入到创新流程中,从而形成传统科技创新过程中难以具备的以用户导向的科技创新能力。

第四节
数字经济赋能中国式科技现代化的路径

以数字经济驱动中国式科技现代化,实施路径重点在三个方面:一是要加快建设新型数字基础设施体系,为中国式科技现代化提供基础条件;二是要构建能够实现协同共享匹配的数字化科研组织模式,为中国式科技现代化提供内生驱动力;三是构建数字化的科技创新管理平台和服务体系,为中国式科技现代化提供支撑保障。

一、加快构建支撑中国式科技现代化的新型数字基础设施体系

基础设施是科技创新的基石,随着数字经济所引致的"技术—经济"范式的革命,以互联为特征的数字基础设施体系为中国式科技现代化提供越来越重要的设施保障作用。以数字经济驱动中国式科技现代化,关键是打造数字基础设施体系。一是加快构建硬性基础设施体系,这既包括数据驱动式科技创新所需要的高速宽带、超级计算机、大规模云计算等基础设施,也包括支撑科技创新的新一代的数据网络平台。我国现有两大面向科学数据传输的专用网络——中国科技网(CSTNET)和中国教育与科研网(CERNET)已经实现了与欧洲多吉比特科研和教育网络 GEANT 和北美创新网络 Internet2 等的高速互联,并提供高速的国际数据交换服务,未来要进一步完善和提升科研网络的技术标准,满足中国融入全球创新网络加强创新合作的需求,驱动科技大数据流动,为"数据密集型"科研范式提供条件支撑,为实现中国式科技现代化提供基础保障。二是加快构建软性基础设施体系,主要是要加快完善数据要素市场,在深化以增加知识价值为导向的收入分配机制的基础上,完善要素交易规则和服务体系,建立数据资源产权界定、交易流通、跨境传输和安全保护等基础制度和标准规范,推动数据资源开发利用,为科技数据的安全有效使用提供制度保障。

二、加快构建能够实现协同共享匹配的数字化创新组织体系

为了解决从基础研究到技术市场化的全链条科技创新周期较长的问题,需

要充分依托大数据、区块链、AI等数字技术,构建能够实现协同共享匹配的数字化科研组织模式,缩短全链条科技创新周期。一是加快推动全国统一数字大市场建设,促进数据的自由流动和数字平台间的互联互通,为中国式科技现代化中的数据开放共享提供保障。二是加快建设高效安全的数字技术交易市场,促进数字知识在各类科技创新主体中的流动、扩散和重组。三是要尽快完善和健全数字经济领域的公平竞争审查规则,优化数字创新反垄断政策体系,在数字创新所引致的规模经济、范围经济和平台垄断中实现最优政策平衡,通过创新型企业的竞争机制促进创新能力的提升。四是围绕国家经济社会发展中的重大需求,充分发挥国家战略科技力量的引领性作用,在一些关键领域实现跨创新主体的协调部署,通过整合数字创新链,以需求为导向,建立一体化创新的组织模式,构筑中国数字创新的体系优势。五是加快数字技术创新平台建设,充分发挥行业龙头企业的引领作用,并鼓励各类创新性企业上云上平台开展自主创新活动,依托数字创新平台建立生态化的创新集群。六是引导各类数字产业中的"专精特新"企业围绕数据决策模型和工业软件等硬核领域开展自主创新,推动科技自立自强,有效规避数字创新中的"卡脖子"风险。

三、加快构建数字化的科技创新管理平台和服务体系

中国式科技现代化需要有高效的科技治理体系和治理能力,构建数字化科技创新管理平台和服务体系是提升科技治理能力的关键。一是建立科技创新资源的在线管理和即时监测预警平台,提升科技资源统筹和科技资源配置的能力,对各类科技资源进行数字化监测,并对可能出现的科技安全风险进行预警,打造具备可视化特征的科技创新资源数字化地图,精准把握各类科技资源的空间分布,为各类科技资源的优化配置和即时匹配提供精准服务,也为统筹各类科技资源提供决策依据。二是基于依托数字化技术建立有效的科研评价大数据库和专家库,促进科学家自由交流和全球科技资源整合,推动一体化科技创新,提升在创新链上解决重大发展需求的能力。三是建立科技管理"一站式"平台,以数字化提升科技服务效能,在这个平台中汇集数字化人才、成果等科技资源的全生命周期数据,破解科技治理领域的"数据孤岛"难题。四是积极开展数字化标准体

系建设,特别是加强企业研发创新环节数字化转型标准体系建设,并积极参与国际规则和标准的制定,在融入全球创新网络的同时,也积极参与全球的科技创新治理。

四、加快构建支撑中国式科技现代化的数字人才培养体系

数字人才作为数字经济的核心要素,在推动中国式科技现代化中有非常重要的关键性作用。一是提升高等院校的数字人才培养质量,深化数字经济领域新工科、新文科建设,建设一批未来技术学院和现代产业学院,培养人工智能、区块链、大数据等数字技术领域多层次复合型人才,也要构建面向数字经济的商科专业集群,培养数字化领导者、数字化管理人才和新业态新模式开发人才。二是通过科教融合加大力度培育数字化创新顶尖人才,科学研究水平处于国际国内领先的数字化创新顶尖人才是构建中国式科技现代化人才培养体系的关键,要强化产学研协作,要建立产学研联合培养机制,依托顶尖数字理论与应用研究专家和配套科技管理和服务体系,通过联合攻关与协同培养,争取获得一批具有国际重要影响的原创成果,实现数字化科技自立自强。三是通过产教融合充分发挥企业作为培养数字人才的主体作用,突出需求和应用导向,实现教育链人才链与产业链创新链实现深度融合和深度协同,培育更多符合数字化转型的创新人才,为推动实现中国式科技现代化提供有效的人才保障。

第五节
数字经济赋能中国式科技现代化的政策创新

数字经济是新一轮科技革命和产业变革的前沿阵地,其发展速度之快、辐射范围之广、影响力之大之深前所未有,正成为重组全球要素资源、重塑全球经济结构、改变全球竞争格局的关键力量。数字经济与实体经济深度融合,是构建新发展格局、推动高质量发展的关键路径,也是推动现代产业体系建设的重要引擎。那么,在数字经济背景下,中国科技现代化应该进行怎样的政策创新?具体而言,要从以下几个方面发力:

一、构建战略科技力量体系，推进研发体系现代化

强化战略科技力量是推进研发体系现代化的首要任务。要建立以企业为主体、市场为导向，企业与高等院校、科研院所、新型研发机构、科技社会团体、科技人员等创新主体紧密合作的技术创新体系。鼓励企业牵头组建创新联合体，完善优势互补、成果共享、风险共担的产学研合作机制，促进研发、应用推广与产业发展相贯通融合。要加快国家实验室在重大前沿科技领域的布局，构建以国家实验室为龙头、稳定与流动战略科技力量构成的战略科技力量体系。更加突出基础研究和原始创新，加快综合性国家科学中心和重大科技基础设施建设，努力成为重大科学突破的策源地。把突破关键核心技术特别是战略卡脖子技术作为重中之重，力争在若干重大领域成为世界技术领先者。培育形成一批世界级特色产业创新集群，打造一批世界创新增长极和创新高地。要打通基础研究、技术开发、成果应用链条，形成一体化全链条，努力构建现代化的研发体系。

二、创新体制机制，推进科技治理现代化

二十届三中全会指出要构建支持全面创新体制机制，加快体制机制创新是推进科技治理现代化的关键。按照习近平总书记对科技工作的要求，政府科技管理部门的职能应尽快转变为制定战略规划、完善创新政策、服务创新主体，要充分发挥国家作为重大科技创新组织者的作用和市场在科技资源配置中的决定性作用，推动有效市场和有为政府更好结合。改革完善科技评价体系，坚持根据评价对象类型和特点实行分类评价和第三方评价，防止"一刀切"或"一言堂"等不科学不合理的评价方式。不断完善科技项目立项、组织和管理，加强重大项目全生命周期管理。推进国家治理体系和治理能力现代化是全面深化改革的总目标。深化科技体制改革，构建科技创新体系，是全面深化改革的重要内容，是促进创新要素自由流动、完善现代市场体系的关键环节。深化科技体制改革，统筹推进教育科技人才体制机制改革，构建科技创新体系，应成为提升创新治理体系和创新治理能力的应有之义，更要成为推进国家治理体系和治理能力现代化的客观要求。

三、改革微观主体，推进创新主体现代化

在全面建设社会主义现代化国家的新征程上，立足新发展阶段、贯彻新发展理念、构建新发展格局、推动高质量发展，改革开放有了新内涵。要善于运用改革思维和创新方法，加快推进有利于激发微观主体活力、有利于要素顺畅流动、有利于实现效益最大化和资源配置效率最优化的改革。要着力解决各种"卡脖子"和瓶颈问题，畅通国民经济循环，实现更加高水平式的供需动态平衡。鼓励和引导企业特别是国有企业加强制度创新和管理创新，建立健全现代企业制度。吸引更多企业家参与国家和地方重大科技决策，支持企业牵头承担具有产业化前景的重大科技项目。鼓励产学研在战略层面开展深度合作，建立创新联合体。支持大中小企业与各主体融合创新，形成创新生态链。加快建立现代大学制度，支持高校研究人员加强理论创新，探索形成具有世界影响力的中国学派。深化科研院所改革，继续发挥科研机构在行业共性技术和关键核心技术攻关中的骨干作用。社会公益科研机构要大力提升公共科技服务能力，建立现代研究院所制度。

四、深化人才发展体制机制改革，推进人才队伍现代化

坚持党管人才原则，注重顶层设计，加强科研管理，在科技人才队伍建设中科学布局、有序推进，以建设德才兼备、政治素质过硬的科技人才队伍为目标，坚持正确培养方向，牢牢掌握科技人才队伍建设主动权。立足本土人才的培育，实施更加积极、更加开放、更加有效的人才政策，致力于优化科研人员的研究环境。支持青年科技人员承担重大科技项目，培养具有国际竞争力的青年科技人才后备军。培育更多世界一流战略科学家、科技领军人才、创新团队、大国工匠。实施更加开放的人才政策，形成具有国际竞争力的人才制度体系，完善外籍高端人才、专业人才来华工作、研究、交流的居留和停留政策，探索建立技术移民制度。完善薪酬福利、儿童教育、社会保障、税收优惠等制度，为海外科学家来华工作提供具有吸引力的环境。总之，汇聚顶尖的人才力量，把战略人才培养放在更加突出的位置，坚持高端引领、全面发展、整体开发，形成支撑科技自立自强的人才格局，推进人才队伍现代化。

五、优化创新生态，推进创新生态现代化

从当前和长远相结合的角度来看，完善优化科技创新生态，形成扎实的科研作风，可以为强化科技创新引领支撑提供丰厚基础和不竭动力。在加大创新机构和创新人才引进力度的同时，要更加注重科技创新生态的建设和优化，特别是通过培育良好的科技创新生态，完善科技创新体制机制，形成有利于创新机构和创新人才成长和更好发挥作用的环境。弘扬新时代科学家精神，加强科研诚信建设，完善科技伦理体系。弘扬企业家精神，依法保护企业家的财产权和创新收益，发挥企业家在把握创新方向、凝聚人才、筹集资金等方面的重要作用。弘扬科学精神和工匠精神，广泛开展科普活动，加强对青少年科学兴趣的引导和培养，形成热爱科学、崇尚创新的社会氛围，提高全民科学素质。弘扬中华民族优秀传统文化激励创新的精神内核，完善试错容错纠错机制，倡导敬业、精益、专注、宽容失败的创新创业文化。面对新的历史机遇和时代要求，可以通过系统性、整体性、协同性的科技体制机制改革，构建更加高效、开放、活力的创新生态，形成现代化科技创新治理体系和治理能力，将科学精神的作用发挥到最大化，融入更多智慧、创造、机遇和理想，真正将创新理念落实到实践中。

第七章
数字经济赋能中国式工业现代化

实现中国式现代化,工业现代化是根本前提和物质基础,工业化是国家现代化建设的重中之重,工业化进程的推进不仅受到特定经济发展阶段的制约,同时也面临新产业技术革命浪潮的机遇。在新一轮科技革命和产业变革的背景下,任何国家的工业现代化都离不开数字经济,中国式工业现代化也需要以做强做优数字经济为坚实基础和竞争优势。基于此,本章在理论上探讨数字经济背景下工业现代化的新特征,厘清数字经济对工业现代化方式的重构作用,并在此基础上提出数字经济赋能中国式工业现代化的路径和政策。

第一节
数字经济背景下工业现代化的新特征

工业化是指在国民经济中,工业产出和工业劳动力占比上升、工业生产方式向全社会渗透的过程,是现代化的主线。其最直接的表现是工业在国民经济中所占比重及影响程度显著持续上升。工业现代化是内嵌于工业化进程中,工业要素的创新、选择和传播,现代工业的形成、发展和转型的复合过程,是达到和保持世界先进工业水平和国际竞争力的过程。从我国工业化道路的变迁来看,经历了"社会主义现代化""'四化'同步""新型工业化""中国式现代化"等阶段。20世纪50年代,我国将社会主义工业化大体等同于社会主义现代化,20世纪五六十年代,提出了工业现代化、农业现代化、国防现代化和科学技术现代化的奋斗目标。2002年党的十六大明确指出,要"坚持以信息化带动工业化,以工业化促进信息化,走出一条科技含量高、经济效益好、资源消耗低、环境污染少、人力资源优势得到充分发挥的新型工业化路子"。[①] 2017年党的十九大提出,建设现代化经济体系,必须把发展经济的着力点放在实体经济上,加快发展先进制造业,推动互联网、大数据、人工智能和实体经济深度融合[②]。党的二十大报告进一步强调,加快发展数字经济,促进数字经济和实体经济深度融合,打造具有国际竞争力的数字产业集群。二十届三中全会决定提出"健全促进实体经济和数字经济深度融合制度。加快推进新型工业化,培育壮大先进制造业集群,推动制造业高端化、智能化、绿色化发展"。作为一种新的"技术—经济"范式,数字经济具有高创新性、强渗透性、广覆盖性,其产生和发展不仅对生产组织方式形成了强烈的冲击,而且也在深刻的改变着既定的社会经济运行规律[③]。数字经济发展战略的实施为经济社会持续转型提供了强大动力,也对中国式工业现代化产生了深刻影响,数字经济背景下工业现代化呈现出新的特征:

---

① 江泽民:《江泽民文选》,人民出版社2006年版,第28页。
② 中共中央党史和文献研究院:《十九大以来重要文献选编》,中央文献出版社2019年版。
③ 何传启:《现代工业的新前沿——中国现代化报告2014—2015:工业现代化研究综述》,《科学与现代化》2015年第3期。

一、数字经济下的工业现代化具有复杂的系统性

工业化的产业结构特征表现为工业在国民经济中的比例持续显著上升。传统的发展经济学理论中配第—克拉克定理、钱纳里—赛尔奎因模式等均阐述了工业化过程中产业结构变动的规律性特征,基于此,可以对各次产业的划分以及比例关系的考察来判断工业化的进程。而工业现代化不仅体现为产业结构的变化,其突出表现为"技术—经济"范式的"现代化"转型。基于此,数字经济下工业现代化表现为复杂的系统性。首先,从要素结构来看,数字经济对传统要素结构产生了颠覆性重构,既扩展了要素范围和使用深度,也改变了要素传播途径和组合方式,而要素作为工业生产的基础将引起工业生产方式的系统性变革;其次,从技术进步和产业结构变迁来看,数字经济带来的新技术催生了新产品、新业态、新产业、新模式,扩大了产业生产规模和链条延伸,并且技术应用通过产业关联和传导效应、传统产业融合和带动效应以及需求结构的倒逼作用引领产业结构的重新融合分化和系统性调整升级,这些涉及全产业链、全创新链和全价值链,具有多元性、专业性和复杂性。最后,从工业发展与人类社会演进的逻辑来看,工业化是人类经济社会运行方式变革的基础。数字经济以其强劲的规模报酬效应、技术渗透效应和外部溢出效应对经济社会运行方式产生深刻影响,数字经济下的工业现代化也是经济社会的数字化、智能化和现代化,是制度、文化、生产、生活在数字技术冲击下的系统性变革。

二、数字经济下的工业现代化具有高度的融合性

工业化过程离不开科学技术的支撑,技术浪潮推进的速度和广度决定了工业化进程的快慢和高度,与现代技术的深度融合是工业化的显著特征,而工业化的推进也会引发其他领域的融合。在数字经济时代,信息(数据)成为经济生产的核心生产要素。信息要素不仅具有生产功能,而其易传播、低成本、高流通、增值快的特质也强化了数字技术在生产、生活中的渗透性,使得数字经济下的工业现代化体现更高层次、更多元化的融合性[1]。在技术领域,数字经济带来一系列

---

[1] 杨虎涛.:《新发展格局构建与数字经济发展:内在逻辑与政策重点》,《学术月刊》2021年第12期。

通用基础技术的革新和应用，传统的生产技术正在被逐渐替代，工业现代化体现为现代前沿科学技术对工业生产的渗透融合和技术瓦解，如以工业互联网为代表的新型基础设施通过对人、机、物、系统等的全面连接形成网络平台、大数据、人工智能、数据要素与实体经济深度融合的应用模式和工业生态；在产业领域，数字经济将传统的产业分化重新聚合起来，工业现代化体现为产业边界模糊化的产业间融合以及产业内部结构优化重组的产业链融合；在市场领域，数字经济能够精准识别个性化需求精准，并基于柔性化的数字智能生产精确的匹配个体需求，工业现代化体现为以产品的数字化、智能化、网络化、服务化为载体的需求供给融合；在经济社会领域，工业现代化体现为工业生产与社会进化的高度融合。数字经济下工业发展的突出影响就是对经济社会运行方式的加速重构，工业现代化不再以现代的物质产品为主要供给，而是在物质产品供给的基础上追求新发展思路，形成经济—社会—环境良性循环的现代化组织系统。

三、数字经济下的工业现代化具有动态不均衡性

工业化的演进历史表明，工业化进程中的结构转变并不是沿着线性的均衡路径实现的，在数字经济下，工业现代化更具有动态不均衡性。首先，传统工业化所形成的结构布局是工业现代化的起点，传统工业化在加速经济增长和工业规模扩大的过程中，也形成了产业结构、区域结构、城乡结构的不协调，在此基础上进行的工业现代化必然会受到旧发展格局的影响。例如，不同区域发展水平的差异会导致新经济形态扩散的不畅，不同产业部门技术积累差异将导致技术冲击下产业分化的加剧，不同规模的企业数字化转型投入差距将导致企业之间的竞争加剧，这些因素都会加大工业现代化的不均衡性。但是，这种不均衡并不会持续存在，数字技术以其高渗透性、强可获得性和广覆盖性将逐渐扩散到各个领域，并且数字技术的自组织特性会自发驱动经济向均衡方向调整。其次，数字经济下的工业现代化是技术、制度、要素、分工、需求等一系列因素综合作用的结果，而不同部门的技术结构、制度结构、要素结构、分工结构、需求结构各异，与数字经济的匹配程度也存在差异，数字经济在各个领域的扩散深度和广度的不同也将导致工业现代化的不均衡。最后，工业现代化会沿着技术领域、产业领域、

经济社会领域顺次产生变革，因此，工业现代化的不均衡将表现为新技术与传统技术的对抗，新产业对旧产业的系统重构，新经济运行方式对旧经济运行方式替代的动态调整过程。

四、数字经济下的工业现代化具有长期渐近性

工业现代化的完成受到长期的科学技术变革、制度体系调整、供需结构变化、经济社会系统优化等因素的影响，因此，工业现代化是一项复杂的系统性工程。相较于工业化仅聚焦于各次产业外在比例的变动，工业现代化则更加侧重于通过技术经济范式的转变使得产业体系内部的生产、分工、组织模式发展质变，并以此作为引擎最终形成突破传统经济社会系统的变革动力，加速经济社会现代化的形成。在数字经济下，工业技术的变革并不是单一领域的技术进步，而是在新一代信息技术引领下物理、能源、生物、交通、大数据、人工智能等科技领域的系统性变革，涉及工业生产的诸多领域，而工业体系的复杂性、产业关联的多维性、技术创新的周期性使得数字经济下的工业现代化必将是长期演进的过程，规模经济效应与边际报酬递减的矛盾将带动工业现代化的震荡螺旋式上升。与此同时，工业现代化的最终完成以经济社会的现代化为重要标志，经济社会的演化需要较长的历史时期，在这一进程中，供求结构调整的滞后性、社会分工演化的渐进性以及制度体系的路径依赖性都会导致工业现代化只能在长期渐近演化中实现。

五、数字经济下的工业现代化具有风险不确定性

工业现代化的完成并不是免费的，而是需要付出成本和代价的。数字经济作为一种新的经济形态，其发展规律和方向依然处于探索阶段，数字经济下技术创新的波动性、制度体系的不完善性、产业变革方向的不确定性以及外部环境的不稳定性都会加大工业现代化的风险。从技术创新来看，工业现代化的过程是新技术对旧技术完全替代的过程，在这一进程中伴随着新技术冲击—新旧技术对抗—新技术完全取代旧技术的阶段。新旧技术的顺利更替一方面需要关键核心领域的重大技术突破和持续的通用技术外溢，另一方面也需要有利于技术传播、推广、替代的创新环境。数字经济下通用技全面革新尚未完全形成，并且新

旧技术之间仍存在相互对抗,新技术应用的基础设施环境还不完善,加剧了工业现代化的技术风险。从制度体系来看,关于数据要素的开发、利用的基础性制度,数字经济下的政府、平台、企业、行业、媒体、社会公众多元参与、有效协同的治理格局尚未完全形成。从产业变革方向来看,工业现代化过程中伴随着产业的转型升级,旧技术下的产业将失去其原有的工业价值和地位,现代化新产业体系将取代传统产业结构。数字经济应用范围和深度的加强促使以数字经济为主导的产业体系正在形成,这一过程中竞争格局变动、技术体系波动、发展观念重塑都将影响产业变革的方向和速度。从外部环境来看,工业现代化是世界各国追求的目标,创新浪潮的不断涌现引导着工业现代化不断向更高水平演进。数字经济的发展将世界经济带入新一轮的熊彼特周期,抓住新一轮科技革命的机遇实现工业向数字化智能化现代化转型成为各国之间展开激烈竞争和博弈的重要领域,而国际经济社会环境不稳定、各国在前沿技术领域的地位争夺、世界产业分工格局的强势竞争都加剧了工业现代化的风险。

第二节
数字经济背景下中国式工业现代化的转型

经历中国共产党百年的工业化战略实施,我国已经建成规模庞大、种类完备的工业体系,成为世界"工业大国",但中国还未真正成为世界"工业强国"。中国式工业现代化的实现就是依据中国的国情国力和奋斗目标,以自主发展道路建立起现代化的工业经济体系,在整个世界工业领域构筑强势竞争地位和发挥重要引领作用。而这一目标的实现,需要借助新一轮产业变革和科技革命浪潮下数字经济发展的机遇,以数字经济发展带动生产技术的革新和经济体系的重构。数字经济为中国式工业现代化带来新机遇、提出新要求,推动中国式工业现代化的转型。

一、以协同创新推动中国式工业现代化的动力转型

工业对于人类最伟大的贡献在于,它是科技创新的实现载体和必备工具[①]。

[①] 金碚:《工业的使命和价值——中国产业转型升级的理论逻辑》,《中国工业经济》2014年第9期。

工业发展从低级阶段向高级阶段转变是以持续创新和"革命"的方式实现的。因此,技术创新的历史和工业化的历史具有同一性和不可分割性,工业化最根本的动力即为创新。然而,在不同的工业化阶段,创新的广度、深度和强度具有显著差异性。熊彼特提出了创新的五种方式,即新产品、新生产方法、新市场、新材料与和新商业组合。不同创新形式下的成本和收益对企业形成创新激励并决定了企业的创新行为。在传统工业化时期,资源流动的限制以及高昂的信息成本使得创新主要集中在新产品开发、新要素挖掘、新市场开拓等单一方面,系统化创新发生的周期较长。在数字经济时期,工业现代化从单一创新向协同创新的根本动力转型,其对创新的广度、深度和速度都提出新的要求。创新的广度方面,需要制度、文化、技术和产业等各方面创新组成的创新体系共同推进工业现代化。其中,制度创新为工业现代化提供正确的激励导向,文化创新为现代工业精神的传播提供途径,技术创新为工业现代化提供基本技术支撑,产业创新为工业现代化提供实施平台。创新的速度方面,数据创新要素的几何增长和边际成本降低使得企业的创新成本降低,并且以大数据、人工智能、互联网作为载体的信息流动具有较强的扩散效应和渗透效应,创新速度提升。创新的深度方面,大规模的体系化的协同创新成为传统工业化向工业现代化快速转型和持续推进的重要驱动力。并且,信息充分流动下要素配置自由化使得交易成本和运输降低,产品内、产品间、国内国际分工均进一步深化,创新的深度加强。并且,数字经济的网络化、智能化、数字化特征使得各类创新的边界趋于融合,创新呈现显著的协同性。

二、以数字智能化推动中国式工业现代化的模式转型

工业现代化在实践层面体现为要素禀赋结构基础上工业生产方式、价值创造方式、产业关联方式的系统性变化。传统工业化中,工业生产以标准化、批量化的机器大生产为主要生产模式,价值创造主要体现为产品的物理性能的优化,而产业关联与布局主要取决于物质要素投入的关联关系和要素投入结构。在数字经济背景下,数据要素成为核心生产要素,工业互联网成为关键的生产基础设施,并通过新技术、新产业、新业态、新模式的将工业现代化推向全新的轨道。新

一代信息技术使工业生产模式以工业互联网为主要载体向数据驱动、智能主导、需求引领的智能化方向转型发展。工业互联网与传统的消费互联网不同，其基于算法模型和仿真工具，并结合数字孪生和工业智能技术对海量数据挖掘分析，实现供给端的精准研发、科学决策和智能生产。在网络智能技术赋能下，生产设备和产品生产出现自我感知学习、自我决策执行和自我适应纠错的能力，这种能力使得工业生产方式被颠覆性重构，企业研发生产效率、市场价值创造、用户服务需求体验等都焕发出新的生机。企业利用数字化、智能化、网络化技术手段识别客户需求和组织产品服务生产，工业与服务业、供给与消费、生产服务与价值创造融合为一体，低成本下的个性化定制成为模仿派浪式消费阶段后的新需求浪潮。在数字经济的推动下，工业现代化从传统的初级工业现代化转向高级工业现代化，其典型生产组织模式也由标准化现代工业向数字智能化现代工业转型。

三、以新型工业化推动中国式工业现代化道路的转型

工业化道路的选择决定了一个国家工业化进程的快慢程度，也决定了其在全球工业化谱系中的发展水平。而如何选择工业化道路，一方面取决于本国的经济发展水平和要素禀赋水平，另一方面取决于外在科技进步和产业分工格局调整所带来的机遇。早期西方国家的工业化道路遵循传统的先工业化、后信息化、先污染、后治理模式，这些国家以其先发的技术优势享受了工业化的红利，并将发展中国家锁定在全球工业化分工格局的中低端位置。在经历了新中国成立后的要素积累和改革开放后的制度转型，中国成功实现基本的要素积累，并充分利用国际市场和技术走上中国特色的工业化发展道路。但是传统的工业化道路仍然存在技术含量较低、投资驱动明显、经济结构失衡等矛盾。在数字经济下，实现中国式工业现代化必须坚定的走新型工业化道路。一方面，新型工业化与工业现代化具有内在一致性。新型工业化的根本特征是信息化与工业化的深度融合，而工业化现代化是以现代科学技术实现对工业社会的现代化改造。发展中国家只有充分利用数字经济下的新一代信息技术变革对传统技术形成颠覆性改造动力，才能促进产业结构和社会经济系统的全面数字智能化升级，推动工业

化、信息化、现代化的同步实现,完成对发达国家的工业化进程的追赶超越;另一方面,新型工业化是工业现代化的具体实现方式,而工业现代化是新型工业化的最终目标。工业现代化的真正实现是在全球工业发展格局中占据领先地位,是为中国式现代化奠定坚实的物质基础,而新型工业化作为与传统工业化相区别的道路,其不仅仅停留在一定程度上提高工业发展水平,而是深刻注重工业发展与前沿技术的结合、工业领域与其他产业领域的相互协调、工业化与经济社会发展的良性互动。因此,遵循新型工业化的发展道路才能体现工业现代化的根本要义和最终要求。

四、以绿色文明推动中国式工业现代化文明形态的转型

工业化进程的本质是推进人类社会文明形态的升级,而人类文明的重要体现就是人与自然之间和谐关系的建立。在工业化的推动下,人类社会从相对落后的"农业文明"时代进入先进的"工业文明"时代。但是,早期工业化中人类对物质财富的过度追求和科技水平的客观制约导致能源资源大量消耗、生态环境严重破坏,人类也从受制于自然界的"黄色文明"时期走向肆意破坏自然界的"黑色文明"时期,人类文明形态始终没有实现人与自然的和谐相处。而绿色是现代工业的底色,中国式工业现代化是人与自然和谐共生的现代化,不仅要实现人们对高端产品服务的需要,也要实现人类对美好生态环境的需要。绿色文明在生产生活中具体表现为不破坏自然资源再生能力的资源索取以及不牺牲生态环境自净能力的污染排放。在数字经济下,一方面,数据作为一种新的生产要素本身具有非物质性和无污染性,数据要素的投入能够节约有形的生产要素,减少对物质生产资源的过度索取;另一方面,数字技术赋能带动传统生产技术革新、生产流程重构和供需结构转变,简单、闲置的生产要素被充分利用,数字智能化的自我组织管理模式能够实现生产的最优统筹,极大程度地减少了工业生产过程中的要素错配、资源浪费和污染排放,提高了资源配置效率和环境效率。基于此,数字经济下工业现代化不再以生态环境代价,而是追求人与自然和谐相处、经济—社会—环境系统的可持续循环的绿色工业化,推动人类社会从传统的"黑色文明"形态转向现代的"绿色文明"形态。

五、以共同富裕推动工业现代化的最终目标转型

工业化的直接使命是以高效率的方式创造和积累物质财富,但从实质价值来看,实现人类生活质量和幸福水平的提高才是工业化的根本目的。在人类的发展进程中,自身需求的满足主要通过物质产品的消费来获得,没有充足的物质产品无法提高人们的生活水平和幸福感。因此,在从农业社会向工业社会转型的历史中,物质财富的创造始终是核心命题,工业现代化也被简化为以科学技术为支撑的现代工业产出的迅速扩大,这也是西方国家工业现代化的基本路径。但是,根据经济学的边际效用理论,物质财富带给人们的满足程度是边际递减,单纯的物质财富增长并不能持续增进人们的福利水平和幸福感。并且,传统的过度压缩的短期高速工业化也产生了许多矛盾:生产要素需求与能源资源稀缺的矛盾,工业建设扩张与生态环境压缩的矛盾,社会财富积累与福利分配不均的矛盾等。共同富裕是中国式现代化与传统现代化最本质的区别。习近平指出:我国的现代化是人口规模巨大的现代化,是全体人民共同富裕的现代化,是物质文明和精神文明相协调的现代化。在数字经济下,人类社会的现代化进程进入了多类型共同发展的新时期。以人民为中心、实现共同富裕是社会主义工业现代化的价值目标,而数字经济为这一目标的实现创造了条件。依托网络平台的资源配置和生产组织方式,跨时空、跨行业、跨产业的聚合式生产使得产销一体、智创融合、三产交汇的产品形态成为主流,分散化、网络化、智能化的价值实现方式也打破了传统的价值分配结构,更多的经济主体能够参与财富创造并享受技术变革带来的财富增值机遇。

第三节
数字经济赋能中国式工业现代化的路径

在不同的经济发展阶段,工业现代化具有不同的表现方式,同时也需要不同的禀赋基础和支撑环境。数字经济作为新科技革命下的一种新型经济形态,其对传统的工业化格局形成了强烈的冲击,传统工业化过程中的要素基础、创新方

式、发展目标不仅无法符合数字经济下工业现代化的新要求,而且传统发展模式所形成的路径依赖还会对工业现代化形成显著的发展约束。基于此,数字经济时代必须把握新一轮科技革命的机遇,通过要素禀赋结构、发展目标、发展方式、创新体系的深刻转型升级助推中国式工业现代化进程的实现。数字经济背景下中国式工业现代化的具体转型路径包括:

一、由传统要素向创新要素为主体的要素禀赋结构转型

工业现代化的实现依赖于坚实的要素禀赋基础,生产要素尤其是信息、数据、高端人力资本越来越构成数字经济下工业现代化重要要素,工业现代化离不开构建以创新要素为主体的要素禀赋结构。首先,应拓展创新要素的范围和使用深度。要素的使用范围和深度决定了工业现代化的能力,数字经济对工业化的重大影响就是使数据、信息等资源成为核心要素参与生产。要加快工业现代化的进程,就要最大程度的挖掘和使用数据、信息等创新要素,并利用其高渗透性、高流通性和高增值性将其赋能于传统要素,增强传统要素的创新属性和使用效率。其次,应推进创新要素与产业系统重构的结合。现行的产业系统已经形成了与传统要素结合的路径依赖,在挖掘创新要素的同时应激发其产业渗透能力,利用创新要素的低交易成本、低学习成本、低技术传播成本等优势积极培育新产品、新业态、新产业链、新市场机遇,主动增强创新要素赋能产业升级的潜力。最后,应加强各类创新要素的协同效应。经济学的基本原理表明,单一要素投入会因为边际报酬递减效应而使得生产效率下降。数字经济下的工业现代化是技术引领下以产业现代化为手段的经济社会现代化,现代化转型中既涉及信息、通讯、能源、生物、医学等核心技术的基础研究创新,也涉及基础研究创新对传统产业领域的升级改造和新型现代产业领域的形成壮大,更涉及现代产业创新作为引擎驱动经济社会系统的升级变化。在这一复杂的转变过程中,只有各类创新型要素协同作用,才能最大程度提高资源的配置效率,发挥科学技术变革对经济社会的复合效应。

二、由高速工业化向高质量工业现代化的发展目标转型

首先,应转变工业化的观念。传统的工业化是在大规模要素投入基础上实

现的压缩式工业化,工业化主要以快速提高工业在国民经济中的主导地位,最短时间追赶发达国家的工业化水平为思想引导,工业化过程中更加注重结果而不注重过程。数字经济下的工业化与传统的发展观念不同,一方面,数字经济作为一次新的产业技术变革,给世界各国都带来了新的产业发展机遇。对于发展中国家来说,抓住数字经济的机遇进一步实现工业化应以超越而非追赶为观念引领。另一方面,数字经济下的工业化不仅仅注重对产业领域的改造,其更加注重工业现代化过程中对经济社会系统的全面升级,是人类社会从传统工业社会向现代智能社会转型的基本途径。其次,应遵循高质量发展的工业化目标。工业化观念的不同决定了工业化发展目标的差异。传统观念下的工业化发展目标主要局限于产业领域,对工业化完成的评估也主要基于工业发展指标。数字经济下的中国式工业现代化以高质量发展为目标:一是建成体系完整、技术先进、组织完善、流通顺畅的现代化产业体系;二是实现生态保护、环境修复和节能减排的绿色发展方式;三是全体人民能够更加均衡的共同享受工业现代化的社会经济福利。最后,应树立中国式现代化的终极目标。高质量工业现代化的最终目的是实现中国式现代化,因此,在由高速工业化向高质量工业化的转型中,应坚持走中国特色的发展道路,将数字经济的发展机遇与中国的国情和发展历史相结合,在实现工业现代化的同时实现中国向现代化强国的转变。

三、由要素驱动向数字驱动的绿色工业化方式转型

首先,应由物质为主体的消费结构向服务为主体消费结构转型。传统工业化时期人们的消费结构主要以物质形态的工业品为主,对物质财富创造的追求造成大量的能源资源消耗和生态和环境损耗,污染排放超过了自然界可接纳、可净化的界限。数字经济下的工业现代化以绿色化为前置性约束条件,而实现绿色化需要转变现有消费结构。数字技术通过"数字+产品""数字+服务"而实现对传统产品和服务的价值赋能,相同的物质消耗下能够带来更多的附加价值。数字经济对产品的数字化、智能化、服务化升级将使得传统以物质消费为主的消费结构逐渐向以数字化服务为主体的消费结构转变,消费结构的转变会节约物质要素和资源投入,促进生产绿色化。其次,应由标准化向数字智能化的生产组

织方式转型。生产的组织方式决定了生产中资源的使用和配置效率。传统经济中对资源的浪费是人工决策的有限理性造成的，数字经济最大的优势就是能够通过云计算、人工智能、物联网、工业互联网、机器学习和网络化组织来规避人为决策的失误和滞后，实现生产决策的对优化和资源配置的最优化。最后，应由高排放向低碳化的能源使用方式转型。传统的工业化进程以化石能源为动力支撑了钢铁、化工、交通、建筑等产业的大规模扩张，这也造成了严重的污染排放。数字经济下要突破绿色低碳技术链，利用新一代物理信息技术应用于绿色能源的开发、利用、储备和市场化配置，构建市场导向的绿色技术创新体系，加快绿色低碳能源产业对传统能源产业的有效替代。

四、由标准化产业结构向智能现代化产业创新体系转型

首先，应由标准单一的产业链向智能网络化的产业链组织方式转型。产业链是构成产业结构框架的基本组成部分，工业现代化离不开产业链现代化的支持。传统工业化进程使我国跃升为世界第一制造大国，具有规模庞大、门类齐全的产业结构，也形成了较为稳定的现行产业链体系。但是，从质量上来看，现行产业链结构相对单一、产业基础能力较弱、产业链不完整，部分核心关键领域受制于人，存在"断裂"隐忧。数字经济带动了技术密集型产业的快速发展，为产业链数字化转型提供了有力支持。产业链智能化网络化转型是利用数字技术和数字产业的发展对传统产业进行全产业链条的解构与重构，构筑向研发、设计、先进制造等价值链高端攀升的内在动力，推动信息化、智能化、网络化等新一代科技与先进制造业融合发展，加强企业数字化智能化改造，优化上下游产业之间的关联关系以快速应对外来冲击对产业链各环节的影响，减弱危机传导风险，提升产业链韧性。其次，应由供给主导向需求主导的产业升级动力转型。产业转型升级的动力既有来自供给侧结构转变的推动作用，又有来自需求侧结构升级的拉动作用。其中，供给侧的要素结构和技术结构决定了需求空间的可达性边界。在数字经济下，以新一代通信技术、人工智能、物理信息系统、工业互联网等作为主体的技术变革带动了要素结构和技术结构的显著变化，人们的产品需求结构从物质性、经济性需求、同质性、标准化需求转为非物质性、生态性需求、异质性

需求。需求结构的颠覆性变化倒逼企业生产转向信息化、数字化、智能化、服务化的生产制造业及高端服务业，催生新的产业形态和生产组织方式，并强化了传统产业体系形态的瓦解力量。然而，数字经济下需求转型越来越成为核心动力推进产业体系转型升级。最后，应由模仿创新向自主创新的产业创新模式转型。模仿创新是传统工业化过程中的主要手段，而数字经济时代是我国凭借数字化实现"弯道超车"的关键期。数字经济下，产业创新模式应遵循"基础研究强化—通用技术突破—技术转化应用—产业渗透赋能"的路径实现产业创新体系的形成，利用数字技术与产业深度融合发展带动产业基础高级化和产业链现代化。

第四节
数字经济赋能中国式工业现代化的政策取向

随着数字技术的不断成熟，数字经济已经成为赢得国际新一轮工业现代化竞争、实现中国式现代化的重要动力。从当前来看，中国的数字经济发展规模和深度日益加强，工业化现代化进程中既要依托现有的工业化基础，同时要顺应科技进步和产业变革的趋势，充分利用数字技术和数据要素对产业创新体系和社会经济系统的渗透与催化作用，不断推进数字经济与工业现代化进程的深度融合，激发以数字经济带动工业现代化的发展空间和潜力，探索数字经济下中国式工业现代化的新思路和新策略。数字经济下中国式工业现代化的政策创新的关键在于：

一、推动数字经济和实体经济深度融合，走新型工业化道路

新型工业化是以推动实体经济高质量发展为主题的工业化，构建形成以数实融合为关键特征和主线脉络的新型工业化。习近平总书记在党的二十大报告中提出，"建设现代化产业体系。坚持把发展经济的着力点放在实体经济上，推进新型工业化"，强调"加快发展数字经济，促进数字经济和实体经济深度融合"。2023年9月22日至23日全国新型工业化推进大会在京召开，这是第一次以新型工业化命名的大会，会议提出要大力推动数字技术与实体经济深度融合，推进新型工业化，推动人工智能创新应用。2024年二十届三中全会《决定》提出"加

快推进新型工业化,培育壮大先进制造业集群"。这表明推进新型工业化,就是要促进数字经济和实体经济深度融合,推动数字经济赋能中国式工业现代化。我们要积极谋划以数字经济赋能中国式现代化,进一步推进新型工业化的主要任务:一是以数字科技创新形成新型工业化的新动能。将数字科技的创新放在推动新型工业化的关键位置,加大政府对数字科技创新的支持,鼓励社会资本加大投入,在新兴科技、前沿科技领域进行前瞻布局,利用数字技术提高工业全要素生产率。二是以技术融合为引领推动新型工业化。新型工业化要实现从规模投入驱动增长向质量效益优先的发展方式转变,要将发展动力放在以释放数据、技术为代表的新型要素价值上。利用我国完备的工业体系和丰富多元的应用场景,加强高质量工业数据资源的积累,推动蕴含工业技术、工艺和方法的数据显性化,将数据价值转化为创新源头供给,为新型工业化提供技术支持。三是以数实融合提升制造业价值链水平。提升工业经济发展质量和效益,走新型工业化道路要把握制造业价值链演变机遇,培育发展新型制造模式。建立符合数实融合发展规律的现代化产业体系,释放数实融合价值。以数字技术手段打通创新链和产业链衔接的通道,带动工业产业创新能力的整体升级。推动数字技术与实体经济深度融合,协同推进数字产业化和产业数字化,构建符合新型工业化要求的绿色生产体系。推动战略性产业数字化引领突破,深化智能工厂、人机协同、产业大脑、数字孪生等应用。四是推动工业产业链数字化协同转型。加快"5G+工业互联网"网络基础建设,加快工业领域的数据、网络、算力等基础设施建设,推动信息技术网络与生产控制网络的融合。推进新一代信息技术与工业产业融合发展,布局人工智能、数字孪生、元宇宙等新型应用,提升数字技术和产业供给能力。支持企业智能化改造,鼓励工业企业上云用云,加速企业数字化重构进程。支持数字化创新平台建设,支持建设数字化转型促进中心、工业互联网应用推广中心等创新平台。

二、优化要素配置体系,推动工业要素现代化

优质合理的现代化要素禀赋基础是数字经济下工业现代化的首要前提。首先,应加强各类创新要素的培育。一方面,要注重培育具有前沿数字科学技术的

专业技能人才和具有改革创新能力的企业家人才,拓宽创新人力要素的供给渠道;另一方面,要利用大数据、云计算、人工智能等新一代信息技术大力挖掘数据、信息等要素。同时,在数字经济背景下利用信息化激发各类创新要素的潜能,充分发挥人才、数据、信息等创新生产要素的集合、共享功能及渗透效应、规模效应,加强创新生产要素对传统生产要素的赋能,提高土地、人才、资本、技术、知识、管理等多种生产要素的使用效率。其次,应提高创新要素的配置效率。在创新要素培育的基础上,要加强物联网、大数据等信息技术在消除市场壁垒、降低交易成本方面的作用,通过数字技术联系分散的生产要素、生产设备、企业与市场,优化企业内部创新流程,加速不同创新要素、创新主体之间的信息流动,降低要素供需的信息不对称,促进时间和空间上的重叠,推动各类创新要素加速流动和精准匹配。此外,应强化产业内部研发、生产、供应与市场等环节的联动发展,通过加强不同企业之间及企业与市场之间的连接和互通,改变创新方式和创新类型,提高企业创新效率,拓展创新空间。最后,要完善创新要素配置的制度保障体系。在挖掘和使用创新要素,搭建要素自由交易平台的同时,要加强制度建设、完善要素市场化改革,通过创新要素确权、创新要素流动、创新要素隐私保护等法律规范的出台,加强创新要素的安全管理和治理能力,维护流动自由、竞争有序、安全可靠的要素基础环境。

三、推动人工智能与实体经济的深度融合,培育中国式工业现代化的新优势

人工智能是指机器模仿人类智力活动的能力,新一代人工智能具有特殊的溢出效应,能够推动战略性新兴产业总体突破,正在成为建设制造强国和网络强国的抓手,也正在成为,进一步培育中国式工业现代化的新动能和新引擎。因此,人工智能与实体经济的融合为培育中国式工业现代化的新优势提供了强劲支持。为有效发挥新一代人工智能技术在培育中国式工业现代化的新优势方面的作用,要积极破解难题,突破瓶颈制约,促进人工智能与实体经济的深度融合。一是设计好人工智能与实体经济融合发展的关键路径。一方面,确立整体推进人工智能与实体产业融合的战略规划。由于人工智能的基础支撑、核心技术以及应用场景等涉及面广泛,因此,需要政府出台相应的战略规划,设立整合推进

机制,有效协调部门间、区域间人工智能与实体经济融合。要构建激励机制,全面释放经济主体的活力,促进新一代人工智能对经济各层级发展的促进作用。另一方面,构建人工智能与实体经济融合发展的支持体系。由于人工智能的发展依然存在很多模糊边界,需要在发展中不断调整完善制度法规。需制定人工智能发展的法律法规和道德框架,特别是对信息安全、人机一体、无人自动系统等领域的规范。确立人工智能技术标准和知识产权体系,加快推进应用领域和行业协会的相关标准制定,增强专利保护机制。建立人工智能安全监管和评估体系,针对人工智能的复杂性、风险性以及不确定性等问题构建预警机制和风险管控体系。二是加强人工智能与实体经济融合发展的基础设施建设。数字基础设施不仅涉及道路交通等传统基础设施的数字化过程,还强调高速宽带网络、互联网协议地址、域名等传统的信息基础设施。目前我国数字基础设施建设存在不平衡的空间分布、低效的数字信息收集、传输、挖掘和利用。因此,一是要加强宽带基础设施建设,加大宽带网络的普及程度,提高网络用户的普及率,通过提速降费,加快社会数字化进程。二是要加快推进铁路通信传输网、公路基础设施数字化、全国高速公路信息通信联网工程,整合各路段通信传输资源,优化交通信息网络。三是应缩小数字基础设施的空间失衡,推进农村与偏远地区的网络宽带发展,化解数字壁垒,构建统一的大数据信息平台。三是培育人工智能产业发展的环境。人工智能产业的发展既需要产业政策的支持也需要有效的学习型社会环境。合理利用竞争性产业政策对技术创新的促进作用,在保障市场机制在要素配置中的决定性作用的基础上,以市场的力量选择合适的产业发展路径。同时积极构建"全局促进,重点突破"的人工智能发展环境。在产业层面,要全面促进新一代人工智能与各层级的经济活动的融合,重点推进智能制造的发展,为实现创新驱动高质量发展,实现制造强国提供有力支持。在区域层面,需要进一步优化人工智能产业的空间分布与发展,对于在高收入发展阶段,在人工智能发展前沿的东部沿海发达地区而言,应积极推进人工智能产业链的发展,以带动全国人工智能技术的发展。对于中等发展阶段,人工智能发展滞后的中西部地区,人工智能应侧重作为共性基础技术,推动产业转型升级,促进新兴产业的规模化。四是优化人工智能与实体经济融合的资本市场支持。完善资本市场支撑环境，引导整合社会各类资金，通过创投模式培育发展人工智能与传统产业融合创新催生的大量新技术、新业态、新模式。培育在工业智能产业中具有国际影响力的各类企业。进一步优化融资环境，鼓励商业银行、股票发行机构等加大对有能力提供行业解决方案的人工智能企业的支持力度。一方面，需建立财政引导、市场主导的资金支持机制。统筹政府和市场多渠道资金投入，加大财政资金支持力度，为人工智能基础前沿研究、关键共性技术攻关、成果转移转化提供支持，适度减少人工智能企业的税负与研发成本。另一方面，需发挥大企业的研发优势与中小企业的成果转型效率。要鼓励大企业牵头成立市场化的人工智能发展基金，利用多元投融资市场，引导社会资本支持人工智能发展。同时，还应积极运用政府和社会资本合作等模式，发挥中小企业的灵活性，引导社会资本参与人工智能重大项目实施和科技成果转化应用。

四、构建系统创新体系，推动工业动力现代化

首先，要建立有效的创新激励机制。数字经济下的创新具有多元复合性，快速发展的数字技术及其衍生的新业态新模式对生产组织运行方式带来了颠覆性改变，同时也对现有的创新激励机制产生冲击。建立有效的创新激励机制，一是形成有效市场和有为政府相结合的激励格局，市场应注重加速技术创新流动、促进市场合理竞争和拓展创新机会，为技术创新、产业创新、市场创新提供动力，而政府应注重法律法规建设、绩效评价制度优化和市场治理能力改善，提高创新的制度保障作用。二是激发多元创新主体的活力。数字经济下不仅要通过数字化赋能、投融资支持等激发企业的创新活力，同时也要关注需求侧创新主体的作用，利用数字化技术明确个性化、科学化、合理化和以人为本的需求目标，将需求目标转化为创新动力。其次，构建系统的科技创新体系。工业现代化的核心是科技创新，而科技创新的源头是基础前沿技术的突破和应用。构建系统的科技创新体系一方面要加强政产学研的深度融合，强化嵌入式芯片、智能制造、工业互联网等工业基础领域的前沿技术突破和创新成果转化能力；另一方面，要注重单一领域创新的深入连接，加快"基础研究—成果孵化—技术推广—产业应用"创新网络的形成。再次，提高创新要素供给能力和配置效率。一方面，要加大创新要素的供给增量,通过金融财税体制改革为技术创新提供充足的金融支持,同时,通过改革人才培养机制、拓展人才选拔渠道和完善薪酬奖励制度增加人才创新要素储备,使现有的人才结构向现代化、数字化、智能化领域倾斜。另一方面,要盘活创新要素的供给存量,利用数字经济的资源整合能力和扩散溢出效应探索创新要素组织的新方式,加速创新要素的自由流动和市场化配置,以提高各类要素配置效率。最后,优化改善创新环境。一方面,要通过文化创新传播新的发展观念,使中国式工业现代化的实现成为社会公共追求的目标;另一方面,要营造良好的创新生态,通过正确的政策引导为创新主体明确创新方向,同时以法治化、规范化的制度建设优化创新竞争环境。

五、完善体制机制改革,推动工业制度现代化

随着数字经济下科技创新和产业变革的深化,现代化的生产组织方式和社会治理形式也逐渐加快形成,这也对传统的体制机制管理模式形成挑战。数字经济下,要以体制机制改革为根本,推动工业制度的现代化。首先,在宏观层面,应加强中国式工业现代化建设的顶层设计。按照统一部署、重点突出、区域统筹的原则对工业现代化进程进行整体布局,根据不同地区、不同产业领域设定不同时间维度的目标、战略、规划,为工业现代化提供先行引导。同时,深化政府机构的改革力度,消除体制机制方面的障碍,注重公共服务和监管体制中对新一代数字信息技术的应用,充分利用数字技术加快政府治理能力数字化、网络化和智能化的系统升级。其次,在中观层面,应推进创新、财税等体制机制改革。在工业现代化过程中,一是要建立现代化的投融资体制,利用数字技术的应用优化政府与企业在工业化进程中投资、建设、运营方面的相互关系,通过数字平台建设推进投资主体、投资渠道及融资工具的多元化,为企业把握数字经济发展机遇创造条件;二是要完善财税体制改革,一方面要加大对数字经济相关人才、教育、科研机构的财政扶持力度,提升数字创新要素的培育能力;另一方面要加大对创新型企业的金融支持力度,在研发、生产、经营的各个环节提升金融支持实体经济创新发展的能力,激发市场主体的活力。最后,在微观层面,应推进标准体系的系统化建设。数字经济下的工业现代化是对传统工业在技术、生产、管理领域的系

统性重构，传统工业下的微观制度体系也因不适应新的技术革新和组织管理变革而受到挑战，因此，应基于数字经济下的生产运营新技术、产业发展新规律、组织管理新方式等对微观的技术标准、质量标准、安全标准、治理标准、组织管理标准等在新的框架下重新设定。

六、加强新型基础设施建设，推动工业环境现代化

基础设施建设是工业化的基本物质基础，在工业化的推进过程中具有显著的技术支撑作用和外部溢出效应，基础设施建设水平决定了工业现代化的速度和高度。新型基础设施建设相较于传统基础设施的科技含量更高、规模经济效应更强，应强化新型基础设施建设水平，以此推动工业发展环境的现代化。首先，应加强新型基础设施领域的基础共性技术的研发。加大对新型基础设施领域共性前沿技术的研发投入，加强政府、高校、企业、科研院所的通力合作，将新型基础设施领域的基础理论研究作为核心任务，努力实现芯片、工业软件、核心零部件、智能制造、工业互联网等基础薄弱环节的根本性突破，掌握5G、大数据、云计算、人工智能、工业互联网、量子通信等核心技术领域的自主性。其次，应深化新型基础设施与产业链升级的深度融合。一方面，要发挥新型基础设施建设对产业链升级的支持作用，以重点产业领域作为突破口，加快新型基础设施的建设力度，在重点产业转型升级的过程中主动构建基于新技术、新设施的全新产业链形态，扩展新型基础设施在产业链搭建和产业链数字化、信息化、智能化升级中的关键作用，并通过规模经济效应、渗透效应和示范效应扩展到全产业链领域。另一方面，以新型基础设施建设为契机，强化大数据、人工智能、工业互联网等在研发设计、生产制造、服务创新等方面的应用范围和深度，拓宽企业数字化转型的渠道，在供应链、价值链、空间链等多维度进行数字化智能化改造，将已有的工业发展环境打造升级为现代化的工业发展环境。再次，应发挥新型基础设施在经济社会中的扩散作用。工业发展环境内嵌于经济社会发展环境，经济社会的现代化也是工业现代化的最终目的。因此，应注重新型基础设施在经济社会领域的创新引领作用，通过新型基础设施建设逐渐改变经济社会的需求结构和运行方式，以社会经济系统的数字化、信息化、智能化倒逼工业现代化进程的推进。

第八章
数字经济赋能中国式农业农村现代化

党的二十大报告中指出"坚持农业农村优先发展""加快建设农业强国,扎实推动乡村产业、人才、文化、生态、组织振兴"①,二十届三中全会《决定》提出"城乡融合发展是中国式现代化的必然要求。必须统筹新型工业化、新型城镇化和乡村全面振兴。"为全面推进乡村振兴、加快推进农业农村现代化指明了方向。推动中国式农业农村现代化需要把数字经济与农业农村发展结合起来,中国式农业农村现代化面临着数字经济的新背景,必须依靠数字技术重塑农业生产体系、经营体系和产业体系,借助数字经济提升农村基础设施和公共服务、提高农村居民思想观念和生活质量、优化农村治理体系和治理能力。

---

① 习近平:《高举中国特色社会主义伟大旗帜　为全面建设社会主义现代化国家而努力奋斗》,人民出版社 2022 年版,第 31 页。

第一节
数字经济赋能中国式农业农村现代化的机制

数字经济最核心的要素是数据,数据同土地、资本、劳动力等一样成为可市场化配置的生产要素,数字经济赋能农业发展最关键的动力也在于数据这种新的生产要素,数据所产生的信息价值能更高效准确地提高农业的生产经营能力。当数据成为农业生产的重要要素之后,一方面,数字经济与农业的融合发展不仅有助于提高信息获取能力、降低信息不对称程度;另一方面,数据这种新要素的投入改变了各要素之间的投入比例,使生产要素组合发生突破性的变化,通过要素禀赋结构的升级有利于促进要素优化配置,实现农业生产的规模经济,数据要素对其他生产要素也起到了效率提升的作用,进而促进农业生产方式的转变和效益的提升[①]。并且随着数字经济的发展和变革,数据这种新型生产要素将成为促进农业农村现代化的长期动力。

农业历来具有脆弱性和低效性的特点,面临着自然和市场双重风险。其中最重要的原因是农业稳定性差、抗风险能力差,难以预期。农产品的区域性和季节性属性又使得区域间沟通困难,呈现出碎片化断裂状况。以往农业机械化能够在一定程度上提高农业生产的效率,但是仅仅作为一种生产的技术手段,在信息获取、调配资源配置方面力不从心。数字经济和农业生产的融合提高了信息获取、交流、资源配置能力,更重要的是提高了人们对农业生产预期的能力,还能通过系统性持续的数据提升风险控制效率,提高农业的计划性和预期性、减少资源的无效供给,降低农业所面临的自然和市场双重风险,提高资源配置的能力。

农业农村现代化是中国式现代化的重要内容,是指用现代工业、现代科学技术和现代经济管理方法改造传统农业,实现从传统农业农村向现代农业农村转化的过程。在农业农村现代化过程中,农业生产技术现代化是动力源泉,农业产业化是重要内容,信息化和数字化是技术手段。农业农村现代化是一个动态的

---

① 陈一明:《数字经济与乡村产业融合发展的机制创新》,《农业经济问题》2021年第2期。

发展的过程,有明显的时代特征,不同时期农业农村现代化的内涵特征不尽相同[①]。一方面,不同时期农业农村现代化的主要目标不同;另一方面,不同时期推动农业农村现代化的关键性技术进步存在差异,这会带来农业农村现代化方式和道路选择的差异。20世纪50年代,我国农业现代化的内涵是农业的机械化、水利化、化学化、电气化和良种化。改革开放以后农业现代化的内涵扩展为科技化、商品化、市场化、产业化、规模化、融合化、绿色化、智能化等内容。党的十九大将农业现代化的内涵拓展为农业农村现代化,十九届五中全会提出了到2035年基本实现农业现代化的目标。二十大提出了坚持农业优先发展,加快建设农业强国的建设任务。从"农业现代化"到"农业农村现代化"意味着农业农村问题在中国式现代化中地位的提升。新发展阶段随着数字经济的发展,数字经济正不断向农业农村渗透,农业农村现代化面临着数字经济赋能的新机遇。

在新发展阶段,随着云计算、移动互联网、大数据、人工智能、区块链等数字技术的快速创新与应用,伴随着新发展理念得到全面贯彻以及城乡关系的发展转变,对新阶段农业农村现代化的内涵特征转变产生重要影响。在数字经济背景下农业农村现代化具有双重目标:一方面,要继续推动从传统农业向现代农业的转变,改造传统农业,转变农业增长方式,实现农业生产规模化、市场化、产业化和工业化,提高农业的综合生产能力,实现农业科学技术的现代化和管理方式的现代化;另一方面,实现农业农村的数字化。推进数字技术与农业农村深度融合,加快物联网、大数据、人工智能、区块链、5G等现代信息技术在农业生产领域深度应用,运用数字技术对农业产业进行全链条的改造,提高农业全要素生产率。既要实现数字经济赋能农业现代化,将数据作为农业生产要素,推进智慧农业发展,发展数字种植业、数字设施农业、数字畜牧业、数字渔业、数字种业,构建数字化的农业生产体系,提高农业生产智能化水平和经营网络化水平。同时要实现数字经济赋能农村现代化,以弥合城乡数字鸿沟为目标,加强乡村数字基础设施建设。以数字技术手段赋能乡村治理,提升乡村数字治理效能。以智能技术完善公共服务,加强乡村医疗卫生服务保障。以数字商务赋能乡村经济,促进

---

① 张红宇:《中国特色农业现代化:目标定位与改革创新》,《中国农村经济》2015年第1期。

农业产业品牌化。以培养数字人才蓄力乡村建设,激发乡村发展内生动力。

总的来看,数字经济能够在宏观、中观、微观三个层面赋能农业农村现代化发展。首先在宏观方面,数字经济有助于优化传统的农业生产资源配置方式,并颠覆了传统农业企业的盈利模式,培育了新技术、新业态、新模式,促进了规模经济与范围经济的结合。其次在中观层面,数字经济发展带来了网络平台的崛起,而以网络平台为核心的产业组织模式改变了传统市场结构,重塑了市场概念。目前数字经济在农业实践中应用最广泛的即是线上平台销售。最后在微观层面,数字经济的发展帮助更多的农业产品供给方和消费者直接面向市场,增加供需双方信息获取的效率和密度,有助于交易快速高效的达成,提高了消费者福利,减少了传统生产销售过程中的效率损失。具体而言,数字经济赋能农业农村现代化的机制有:

一、数字经济赋能中国式农业农村现代化的创新驱动机制

创新是数字经济赋能农业农村现代化的源泉,创新是农业农村现代化的第一动力,必须着力推进供给创新、科技创新和体制机制创新,加快实施藏粮于地、藏粮于技战略和创新赋能发展战略,培育农业农村现代化可持续的增长动力。数字经济下,依托物联网、云计算、大数据等先进技术,加快农业信息技术研发和农业技术推广,推动农业发展从要素赋能向创新赋能转变,实现生产与创新的良性互动机制。一方面,借助数字信息平台,有助于整合多种优势资源,加强产学研联动,为产业创新提供契机,持续稳定增长提供可能;另一方面,打通农业数字技术的应用壁垒,传递农户的数字技术需求,加快数字新技术在农业中的渗透和应用。同时有效促进农业知识经验传承的显性化,进而促进农业技术发展和农业知识创新[①]。

二、数字经济赋能中国式农业农村现代化的效率提升机制

农业农村现代化效率的提高主要体现在两点,一是生产效率的提升,主要从投入产出方面看,包括农业生产规模扩大和劳动生产率的提高;二是农业生产更

---

① 阮俊虎:《数字农业运营管理:关键问题、理论方法与示范工程》,《管理世界》2020年第8期。

具有绿色效率,包括提高农产品安全,减少农业活动对生态环境的污染破坏,促进农业实现可持续发展。而数字经济在同农业生产相融合的过程中,将数据这一生产要素加入农业生产过程中,通过数字经济自身的特点直接作用农业农村现代化,同时还通过改变其他投入要素的组合配置关系来提升农业效率。由于数字经济自身具有的高渗透性、可复制性、非竞争性和边际效益递增性等特征。数字经济在农业中的应用、同农业融合的过程中能自然而然地能将数字经济这些特征转赋到农业上,直接提升农业生产率。同时,数据投入生产之中能够改变生产中不同要素之间的集约程度与配置关系,优化要素配置、调整生产结构、提高农业生产潜力。这种效率机制贯穿于农业生产的全过程。在产前,通过大数据和先进算法对市场需求和生产能力进行精准预测和生产规划,解决"种什么"的问题。进而优化农业生产布局,提高生产决策效率。在生产中,通过全程生产监控、标准化生产、实时精确有效管理和预警提醒,通过计算设计出对环境负面影响最小的活动计划、组织、实施与控制方案,能够从源头上解决农业生产投入品安全问题以及病虫害防治问题,减少化肥农药的过度使用,保障产品品质,提高生产绿色效益。在产后,销售方式更加现代化,线上线下渠道并行相互补充,通过数字平台助力产品销售,扩大市场范围,确保产品价值的顺利实现。以此数字经济通过全过程、全方位提升效率来赋能农业农村现代化发展,提高农业质量效益和竞争力。

三、数字经济赋能中国式农业农村现代化的分工协调机制

数字经济在农业生产过程中的应用不仅改变了生产过程中不同生产要素之间的关系,也改变了人和人的关系、人和企业的关系、企业和企业之间的关系,推动农业农村现代化中社会分工主体多元发展,促进社会分工原则嬗变,重塑社会分工模式,使农业农村现代化中社会分工原则更加公平化、自愿化,促进农业农村现代化中社会分工模式向科层制、市场制、平台制共存发展。数字经济下通过流程的整合促进了农业专业化分工和农业产业链延伸,促进传统农业进行产业升级,以信息技术激发和延长乡村的产业链和价值链不断地延伸、提升农业产业链价值链,扩展农业产业的规模和范围,实现产业功能的转型升级。并通过优化

产业间的结构和布局实现融合发展渗透的新型业态和商业模式,从而进一步利用产业联动、技术渗透和创新体制机制的方式,让更多生产和消费者共享产业价值链提升所带来的红利。通过数字经济与农业经济的融合重塑农业产业结构,联通和协调乡村产业链的上、中、下游发展,促进实现产业跨界融合、要素跨界流动,进一步延长产业链长度、拓展产业链宽度、增加产业链厚度,最终推进形成多主体参与、多要素聚集、多业态发展、多模式推进的高度融合格局①。

四、数字经济赋能中国式农业农村现代化的组织管理机制

农业农村现代化发展过程也要求组织和管理方式的同步转变。伴随新技术、新要素的投入,为了服务于新的生产力,组织管理关系也必须随之发生变化来适应新的生产力。同数字化农业生产相适应的是农业企业组织经营和管理方式的数字化。一方面,数字技术带来的信息完整性、决策科学性与资本积聚性,有助于实现农业经营方式由粗放式向精细化、智能化转变,降低农业经营中的市场风险。数字技术进入农业经营领域,通过搜集处理海量数据,在农业生产过程中,建立追溯管理、风险预警、应急召回联动机制,形成全程追溯、预警提醒、在线答疑、科学经营的发展模式,从环节上解决农业经营主体生产标准化、经营智慧化问题,保障农业经营体系高效运转。另一方面,数字经济的发展催生了新的组织形式和商业模式。电商、购物平台的兴起使传统消费方式被重塑。数字经济下线上市场同线上市场对接起来形成互补,扩大了传统农业产品的市场边界。线上消费比重逐渐增大,进一步化解了农产品市场区域分割的状态,推动市场整合和商品流通,深化区域间合作。通过数字经济平台协调不同机构的决策功能,降低农业所面临的市场风险。

五、数字经济赋能中国式农业农村现代化的供需对接机制

进入新发展阶段在居民消费结构不断升级的同时,农产品供求结构性失衡问题十分突出,表现之一就是经常会出现农产品价格剧烈波动,带来生产资源的浪费或者是产能闲置。这一现象的主要原因在于供需之间信息不匹配,一方面

---

① 夏显力:《农业高质量发展:数字赋能与实现路径》,《中国农村经济》2019年第12期。

是缺少信息,另一方面是信息传导过程存在滞后。尤其是多数农产品的生产销售具有明显的季节效益,经常会导致农业生产者对市场的反应滞后,供需错峰。伴随着市场需求愈加多元化、个性化,需要生产者具备快速捕捉市场需求变化、调整生产的能力。而数字经济在农业生产中的应用,能够将农产品生产者与消费者信息传导、匹配,降低信息获取和处理成本、提高信息传输速度和准确度。提高产需双方信息获取效率和处理效率,减少信息不透明、不对称等影响,降低交易过程中的不确定性,实现更为精准的产需对接。通过农业物联网使得网络中信息获取和各种交易机会成本接近于零,实现农业全产业链交易过程实现透明化,进而会保障农产品优质优价市场机制的持续运行。通过数字经济大数据和精准算法,生产者可以根据市场信息快速调整生产计划,加快库存周转,保障农产品有效供给,实现农产品价值增值。数字经济通过助力农业供给端和需求端结构性改革,进而不断提升农业产业投入产出效率和发展效益,增强农业发展的内生动力。

六、数字经济赋能中国式农业农村现代化的融资支持机制

资本是农业发展过程中最重要的投入要素之一,农业数字化信息建设更需要大量资金的投入。过去农业地区金融覆盖率低,农业生产金融服务主要以农村信用社、农村商业银行等为主,大银行业在农村的金融支持明显不足,由于缺乏可供抵押的金融资产和可靠的担保主体,农业发展过程中普遍存在融资难、融资贵的问题。传统的银行金融服务,主要以抵押、担保等手段进行增信,线下审批,程序复杂,耗用大量的时间。而随着数字经济发展,农业生产、农资供给、销售流通等各环节有效实现了数字化管理,金融机构得以利用农业大数据对农业经营主体进行精准画像、信用授信,不仅解决了担保主体风险识别问题,进行有效的信用评级和风险控制,又能够为客户提供差异化、个性化的金融产品和服务。同时,采取线上金融服务模式、贷款流程大幅度简化。降低金融服务成本,提高了贷款效率,提升金融服务"三农"的覆盖面和渗透率。同时,金融服务提供端主体也趋于多样化。大型商业银行和互联网金融公司凭借其在金融科技和数据挖掘整合等方面的优势,逐渐深化农业金融服务,逐渐成为农业金融支持提供

的主体，借助金融科技和数字普惠金融推动农业产业长足发展。

第二节
数字经济背景下中国式农业农村现代化的新变化

农业农村现代化的含义具有广义和狭义之分，广义的农业农村现代化不仅包括农业生产本身，还涉及了以农业农村现代化带动农业、农村、农民三位一体的全面现代化发展过程。狭义的农业农村现代化主要指的是农业生产方式的现代化，即由传统农业向现代农业的转化的过程。建设现代农业的过程，就是改造传统农业、不断发展农村生产力的过程，就是转变农业增长方式、促进农业又好又快发展的过程。农业农村现代化是从传统农业向具有世界先进水平的现代农业的转变过程，是用现代物质条件装备农业，用现代科学技术赋能农业，用现代产业体系提升农业，用现代经营形式改造农业，用现代发展理念引领农业，用培育新型农民支撑农业，提高土地产出率、资源利用率和农业劳动生产率，提高农业质量效益和竞争力的过程[①]。

近年来关于农业农村现代化的研究层出不穷，并主要围绕农业农村现代化的内涵逻辑、实现路径、水平测度等方面展开，而将数字技术纳入到农业农村现代化发展框架的研究成果则相对较少，大量研究分别集中在数字农业和数字乡村建设上，针对数字经济推动中国式农业农村现代化的理论逻辑和实现路径研究还有待强化。考虑到在疫情肆虐、全球经济衰退的社会现实下数字经济对于经济社会发展的重要意义，以及我国广大农村地区作为数字经济潜在发展市场的战略纵深意义，在数字经济背景下加速推动中国式农业农村现代化进程，将成为全面建设社会主义现代化国家，解决发展不平衡不充分问题的政策抓手。为此，我们从中国式农业现代化和中国式农村现代化两方面着手，以国务院发展研究中心农村经济研究部对农业农村现代化的六个方面内涵界定为切入点，阐明数字经济背景下中国式农业农村现代化的新变化。

---

① 姜长云：《论基本实现农业农村现代化目标任务的三个层次》，《东岳论丛》2021年第7期。

一、数字经济背景下中国式农业现代化的新变化

(一) 要实现农业生产模式从产业化向服务化转变

一直以来,我国农业的发展模式主要遵循工业化发展思路,热衷于以工业推进农业生产方式的改进,通过对传统农业生产技术改造升级,不断扩大农业生产规模,降低平均成本,提高生产效益。但是由于传统农业始终受到作为刚性生产要素的土地和环境因素的双重制约,因此一直伴随着农产品品质难以保障以及滞销等生产和经营风险。随着新一代信息技术的不断进步与广泛应用,数字技术与实体经济的深度融合要求我国农业的发展道路从工业化模式向服务化方向转变,即用信息服务的思维模式去发展现代农业,在保障粮食和重要农产品稳定安全供给的同时注重农业的生产质量,通过大数据、农业传感器、云计算、无人机、农业物联网等新型技术的运用,实现种养殖业播种、施肥、畜牧养殖以及疫病防治等生产过程向数字化、网络化和智能化的转变,从而在提高农业生产集约化、规模化水平的同时控制农产品的质量,以产品的差异化生产和竞争力提升实现农业价值获取方式的全面革新。

(二) 要实现农业经营方式从粗放式向精细化转变

改革开放四十余年,我国实行的以农户家庭个体经营为主的经营方式为促进农业生产和国民经济的发展做出了突出贡献。这种经营方式的优点是充分调动了农民生产经营的积极性和主动性,迅速扭转了国内农产品严重短缺的局面,解决了广大农民的温饱问题,这与当时我国农业生产落后的社会现实是相适应的。然而传统农业以小规模运营为特点的经营模式主要面临两方面弊端,一是不利于集中管理,也难以有效降低农业平均成本,无法产生规模经济效应,严重阻碍了农业现代化发展;二是传统经营模式下小农户难以有效对接大市场。互联网兴起前,农业产业链普遍跨区域分布,而农村地区由于基础设施建设不足,以及区域之间物流体系不健全,导致信息流通不畅、市场信息获取相对滞后,农产品生产和交易效率低下,既不利于农民收益的提升,也难以保证产品质量。在中国式现代化新征程中随着信息技术的加速迭代和全面推广,新发展阶段下农

业经营方式必须加以调整：一方面，需要改变小规模、碎片化、分散化、效益低的经营方式，推动农业以适度规模机械化经营；另一方面，需要加强培育家庭农场、农民合作社等新型农业经营主体，不断提升经营主体掌握新科技的能力。

（三）要实现农业产业体系从低端化向高端化转变

我国传统农业的产业体系中始终存在农业产业结构失衡以及产业链附加值低的突出问题，具体表现为市场上中低端农产品供大于求，而高质量农产品却供给不足，农业低端化布局明显，农业产业链普遍较短，且长期处于价值链中低端。当下，随着国内居民消费结构和水平的不断升级，农业经营主体却不能及时有效地调整生产结构，导致农业生产无法实现与消费者在高质量农产品和生态需求上的对接，进一步加深了农业供需错配的矛盾。随着数字经济的蓬勃发展，大数据分析、人工智能等信息技术的深入应用，能够不断提升农产品市场两端的信息连接效率，依托农业农村特色资源，推动农业与第二、三产业融合发展，促进农产品深加工、智慧农业休闲观光、乡村特色旅游等多产业协同联动发展，延长农业产业链条，增加农产品附加值，丰富农业生产和盈利模式，既能够改变传统农业收益低的现实，也能够提升农业职业吸引力。通过促进信息嵌入种植业、畜牧业、渔业等的发展，为农村全产业链的增效增值赋以"倍数效应"，从而推动农村新产业、新业态、新模式的发展，调整农业产业结构，加速传统农业向农业价值链中高端迈进，实现农业产业体系的优化和升级。

二、数字经济背景下中国式农村现代化的新变化

（一）要实现农村基础设施和公共服务从相对滞后向城乡协调转变

据第三次全国农业普查数据显示，截至2016年底我国接通自来水和拥有卫生厕所的农村居民占比均不到一半，拥有现代物流配送站点的村庄占比也才刚刚突破四分之一，而接通天然气的村庄占比仅为11.9%，进一步凸显了加快提升农村生活质量的重要性和紧迫性。据《2021全国县域农业农村信息化发展水平评价报告》显示，2020年我国农业生产信息化平均水平为22.5%，其中中部和东部地区发展较快，分别高于全国平均水平8.3和3.2个百分点，而西部地区则

低于全国平均水平 2.9 个百分点，仅为 19.6%①。显然，基础设施建设相对滞后是制约农业农村现代化发展的关键因素，而实现中国式农业农村现代化发展则需要更加专业和多元的公共服务，因此必须借助数字技术不断调整农村基础设施和公共服务水平，以数字化、信息化、智能化引领农民生活方式转变，使其适应现代经济社会的发展，推动形成数据信息环境下多主体参与的农村公共服务供给新格局，建设宜居宜业和美乡村，逐渐消除城乡基础设施和公共服务差距，实现乡村由表及里、形神兼备的全面提升，促进城乡协调发展。

（二）要实现农村人口思想观念从相对保守向现代文明转变

长期以来，我国农村居民由于受教育水平不足，思想观念相对传统和保守，农村生产生活的综合质量整体不高。然而，数字技术的日新月异以及数字乡村战略的全面推进赋予了广大农村地区新的内容。据中国社会科学院信息化研究中心发布的《乡村振兴战略背景下中国乡村数字素养调查分析报告》显示，2021年，我国全体人群的数字素养平均值为 43.6 分，其中以城乡类型区分，城市居民的数字素养比农村居民高 37.5%；以职业类型区分，农民群体的数字素养得分仅为 18.6 分，显著低于全国人群平均值②。因此，推动农村居民数字素养的整体提升是目前我国亟需解决的问题，一方面随着现代农业的快速发展，需要更多地依赖能够熟练运用先进农业技术以及掌握电商物流、直播带货等数字技术的新型职业农民，更好地适应市场的变化；二是数字乡村战略下农村干部综合素质及数字素养的提升对促进农业农村生产管理创新具有重要的引领和指导作用；三是数字经济的发展能够加强农村精神文明建设，转变农民的思想意识和观念，加强对农民的法制教育，实现从传统生活方式向绿色、科学、文明的现代生活方式转变。

（三）要实现农村基层治理从传统治理向现代治理转变

基层治理是国家治理体系的基石，而农村基层治理始终是我国基层治理的

---

① 李晨赫：《社科院最新报告：乡村振兴亟待弥补"数字素养鸿沟"》，《中国青年报》2021 年 3 月 16 日，第 5 版。
② 文丰安：《我国农村社区治理的发展与启示：基于乡村振兴战略的视角》，《湖北大学学报（哲学社会科学版）》2020 年第 2 期。

重点。一是由于农村地域广事物多,基层治理涉及面广,管理难度大。二是因为城镇化的快速推进,导致农村老龄化、空心化,人才流失严重。同时,农民受困于文化程度的限制,一般不具备参与农村治理的能力。三是农村基层干部群众普遍法治意识淡薄,法治知识缺乏,高素质治理人才的不足是农村治理薄弱的重要原因。在数字经济背景下,现代技术手段的深入推进需要农村基层治理及时转型:一是借助数字技术系统整合农村基层治理主体和治理要素,以自治、法治、德治相结合的治理体系填补传统农村治理中的诸多缺陷,提高综合治理效能。二是现代化手段的运用为农村居民参与乡村治理提供了渠道,信息平台能够以规范化、通俗化、趣味化特性调动农民发表意见和建议的积极性,有助于保障村民权益。三是大数据的应用可以在很大程度上改变传统农村治理的内容与形式,通过大数据技术赋能农村治理,可以提升治理的前瞻化和精细化水平,助推农村治理的形态嬗变,实现源头治理、精准治理、开放治理、融合治理的现代化治理图景。

第三节
数字经济背景下中国式农业农村现代化的新特征

农业现代化是农村现代化的坚实基础,农村现代化是建设农业强国的内在要求和必要条件。数字经济的方兴未艾以及与实体经济的深度融合,在为中国式农业农村现代化提供发展契机的同时,也衍生了新趋向。数字技术不仅改变了传统农业的生产和经营方式,升级了农业产业体系,带动了农村公共服务多元供给,提升了农村基层治理效率,而且派生了中国式农业农村现代化的新特征。

一、农业生产表现出明显的多元化、智能化和安全化特点

与传统的农业生产方式相比,数字经济背景下的农业生产呈现出多元化、智能化和安全化的特征。在数字经济背景下,由于人工智能、物联网、大数据等新技术的驱动,消费者和生产者之间的边界逐渐模糊,市场两端的信息匹配度得到极大的提升,农业生产活动更加注重消费者的多样化、生态化和高质量需求和体

验,多元化食物供给体系日渐成熟,创新在生产领域的重要性与日俱增。与此同时,信息成为新的生产要素,首先通过与土地、资本、劳动力等传统生产要素融合,提升要素配置效率,降低了要素配置成本,提升了要素配置精度,实现了农业生产要素从复杂化、多变化向专业化、标准化转变。例如:农业物联网的建立能够帮助农户完成智能施肥、精准洒水、土壤智能检测等智慧农业操作,在降低农业生产成本的同时实现标准化管理。其次通过与农业加工、流通、管理、服务和消费各环节的技术融合,完成对传统农业全产业链的变革,实现精准化作业流程,在有效节约人力成本的同时,催生从田野到餐桌的全产业链智能化服务形态,以智能化加强农产品质量安全监管,全面提升农产品质量安全水平。

二、农业经营体系呈现集约化、高效化和稳定化并举的新局面

数字经济带来的信息共享与技术变革,不仅实现了对传统农业经营体系的要素重组和现代化改造,还改变了农业的经营方式,提升了农业经营能力。数字经济背景下的新型农业经营体系并不是数字化手段的简单叠加,而是通过数字技术的引入建立起新型数字农业经营体系,以现代信息技术的应用以及现代化思维方式的建立,系统提升家庭农场、农民合作社等新型农业经营主体的决策分析能力和经营知识水平。以农业社会化服务体系的健全实现小农户与现代农业的深度融合,保障农业经营体系高效运转、农业提质增效,具有集约化、高效化和稳定化的特征。一是数字技术进入土地流转市场,能够降低土地流转的交易成本,增强土地要素的集聚程度,提高土地要素配置效率,有利于实现农业适度规模经营,促进农业经营方式由粗放式向集约化、智能化转变,提高农业经营效益和农民职业吸引力。二是数字技术便于加强农田水利建设和中低产田改造,促进高质量高标准农田建设,提升粮食产能,增强农业生产的稳定性和抗风险性。三是可以通过网络平台健全农业全产业链社会化服务体系,推动农业社会化服务智能化转型,以此服务好、带动好小规模农户与现代农业的有效对接。

三、农业产业体系以高端化、绿色化和服务化适应中国式现代化新要求

伴随着数字化浪潮的全面至深推进,以人工智能、大数据为代表的现代化信

息技术丰富了乡村经济形态,使得农村的供给能力突破原有的第一产业生产边界,推动农村一二三产业融合发展,实现了农业产业体系向高端化、绿色化和服务化转变。首先,数字技术通过加快农业信息交流和传播,推动农业技术研发和推广,实现农业科技与农业生产深度融合,促进农业发展动能从"要素驱动"向"创新驱动"转变,开发和创新"农业+"产品,拓展并发挥农业附加生态价值及文化休闲价值,围绕乡村旅游开展民宿经济、休闲农业、特色文化体验等新兴业态,同时发展定制农业、创意农业、养生农业等新产业,以新产业新业态优化农业结构与区域布局。其次,数字技术与农业领域的深度融合,将促进农业产业链各环节的专业化分工和领域细分,推动乡村产业全产业链升级,以产业链向服务端延伸带动农业产业链延长和价值链提升,助力产业链和创新链融合,推动农业资源利用绿色化转型,并最终形成特色鲜明、优势突出、资源集聚的现代化农业产业体系。

四、农村基础设施和公共服务供给展现出专业化和均等化相结合的新特征

随着数字经济的全面纵深发展,数字科技的迭代式演进为农村基础设施和公共服务的跨越式升级提供了契机。数字化在扩大农村基础设施和公共服务普及的同时,也能够拓展其供给渠道。一方面,在村民的基本生活方面,大数据通过对农村居民生活数据的精准识别和深入分析,旨在以较低的成本为村民防疫、养老、医疗、就业等基本公共需求提供专业化供给方案,并且经过更深层次的数据挖掘,展现不同群体或个体的行为特征,如农村老年群体、留守儿童群体等,提炼一致性规律和特质,从而精准预测公共服务需求。另一方面,社会发展突飞猛进,促使农村居民对公共服务的需求更加丰富和专业,数字经济在引导农民生活方式转变的同时,也拓宽了农村公共产品的供给主体和服务边界。随着村民对文化、教育、娱乐等公共服务要求的逐渐提高,将吸引多元主体共同参与农村公共产品市场的开发和应用,以公共服务供给的价值链提升来促进资源重组,而数字技术则以交易成本的降低以及供需匹配精度的提高进一步推动了这一格局的形成,最终优化了农村基础设施和公共服务的供给,推动城乡基础设施一体化与公共服务均等化,让农民就地过上现代文明生活,实现城乡协调发展。

五、农村居民思想观念和生活质量逐步向城市化和现代化演变

长期以来我国农村居民思想观念落后、生活质量与城市差距明显等问题已成为制约农村现代化发展的重要因素。数字经济背景下伴随着信息资源无限连接塑造出的数字化、智能化环境,使得越来越多的农村居民将依靠新技术进行生产和生活,并逐步建立起农村地区的数字生态和共享网络,再进一步完成与城市的信息对接,促进城乡要素平等交换、双向自由流动,丰富农村居民文化生活形态,打破农村思想固化的藩篱,提升思想观念的内涵和外延。首先,农民可以利用城乡互联共享的各类开放性资源进行社会化学习,满足个性化需求,改变固有的生产、就业、消费观念,实现数字价值创造的本地化积累。其次,农村居民可以利用数字网络及时获取线上应聘、农产品销售、智慧医疗等与城市无缝对接的市场信息,突破农村本地的资源限制,推动城市服务更多下乡,促进城乡公共资源合理配置,并逐渐缩小城乡生活水平差异。再次,现代化信息技术的引入能够加强农村生态文明建设和农村人居环境的整治,推动农村资源开发模式和生产生活方式从高耗能、粗放型向生态化、低碳化、绿色化转变,打造和谐有序的乡村人文环境,实现人与自然和谐相处。

六、农村基层治理的规范化和协同化趋势增强

互联网、大数据、电子政务等数字科技的跨越式发展可以充分挖掘和收集基层丰富、零散的实时数据资源,推动了信息化与农村治理体系的深度融合,以治理模式和治理手段的全面拓展推进农村治理效率的全方位提升。数字化信息以跨时空传递和低成本优势给予了乡村内外部主体公平享有信息资源的机会,首先,在乡村内部治理层面,5G技术的广泛应用和移动互联网的大范围普及,为农村居民提供了与干部互动和交流的契机,农民群众的自我认同感得到提升,在人口普查、环境治理、纠纷处理等村级事务管理当中的参与度和话语权不断增强。同时,乡村居民可以借助网上政务服务平台提出诉求,激励其更加积极主动、便捷地参与到乡村治理中去。其次,在乡村和政府之间的层级治理层面,大数据平台的介入能够帮助政府实现快速和大规模的远程数据采集和分析,从而可以实现跨地域信息的集中管理和及时响应,第一时间监测乡村中可能存在的问题,并

作出预防或及时进行解决,有效地提升政府监管能力,大幅度降低基层治理监管成本,提高乡村治理的速度和效率。再次,在乡村的外部治理层面,数字技术为农村治理的市场化接轨提供了技术支持,有利于推动乡村治理法制化、规范化。此外,数据资源的共享能够推动乡村之间形成协同治理模式,尤其涉及流域治理、环境治理等边界模糊且外部性明显又极易产生矛盾的领域,高效协同治理则是必然。

第四节
数字经济赋能中国式农业农村现代化的路径

进入现代化新征程,需要全面落实农业农村优先发展,深化农业供给侧结构性改革,推进农业强国和质量兴农战略。数字经济的有序演进带来了农业生产方式和经营方式的深刻变革,降低了农业生产面临的自然风险和经济风险,并通过新一代信息技术和数字技术丰富了农村公共服务供给主体,促进了农村生活质量和基层治理能力的全面提升,为推进中国式农业农村现代化发展注入了强劲动力。结合当前农业农村所呈现出的居民生产生活的新变化和新特征,以数字经济拓展中国式农业农村现代化的路径:

一、加强农村数字基础设施建设,拓展农村生活的现代化

农村基本具备现代生活条件是中国式农业农村现代化的根本目标,也是推进乡村振兴过程中坚持农民主体地位的基本要求。以农村基础设施建设为着力点,充分发挥数字经济对农业农村的引领和带动作用,努力缩小城乡收入差距,不断提高农村公共服务质量,促进城乡基本公共服务均等化,实现乡村由表及里、形神兼备的全面提升是中国式农业农村现代化的具体体现。第一,加快农村数字基础设施建设,从农村地区的全局视角出发,系统布局基于数字技术的物联网感知、云计算、移动互联网等新型基础设施,提升农村地区的网络覆盖率,有效缩小城乡之间、地区之间的"数字鸿沟"。第二,以城乡公共资源均衡配置为指导,统筹规划,加大农村地区数字化赋能平台建设,实现农村基础设施的全方位

智能化管理,全面推进农村地区"智慧教育""智慧医疗""智慧养老"等建设和应用,不断提升平台的承载能力和服务水平,实现农村地区公共服务的全领域数字化转型,促进优质资源更多地向农村地区流动,破除城乡二元结构,实现城乡公共服务均等化。第三,借助信息网络提升农村居民的综合素养和思维方式,引导农民向现代化生活方式转变,拓宽农民就业创业机会,激发农村创新创业活动,拓展农民增收致富渠道,促进农民消费升级,让农民就地过上现代文明生活。

二、聚焦农业数字化转型,拓展农村产业的现代化

中国式农业农村现代化是共同富裕的现代化。以农业供给侧结构性改革为发力点,把握数字经济发展趋势,聚焦农业数字化转型,以现代信息技术和手段推进农业全产业链现代化是中国式农业农村现代化的重要引擎。第一,建立现代化产业体系。对传统农业进行生产链全链条的数字化改造,实现产业链各环节之间的有效衔接。结合农村各地区资源禀赋条件,适当调整农村产业布局,依托农业农村特色资源,发展特色产业,借助互联网平台实现特色产业与大数据、人工智能深度融合,围绕农村资源形成一批集乡村旅游、休闲农业、智慧康养为一体的新产业新业态,形成产业链完整,又特色突出、优势互补的农村产业体系。第二,建立数字化生产体系。首先,加快面向农业生产的智能化机械设备以及新基建的研发投入力度,为农业现代化发展提供技术支撑。其次,加大农业科技研发投入,为数字农业科技研发成果的推广和应用搭建平台,推动农业科技成果在生产领域的转化应用,促进产业链创新链两链融合。第三,健全双层经营体系。首先结合各地区地理特征,强化集体所有制根基,建立符合当地实际发展需要的集体数字农场,改变我国农业发展过程中普遍存在的碎片化经营现状,降低单个农户的经营风险,以形式多样的土地适度规模经营产生的集约化、组织化和高质量现代经营模式推动农业的现代化。其次,培养一批具备数字技术与农业现代化发展要求的新型农业经营主体,实施"互联网+小农户"计划,鼓励小农户向现代生产经营方式转变。同时,通过网络平台为农业生产、经营、消费提供社会化服务,以农业社会化服务的网络化推动经营体系朝着多元化、专业化和组织化方向发展。

三、 推进农业全产业链数字化，推进数字技术与农业农村深度融合

数字农业的发展是农业现代化的核心，农业数字化转型是农业农村现代化的必然选择，数字农业可以促进传统农业向现代农业转型，有助于提升农业生产效率。在推进数字经济赋能农业农村现代化中推进农业全产业链数字化，加快数字技术向农业产业体系、农业生产体系和农业经营体系渗透，推进数字技术与农业农村深度融合，推动农业现代化的实现。一是以数字化推进农业全产业链建设。瞄准农业生产、加工、流通三个关键环节，推动数字经济向农业全产业链的渗透，构建新型农业产业链。加快农业生产智慧转型、促进农产品加工智能转型、引导农产品流通数字转型，提高数字技术与农业农村融合的深度。二是拓展农业农村数字化应用场景。要加快物联网、大数据、人工智能、区块链、5G等现代信息技术在农业生产领域深度应用，突出抓好数字技术在生物育种、粮食生产等重点领域的应用，实现农业生产数字化、农产品加工智能化、农产品市场数字化，打造现代农业经营体系和现代农业产业体系。在此基础上，推动数字经济"纵向"延伸农业产业链，"横向"推动农业与旅游、文化、教育、康养、环保等产业融合，进一步通过数字经济催生乡村新产业、新业态、新模式发展。三是强化数字经济与数字技术与农村产业的深度融合。以数字经济赋能产业链，将数字技术服务贯穿农业生产经营全过程，以产业数字化、数字产业化为主线，以发展智慧农业为重点，聚集资源要素，创新工作机制，加快推动现代信息技术与农业生产经营深度融合。加强农产品产业链的数字化协同、加快供销经营服务网点的数字化改造。推动数字技术与农产品加工、乡村旅游、村落文化等二、三产业结合，延伸农业产业链条。推动新技术、新产品、新服务、新模式嵌入农业全产业链。

四、 补齐农村数字经济短板，弥合城乡数字鸿沟

现代信息网络和技术是发展数字经济的重要载体。但目前我国在技术设施建设和技术方面都存在短板。在新发展阶段数字经济赋能我国农业农村现代化中，要补齐数字技术短板，弥合城乡数字鸿沟：一是推动数字基础设施建设。对农村信息基础网络设施进行改造升级，加强农村大数据基础设施建设，包括农村

千兆光网、5G、移动物联网与城市同步规划建设,提升农村宽带网络水平,推动农业生产加工和农村基础设施数字化、智能化升级。构建农业大数据中心,完善智慧农业大数据平台,强化农业农村现代化大数据平台的应用和服务能力。国家要设立专项资金对农村地区特别是偏远落后地区数字基础设施建设进行重点扶持,降低敌人生产的成本。加快推动农村地区水利、公路、电力、冷链物流、农业生产加工等基础设施的数字化智能化转型,支持遥感监测、物联网、大数据等信息技术在农业生产经营管理中广泛应用。二是加快农业数字技术创新和应用场景建设。加大对农业数字技术研发的投入,加大科技攻关力度,完善农业科技创新机制改革,加快自主研发的步伐,不断提高农业农村现代化的数字技术研发能力和应用水平。利用物联网、云计算、大数据、人工智能技术对农业生产各个环节进行改造,扩大农业数字化技术的应用场景建设,打造农业智能系统,推广农业智能化生产模式,提高农业生产效率和经营效率。三是提升农业农村现代化中的数字经济能力。以消减乡村数字贫困和弥合城乡数字鸿沟的根本出发点和落脚点,提升农业农村现代化中的数字经济能力。包括完善农村数字基础设施服务体系,加快农村宽带通信网、"三农"大数据中心等发展,增强农村数字供给能力。拓宽农村数字获取渠道,提供农村居民的数字素养,提高农村居民、企业、政府、组织等行为主体数字获取能力。推动农业产业体系、生产体系、经营体系数字化改造,实现数字经济与农业的深度融合,强化农业农村现代化中的数字应用能力。四是大力推进数字乡村建设。数字乡村的建设是农业农村现代化的基础,以数字技术为工具,对乡村生产、生活、生态等方面进行数字化重塑是农业农村现代化的基础性工程。要应用物联网、大数据、人工智能等技术手段推进智慧农业发展。加强农民数字素养与技能培训,提升农民在网络应用、信息搜索、数字技术等方面的能力。推动"互联网+政务服务"向乡村延伸覆盖,利用互联网技术提供农产品流通和农村医疗方面的数字化服务。挖掘数字技术在农业生产、农村经济、农民生活等方面的潜力,加强农村通信网络、数据中心、智慧农场等基础设施建设,拓展农业农村大数据应用场景。构建乡村数字治理新体系,实现大数据、云计算等数字技术与乡村治理深度融合,完善"互联网+政务服务"政务服务平台,借助大数据技术搭建以政府为中心的网络治理平台,提升乡村治理数字化水平。

五、打造数字人才队伍建设，拓展农村人的现代化

中国式农业农村现代化的关键是农村人的现代化。坚持以人为本原则，以农民数字素养的提升，推动农村人口结构和劳动力素质的现代化是中国式农业农村现代化的根本体现。第一，依托信息技术，实现由传统农民向现代农民的转变。首先，利用信息平台，双管齐下，多渠道加大农民继续教育和数字农业技能培训，综合提升农民的科学文化素养和数字素养。一是有关部门要围绕农业数字化生产的基本需求，指派技术人员下乡对农民进行专业指导，提高农民数字化"新农具"应用水平和管理能力。二是结合农村居民文化程度普遍不高的事实，开发具有地方特色、通俗易懂、适合当地农村居民的文化课程，具备一定的文化水平是掌握数字技术的前提。其次，聚焦数字经济引发的市场变化，以贯彻数字化新理念为宗旨，针对农村地区开发适合农民生产生活的集网上办事、电商物流、平台运营、直播带货等技术模块为一体的综合性通俗版软件，有利于农民尽快掌握数字技术并开展生产生活。再次，合理利用信息网络引导农民从传统生活方式向科学、文明、健康生活方式转变，实现以数字经济推动农民生活方式的现代化。第二，利用先进技术为农业农村现代化储备人才。首先，当地政府要积极与农业大学和具有涉农专业的高校开展合作，着重培养一批既懂农业知识，又懂数字技术的新农人，真正热爱农业，善于经营和管理，愿意扎根农村，为农业农村现代化储备一定的人才基础。其次，加大对村党组织书记和新型农业经营主体带头人的数字技能培训。依托当地高校、企业、科研院所，注重农村地区领导干部的数字素养提升，指派专业技术人员针对领导干部，举办定期培训，着力打造一批具有领导农业强国建设能力和中国式农业农村现代化建设能力的数字化基层管理人才。

六、夯实基层治理数字化转型，拓展农村治理的现代化

农村治理现代化是国家治理现代化的基石，是中国式现代化的重要组成部分，也是我国当前全面深化改革的一个主要目标。第一，借助数字技术驱动农村治理从传统治理向现代治理转型。首先，通过现代信息技术，加大宣传效果，转

变乡村治理理念，提升农民对农村治理数字化转型的认可。其次，扩大数字技术在农村基层的融合应用，建立集"智慧服务""智慧党建""智慧社区"等模块为一体的农村基层治理平台，实现对农村治理内容的全覆盖，提升治理效能。再次，通过数字技术实现基层政府的数字化转型。建立以基层政府的服务平台和监督平台等为内容的政府治理平台，一方面能够打破村与村之间的沟通壁垒，形成乡村之间的数据联通，降低政府调集资源的成本，达成政府间协同治理新局面；另一方面便于快速进行数据采集和分析，并及时响应，从而实现精准治理。第二，借助互联网平台完善党组织领导的自治、法治、德治相结合的乡村治理体系，打造农村多元治理监督格局。现代信息技术的运用不仅为村民提供了交流和表达意见的渠道，激发了农民参与基层自治的积极性，也为乡村法治规则规范的制定和执行提供了技术支持，拓宽了乡村法治规则的供给方式，有利于农村基层治理法制化道路的推进，也有益于村务政务的及时监督和处理，进一步开拓了乡村德治的弹性空间。

第五节
数字经济赋能中国式农业农村现代化的政策取向

数字经济与新技术的结合已成为中国式农业农村现代化的新动能，数字经济背景下的中国式农业农村现代化是以农村人口的现代化为核心，以农村生活的现代化为基础，以农村产业的现代化为保障，以农村治理的现代化为抓手，通过数字经济激发中国式农业农村现代化的内生动力，加之政策配套和制度保障的外部推力，合力推动中国式农业农村现代化迈上新台阶。

一、健全数字化转型的投入支持体系，巩固中国式农业农村现代化的要素保障

在数字经济背景下，以农业农村的全面数字化转型推动中国式农业农村现代化发展，必须优化农业农村的要素投入结构，把更多资源配置到农业农村数字化转型、农业技术创新、农村生态保护等领域，健全适合数字经济背景下农业农

村发展新特征的投入支持体系。在资金投入方面：一是提高土地出让收益用于农业农村的比例，持续加大对农业农村现代化的投入力度，优化农业农村投入结构，将更多的政策支持投入数字乡村建设、数字农业建设等重点领域，同时坚持农业和农村的数字化发展协调并重。同时优化调整农业补贴方向，各地区结合区域发展实际，设立数字农业专项补贴，对符合条件的与数字农业相关的设备进行重点补贴。二是建立差异化现代农村金融服务体系及农村金融监管体系。合理引导社会资本和金融资本参与农业农村建设，发展数字普惠金融，创新金融产品，围绕数字农业农村开发专项信贷及保险产品和服务，增加农村信用贷款，以市场化方式探索创立数字农业和数字乡村建设基金。在人才投入方面：首先需要解决与数字化转型相匹配的人才问题。一是建立人才引进机制，聘请一些专职或兼职的既懂治理又懂数字技术的专业人才，同时，通过完善的社会保障制度、考核制度和激励机制吸引外出的大学毕业生、农民工、企业家人才回流，为农业农村现代化提供技术支撑。二是建立人才培养机制。地方政府通过与大专院校合作，定期开展信息化操作专题实践班，提高村干部和村民的数字素养以及运用信息技术的能力，以本土化人才的培育夯实中国式农业农村现代化的人才基础。

二、构建农村产业数字技术创新体系，激活中国式农业农村现代化的内生动力保障

在科技革命与产业变革浪潮下，以数字技术创新体系建设激活农业农村内生发展动力，是实现乡村振兴的内在要求，也是建设中国式农业农村现代化的必然选择。一是建立农业科技创新机制。借助物联网、人工智能、大数据等信息技术对农业进行数字赋能，加快农业领域重大创新平台建设。鼓励农业科研单位、农业企业利用数字技术加速农业机械关键技术创新和应用，推动农业技术研发和推广，实现农业科技与农业生产深度融合，提升农业科技水平，促进农业发展动能从"要素驱动"向"创新驱动"转变。二是建立农业科技成果转化机制。构建农业科技成果展示、交易、推广平台，积极推进科技成果转化，将科技成果融入农业产业链各环节，以科技成果转化促进产业链各环节之间有效衔接，提升农业国

际竞争力。三是建立农民收益保障机制。依托信息技术推动农业科技创新和管理制度创新，充分挖掘各地乡村特色资源，以消费者需求和体验为导向，多元化开发和创新"土特产"和"农业＋"产品，拓展并发挥农业附加生态价值及文化休闲价值，发展新产业新业态，完成与全国人民消费层次在更高水平上的匹配和对接。利用现代信息技术有效推动农村资源优势向经济优势转化，切实将农村生态资源转化为经济效益，在资源转化中保障农民收益，拓宽农民增收致富渠道。

三、建立农村数字化治理体系，增强中国式农业农村现代化的组织保障

数字经济的有序演化下，借助数字技术破解农村治理体系和治理能力滞后于社会发展的困境，推进乡村社会的高质量发展，是实现中国式农业农村现代化的必要手段。一是建立乡村治理数字创新机制。首先，村党组织需要帮助农村居民完成思想意识上的转变，明确现代信息技术是优化乡村治理的重要手段，要从思想上真正接受新事物，具备一定的创新精神。其次，推动信息技术与农村经济、社会、政治、文化各领域的深度融合，拓展技术应用场景，以数据基础改革基层治理流程和服务，完善城乡信息一体化系统，实现乡村治理与城市治理并行接轨。再次，依托互联网，打破乡村之间的壁垒，促进乡村间的交流合作，形成合作治理模式。二是建立协同治理机制。首先，建设网上服务型政府，以数字服务完善党组织领导的自治、法治、德治相协同的乡村治理体系。其次，以数字联通重塑农村社会关系，激活村民参与治理的积极性，构建多主体协同治理模式。数字技术的运用，极大地拓展了信息的流动范围，降低了乡村自治、法治、德治以及多元主体参与乡村治理的信息成本，方便建立法治环境，简化了乡村治理过程中的服务流程，村民接收处理信息更加快捷，便于接受法治教育和德治约束，增强村民自治、法治、德治的适应性。三是建立治理信息共享机制。通过数字技术促进乡村治理各领域的全流程信息共享，以乡村治理全流程数字化建设，一方面能够增进多元主体之间的交流和互动，有利于化解农村基层矛盾及突发危机风险；另一方面能够吸引多元主体共同参与乡村治理全流程监督，促进乡村治理行为规范和社会秩序稳定。

四、完善数字化转型的政策支撑体系，为中国式农业农村现代化提供制度保障

在数字经济背景下，要实现农业农村现代化，还需要政府进一步做好以数字化转型推动中国式农业农村现代化的政策配套和制度保障建设。一是建立农业农村数字化转型的政府间互动机制。首先从国家层面强化顶层设计，编制数字农业发展战略规划，合理开展数字农业试点。建立健全数字乡村治理的相关政策框架，尤其针对数字乡村建设进程中的难点、痛点问题，探索本质，出台相应的支撑政策，有的放矢，开准药方，彻底解决症结。其次从地方层面建立与国家规划上下衔接的互动机制。各地县级政府需要在国家顶层设计的政策框架下，结合当地县域发展实际，制定详细的数字农业和数字乡村发展规划及实施方案。乡镇政府带领村级干部重点负责对上级规划的落地和实施。二是建立农业农村数字化的政策保障机制。首先，坚持完善乡村市场体系，处理好政府与市场关系的基础上，加大在公共资源配置上对农业农村的倾斜力度，对数字化涉农基建进行合理的政策性托底，提升农业农村数字化改造效率。其次，给予农业农村数字化发展更多的政策空间，充分发挥政府支配和市场调节的双重驱动作用，给予农民在生产经营、环境治理、文化传承、生活改善等方面数字要素运用上同等的政策支持。再次，以数据安全为目标建立城乡统一的数字要素管理制度，规范要素使用和交易规则，尤其注重针对农业农村的数据资源管理体系建设，做好数据保密工作。

五、完善保障支持系统，提高数字经济赋能农业农村现代化的支撑保障能力

数字经济赋能农业农村现代化涉及多方面因素，是一项系统工程，需要完善保障支持系统：一是完善数字经济赋能农业农村现代化的制度保障。深化农村土地制度改革，释放数字经济对农业生产的作用活力。推进农业农村现代化发展农业产业首先要解决农业用地问题。数字经济在促进农业产业发展过程中具有规模经济的作用，当产业规模达到一定程度之后，能够实现边际收益递增。土

地作为农业生产中最基础的要素,也有其规模经济效应。然而由于我国现有土地制度的限制,难以充分对土地资源进行整合。因此,要想进一步释放数字经济对农业生产的作用活力,需进一步深化土地制度改革。深化土地改革的关键在于"稳",必须以稳为首,稳步进行探索推进。首先要在保障农业产业发展和建设用地的基础上将现有闲置的农村集体建设用地进行盘活。二是完善数字经济赋能农业农村现代化的人才保障。培养农村数字人才队伍,支撑农业农村现代化。农业农村现代化过程也是农业从业者现代化的过程。但目前我国农业从业人员数量短缺,农村劳动力难以符合数字经济下农业发展对劳动力的要求。一方面,通过利用数字技术改造农村传统产业,吸引更多的劳动者留在农村或者返乡就业创业。另一方面,要积极在各地区开展线下数字经济方面的知识普及,普遍提高涉农从业人员对数字经济和农业农村现代化的认识和应用水平。尤其是加强对农民信息素养的培训,形成多层次、类型丰富的现代高素质农民培育体系,培养出一批懂技术、懂市场、懂管理的数字化经营主体。三是完善数字经济赋能我国农业农村现代化的数字化平台保障。数字经济赋能农业农村现代化的本质是要以数据要素为基础的要素配置驱动农业农村数字化,以信息网络为媒介的要素配置驱动农业农村网络化,以人工智能为辅助的要素配置驱动农业农村智能化。而其关键在于利用数字经济平台推进农业农村现代化,搭建智慧农业服务平台,促进农业生产、流通、运营等各环节与信息技术有效融合,强化农业科技信息服务。完善乡村电子商务平台,提升农产品销售效率,构建高质量乡村数字流通体系。

六、加强财政金融支持,拓宽数字经济赋能我国农业农村现代化的融资支持

数字经济同农业融合发展的过程中通常需要大量的现代信息技术和高科技智能化设施装备予以支撑。但这些设施装备,不仅售价昂贵,有较高购置成本,而且长期保养维护也需要较高资金投入。这些大量资金需求造成了数字设备的投入门槛。因此,需要加强财政金融支持,拓宽数字经济赋能我国农业农村现代化的融资渠道:一是需要政府加强对数字经济赋能我国农业农村现代化财政资

金支持,加大农村数字基础设施财政补贴力度,加大财政支持农业生产数字化、农业经营数字化、农业管理数字化和农业服务数字化。同时通过财政奖补、项目扶持、贷款贴息等方式加强财政对农业关键核心技术攻关的支持、支持建立农业数据信息共享平台,对专业技术人才的扶持,对农村电子商务发展的支持力度。二是引导社会资金支持数字经济赋能我国农业农村现代化。单靠政府财政支持,会给政府财政带来巨大压力,要拓宽融资渠道,盘活农村现有存量资本,鼓励和引导社会资本投资于数字经济赋能我国农业农村现代化。探索实施 PPP、产业链金融等多元化融资模式,破解经营主体融资难问题,为农业产业链、价值链向中高端迈进提供资金保障。三是推动数字普惠金融与数字经济赋能我国农业农村现代化等战略实施协同发展。发挥数字普惠金融在识别融资需求、降低融资成本、服务小微信贷等方面的优势,运用数字化技术提高普惠农村金融的服务质量,健全多层次、广覆盖的现代农村金融服务体系。健全适合数字经济赋能农业农村现代化特点的农村金融体系,推动农村金融机构把更多金融资源配置到数字经济赋能农业农村现代化的重点领域和薄弱环节,深化实施金融科技赋能农业农村现代化,利用数字技术改善农业农村现代化普惠金融服务。

第九章
数字经济赋能中国式服务业现代化

党的二十大报告提出加快发展数字经济，促进数字经济和实体经济深度融合，打造具有国际竞争力的数字产业集群。二十届三中全会提出要完善发展服务业体制机制，完善支持服务业发展的政策体系。改革开放以来，服务业在我国经济中的占比逐年递增，随着中国入世和经济全球化进程的推进，我国服务业的发展已然迈上了新的台阶。当前，服务业作为我国现代产业体系的重要组成部分，服务业的现代化发展已成为中国式现代化发展的一大战略重点。随着大数据、人工智能等新一代信息技术的诞生和应用，通过数字经济实现模块化分工、扁平化管理和个性化定制等新模式，带动服务业劳动生产率的提高，推动中国式服务业现代化。

第一节
数字经济赋能中国式服务业现代化的理论机理

随着新一代信息技术革命爆发,数字要素作为一种全新的生产要素加入社会大生产当中,大数据、云计算、物联网、人工智能等数字化技术推动各行各业开启数字化变革,并催生了一系列新兴行业,数字经济已经在我国经济发展中占到了相当大的比重。数字经济可分为产业数字化与数字产业化,前者规模较大,后者赋能广泛。产业数字化是指利用数字技术将现存产业进行数字化升级改造,提升劳动效率,对现有产能增量提质的新业态。数字产业化是指在新一代信息技术的催化下形成的以数据为核心要素,进行数据搜集、处理以及分析的新产业。由产业数字化与数字产业化催生的数字经济新模式、新业态得到愈加广泛的应用,并对服务业产生深远的影响,积极驱动中国式服务业现代化。

一、产业数字化促进生产性服务业集聚化

实现生产性服务业集聚化发展的核心在于以集聚化发展为手段,提升生产性服务业的生产效率,实现生产性服务业的规模效益和特色发展,而当前生产性服务业的集聚化发展面临着三重困境:其一,集聚化发展将带来市场摩擦,引起交易成本的上升,包括寻找交易对象所引起的搜寻成本、为获取交易对象相关信息以及同交易对象沟通所产生的信息成本、签订合同前的议价成本以及签订合同后的监督成本。其二,集聚化发展将促进企业合并,推动企业规模不断扩张,管理层级愈加臃肿,使得企业内部的组织成本上升,并降低企业内部信息传递效率,乃至影响企业整体的生产效率。其三,集聚化发展受地理空间总体有限性的限制,当生产要素密度过高就会产生拥塞效应,导致城市内企业群运输成本、生产成本和管理成本上升。产业数字化的本质为技术赋能,将数字化改造渗透到整个产业的生产活动中去,可通过数字要素降低交易成本,通过扁平化管理降低组织成本,通过平台化协同加强虚拟集聚,破解生产性服务业集聚化发展困境,提升生产效率,实现规模效益和特色发展。

产业数字化将数字要素这一新兴生产要素融入企业生产的各个环节,增强了信息的资源属性。数字要素脱胎于传统的信息要素,其战略价值得到提升,成为企业的核心生产要素之一。数字要素相较于传统信息要素对交易成本有更为显著的降低作用。随着信息流的爆发式增长,传统的信息处理方式需要消耗大量的资源与时间,会产生多余的信息甄别成本,效率低下。数字要素辅以大数据、人工智能等数字化技术,能够在降低交易对象相关信息获取难度的同时提升信息处理效率,智能化甄别有效信息,大幅降低搜寻成本与信息甄别成本。另外,产业数字化还推进了企业间的信息公开化程度,降低了同交易对象沟通所产生的信息成本、签订合同前的议价成本以及签订合同后的监督成本,整体降低了市场摩擦带来的交易成本。

产业数字化以全新的扁平化模式,在满足企业规模扩张需求的基础上,实现高效管理,提升生产效率。我国传统的企业组织形式为科层关系,信息经由多部门传递后下放至基层部门,随着企业规模扩张,传递层级必然逐层增加。传递层级的增加将带来信息传递成本增加、信息传递效率降低、信息传递质量下降等多方面影响。产业数字化带来的扁平化模式能够降低信息传递成本、提升信息传递效率、保障信息传递质量。一方面,产业数字化利用数字要素辅以云计算、大数据等技术,实现了信息实时传输与同步上传,重构企业组织形式,去层级化的同时又降低了企业监督成本。另一方面,产业数字化利用人工智能实现信息传递脱离人工操作,有利于降低信息传递偏误,保障信息传递质量。如此,扁平化组织形式既实现了企业管理效率提升,又降低了企业的组织成本,使得企业得以突破企业原有规模边界,扩大企业发展空间。

产业数字化催生平台经济,促进网络虚拟集聚的发展模式,降低集聚化发展带来的拥塞效应。产业数字化的推行推动生产性服务业进行数字化改革,催生统筹协调行业数据的平台经济模式。平台经济模式运作的本质是通过网络将个人与企业链接,使其能够进行自主价值交易,平台规模源于发掘企业外部网络的能力。平台通过将各企业生产相关数据上传至互联网,形成行业数据交流平台,最大化激发数字经济网络外部性的优势,形成驻扎于互联网的虚拟网络集聚模式。相较于传统的地理空间集聚模式而言,虚拟网络集聚的优势在于运用互联网平台即可将供求双方直接联系在一起,弱化了传统集聚模式地理空间关联的必要性,成功地在规避地理空间集聚导致交通拥堵、土地租金以及管理成本上升等缺点的同时,保留了集聚发展的规模效益、协同配合的优点。产业数字化将引导企业从原先地理空间集聚模式,向以数据和信息实时交换为核心的网络虚拟集聚模式转变[①],降低集聚化发展带来的拥塞效应。

二、数字产业化推动生活性服务业高端化

实现生活性服务高端化发展的核心在于以高端化发展为目标,促进服务业产业结构优化,生活性服务业的高端化发展面临着三重困境:其一,国内现存部分中高端需求存在严重的供给盲区,缺乏对市场长尾需求的有效供应,且文化内涵和服务体验不足,影响生活性服务供给层次和质量的提升。其二,生活性服务业高端供给创新不足且缺乏规范,导致高端服务业难以实现对潜在服务需求的激发、引导,不利于高端服务业可持续性发展,并进一步对生活性服务业产业结构升级和生活性服务业服务质量、品牌特色与国际竞争力的提升造成负面影响。其三,生活性服务业普遍存在品牌效应低下、服务质量参差不齐、服务内容同质化严重等问题,缺乏个性化、定制化和精细化服务,不利于生活性服务业高端化发展与产业结构升级。数字产业化的运作模式为对众多数据进行搜集、筛选、整理、分析,以形成具有价值的数据产品进行出售,形成一片盘根错节的数字产业网,可通过数字要素赋能促进服务范围扩张,通过数字要素搭建数字平台,实现服务方式创新与行业规范化发展,通过刺激个体经济推行个性化服务,赋能生活性服务业高端化发展。

数字产业化形成的新产业可通过数字要素拓宽服务范围,降低生产者与消费者之间的信息差,并利用数字要素增强生活性服务业中的文化内涵与服务体验。一方面,数字产业可对数字要素进行智能化甄别,利用数据分析扫清高端服务供给盲区,将资本要素、劳动力要素、技术要素等现有生产要素进行计划性重组,充分挖掘市场长尾需求与潜在需求,提高现有资源利用率。由于数据分析过

---

① 王如玉、梁琦、李广乾:《虚拟集聚:新一代信息技术与实体经济深度融合的空间组织新形态》,《管理世界》2018年第2期。

程完全建立于预设的算法逻辑之上,能克服由个人的"有限理性"和"理性无知"对分析结果产生的主观性影响[①]。另一方面,数字产业也可利用数字要素复制成本较低、传递效率较高的要素特点,实现传统文化元素的数字化整合。如将传统文化元素与旅游、餐饮、住宿等生活性服务业的数字化融合,拓展云旅游、云文化馆、城市文化宣传码等多元化应用场景,弥补生活性服务业服务体验有所欠缺的不足。诸如此类的数字化产品具有可观的消费潜力,可助力开辟包括高端服务在内的广阔市场空间。

数字产业化可通过数字要素搭建平台,实现服务方式创新与行业规范化发展。数字产业相较于传统产业的优势在于其以数字要素为核心的运作模式,通过数字技术将网络空间中庞杂的信息进行收集与整合,利用大数据、人工智能等数字技术进行甄别处理后,数字产业作为数字要素的主要占有者,便具备了先天性的平台信息优势,其作用也将从辅助其他产业发展转化为基于平台信息优势的战略规划。一方面,数字产业将通过数字平台实现平台内资源的高效调动,服务对象也将从固定消费群体扩展到平台消费群体,扩展服务面。另一方面,平台经济可提供平台环境作为基础设施,使附加产品或服务实现互补创新,在创新服务方式的同时,补足服务供给凝聚有效性不足的短板,达成服务需求量的飞跃。另外,数字平台可建立数据估计模型,通过数字要素分析发现行业发展的潜在问题,及时预警并完善行业服务漏洞,及时加强行业规制,提升服务供给质量,通过平台特色构建弥补品牌特色不足的缺点,提升国际竞争力。

数字产业化促进个体经济数字化改革,提供个性化、定制化、精细化服务。数字产业化开启了连接网络化和去中心化沟通的新时代,促使信息范式完成的根本性转变。分布式网络产生的新型的沟通方式极大丰富了个体的信息获取渠道,摒弃了过去集中化、等级化、自上而下的机构主导式信息范式,并进一步促使经济价值创造的源头发生巨大的转变。除企业外,消费者也开始参与到价值创造过程中,价值链开始碎片化、网状化,促进新型规模效应产生。传统规模效应是企业内部资源投资和成长的结果,而数字经济规模效应则基于网络外部性的

---

① 肖旭、戚聿东:《产业数字化转型的价值维度与理论逻辑》,《改革》2019年第8期。

优势。信息范式、价值创造、规模效应的改变合力揭开了个体经济数字化改革的篇章,使得个体经济在数字经济时代实现了网络空间上的化零为整,在保留个体经济多样化、个性化、特色化特点的同时,借助信息范式革新降低了信息资料的获取难度和入行门槛,通过数字平台参与价值创造并形成数字经济规模效应,实现大规模个性化服务的供给,促进生活性服务业高端化发展。

三、数字经济促进服务业合理化发展

服务业合理化发展的核心在于以劳动生产率为导向,提升传统服务业现代化水平。我国服务业合理化发展面临着三重困境:其一,服务业规模困境。根据发达国家的经济发展规律,当国家经济增长速度放缓,经济面临下行压力时,服务业将切换为经济增长的主要动力,逐步实现"四个70%"[①],当前我国服务业规模尚有所欠缺,服务业整体发展水平落后于经济发展水平。其二,服务业效率困境。我国传统服务业服务质量有待提升,致使相较于现代部门而言,传统服务业劳动生产率较为低下,具有一定滞后性,对服务业各部门协同发展具有负面影响,掣肘服务业整体效率的提升。其三,服务业结构困境。我国劳动密度高、价值附近率低的服务业占比较重,人才要素、知识要素密度较高的高端服务业与生产性服务业优势不够突出,服务业结构有待优化,服务业作为经济增长核心动力的作用尚未发挥。

数字经济推动传统服务行业降成本、提效率,助力服务业规模扩张与效率提升。改革开放以来,我国凭借人口红利与后发优势,实现了长达数十年的经济高速增长,但同时也对行业可持续发展遗留暗疾。我国可观的劳动力资源禀赋在促进经济增长的同时,也让行业发展对劳动力数量产生依赖,忽略生产效率提升对经济可持续发展的重要性。随着用人成本不断提升,我国人口红利渐渐淡去,这对劳动力要素密集程度较高的传统服务业造成沉重打击,限制了服务业的规模扩张,而以5G、大数据、人工智能、物联网为核心的新一代信息技术革命带来的技术进步可有效降低人力成本,提升生产效率。传统人工智能通过知识工程

---

① 即服务业增加值占GDP的比重达到70%左右,服务业从业人员占社会各行业总从业人员的比重达到70%,经济增长的70%来自服务业增长,生产性服务业占服务业比重达到70%。

师通过逻辑推理将知识提炼，设定大量规则，编入系统架构，通过巧妙的编程实现类似人工智能的效果，但随着规则集的增大，规则之间的不良交互不断增加，导致成本递增。新型人工智能以统计学家、神经科学家和理论物理学家开创的概率模型为主导，通过观察和实验的实证研究法，推出基于神经网络运行的人工智能。区别于传统人工智能，基于神经网络运行的人工智能可以通过多层次的深度学习实现自主学习，通过机器学习归纳统计特征，进行针对性完善，成功规避传统人工智能使用成本会随规则集的增大而递增的缺点。一方面，当机器生产技术不断完善，专业机器的生产成本将逐步降低，直至与人力成本相比具有优势，即可有效降低生产成本，破除服务业规模困境。另一方面，随着投入市场时间的增加，利用大数据收集的用户反馈将被高速率实时上传至云端，通过基于神经网络运行的人工智能进行分析改进，通过物联网实现整体性逻辑改进，提升机器服务整体质量，提升传统服务业效率，破除服务业效率困境。

机器向市场的投放与使用将对就业市场产生双重影响。一方面，对于需要机械重复、附加值低以及工作环境对人身安全构成一定危险的工作，将逐步被搭载人工智能的机器所取代，将这部分劳动力解放出来，为其他劳动生产率、价值附加率更高的岗位提供劳动力要素供给。另一方面，与机器学习、人工智能开发相关的行业将出现新产业与新业态，产生创新要求高、附加值高、知识密集程度高的新岗位，传统相关岗位也将进行转型与创新。人工智能在取代一部分工作岗位的同时，也创造了一系列新岗位，在资本化效应影响下，企业纷纷进入需求和生产力较高的产业。最终来看，搭载人工智能的机器投放市场产生了大量更为优质的就业岗位，提升了生产效率，破除了包括传统服务业在内的传统部门的规模困境与效率困境，足以抵消经济转型带来的毁灭性影响。另外，随着数字经济的发展，一方面，数字经济将通过产业数字化促进生产性服务业集聚化发展，通过数字产业化推动生活性服务业高端化发展，塑造服务业现代部门优势。另一方面，数字经济凭借人工智能、平台经济等新技术、新模式的应用，破除传统服务业带来的效率困境，弥补服务业传统部门不足。此消彼长，即可破除服务业结构困境。

第二节
数字经济赋能中国式服务业现代化的方向

服务业自改革开放以来,由封闭逐渐走向开放,由内嵌辅助转向独立专业,服务业开放性、独立性、专业性的提升为其带来了分工深化、效率提升、规模扩大等显著变化。服务业作为渐进式改革的成功案例,其发展历程分为初始、萌发、增长三个阶段。在改革开放初期,即服务业发展初始期,国内服务业受经济条件限制,服务消费比重较低,受重视程度较低。1978 年,服务业增加值仅为 905.1 亿元,服务业增加值占国内生产总值的比重仅为 24.6%,服务业就业人数更是仅占劳动力总数的 12.2%,而服务业劳动生产率仅为 0.18 万元/人。随着改革开放轰轰烈烈的开展,国门初开,外资逐渐进入我国市场,受当时认知层面的影响,服务业开放程度并不高。1992 年,服务业发展正式进入萌发期,此时服务业增加值已为 9668.9 亿元,服务业增加值占国内生产总值的比重已为 35.6%,就业人数占比也提升至 19.8%,劳动生产率提升至 0.73 万元/人。党的十四大和十五大分别提出"我国经济体制改革目标是建立社会主义市场经济体制""有步骤地推进服务业的对外开放",以此鼓励服务业改革开放,打破封闭运行现状,服务要素开始活跃于国际流动,境外资本纷纷试水我国市场[①]。2001 年 12 月 11 日,我国正式加入世界贸易组织,受全球化影响进一步加深,我国服务业发展也正式迎来增长期。此时服务业增加值已为 45700 亿元,服务业增加值占国内生产总值的比重已为 41.2%,就业人数占比也提升至 27.7%,劳动生产率更是达到 2.26 万元/人。全球化分工对国内企业的传统组织分工理念造成冲击,分工理念的贯彻以及国外先进技术的引入让国内服务业的生产效率大幅提高,服务业产业结构愈加精细化。2022 年服务业增加值 638698 亿元,服务业增加值占国内生产总值比重为 52.8%,服务业对国民经济增长的贡献率为 41.8%,拉动

---

① 夏杰长、姚战琪:《中国服务业开放40年——渐进历程、开放度评估和经验总结》,《财经问题研究》2018 年第 4 期。

国内生产总值增长1.3个百分点,服务业发展取得了巨大就成。然而,由于我国是凭借劳动力成本低下的相对优势才融入了国际分工体系,出口导向的战略部署使我国不可避免地陷入了全球价值链的低端陷阱中,在产业链分工中更是处于中下游位置。一方面,出口导向的战略安排充分发挥了我国的后发优势,国际分工与跨国公司带来的知识外溢及时填补了我国在很多生产领域的空白;另一方面,出口导向的战略安排使得外企挤占了本土企业的生存空间,限制了本土企业的发展上限,且此时的国内生产以外企的生产需求为导向,不利于国内需求的激发。在构建"双循环"新发展格局的重大战略背景下,当前国内服务业存在的突出问题在于完成发展战略由出口导向到内需主导的转变,激发国内市场潜力,通过产业结构优化与转型升级带动经济持续增长,充分吸纳就业,实现高质量发展,构建以国内大循环为主体,国内国际双循环相互促进的新发展格局。

大力推动数字经济与现代服务业深度融合,以数字经济赋能中国式服务业现代化,是顺应新一轮科技革命和产业变革、推动服务业高质量发展的必然要求。当前数字经济赋能中国式服务业现代化总体方向为促进生产性服务业集聚化和生活性服务业高端化,并提升传统服务业现代化水平,保障服务业结构合理化。在中国式服务业现代化过程中,必须推行塑造优势与补齐短板双管齐下。一方面,当前我国服务业劳动生产率虽在稳步提升,但仍低于第二产业,故中国式服务业现代化需要针对服务业内劳动生产率较高的产业进行进一步拔高,即促进数字经济赋能生产性服务业集聚化和生活性服务业高端化,为我国服务业攀登国际价值链上游拓宽道路。另一方面,服务业的传统部门劳动生产率虽落后于生产性服务业和高端服务业等现代部门,但其所占比重较大且发展年代久远、根基深厚,在我国经济高质量发展道路上起着举足轻重的作用。因此,数字经济赋能中国式服务业现代化也要推动传统服务业现代化发展,降低传统服务业劳动生产率的滞后性,保障服务业合理化发展。在总体方向下中国式服务业现代化的方向可以分解为:

一、数字经济促进生产性服务业集聚化

生产性服务业在分工细化的过程中从制造业内部单独分离出来,包括商务

服务、金融服务、信息服务、生产性支持服务等,因其知识、技术、信息等要素相对密集,故劳动生产率相对较高。改革开放以来,生产性服务业增加值占 GDP 的比重总体呈现出上升趋势,已成为推动我国经济可持续增长的重要力量,且生产性服务业 TFP 对 GDP 的贡献率超过第二产业,并始终高于生活性服务业[①],是中国式服务业现代化的重中之重。《国务院关于加快发展生产性服务业促进产业结构调整升级的指导意见》中强调,因地制宜引导生产性服务业在中心城市、制造业集中区域、现代农业产业基地以及有条件的城镇等区域集聚,实现规模效益和特色发展。这一指导意见明确了我国生产性服务业集聚既是中国式服务业现代化的一大要点,也是农业、制造业升级的重要依托。刘奕等已证实生产性服务业集聚,特别是支持性服务业的有效集聚与制造业升级之间存在高度关联、融合促进的动态内在联系[②]。目前,我国已经成全球制造业体系最为完备的国家之一,国内中国式服务业现代化的核心之一在于数字经济赋能生产性服务业提高集聚程度,通过集聚带来的创新效应、竞争效应和规模经济效应破解农业、制造业生产效率有待提升的窘境,带动我国农业与制造业在全球价值链治理体系下向中高端跃升,推动农业现代化与制造业服务化转型。农业、制造业效率的优化提升将为行业核心技术研发投入提供更为充足的人力物力支持,保障农业现代化发展与国内粮食安全,并为实现高质量发展拓宽道路,挖掘更多的国内生产需求,反哺生产性服务业的发展。数字经济赋能生产性服务业提高集聚程度,提高服务业全要素生产率,推动产业链、供应链、价值链优化升级,培育数字化服务业的新业态、新模式、新动能。

二、数字经济赋能生活性服务业高端化

生活性服务业即满足居民生活消费需求的服务活动,以餐饮、旅游、地产等为主导产业,面向最为庞大的消费者群体,是消费结构升级和中国式服务业现代化的重要方面,也是经济可持续增长的重要推动力量。当前,生活性服务业发展水平总体落后于生产性服务业,且存在低端无效供给过剩、高端有效供给不足的

---

① 李平、付一夫、张艳芳:《生产性服务业能成为中国经济高质量增长新动能吗》,《中国工业经济》2017 年第 12 期。
② 刘奕、夏杰长、李垚:《生产性服务业集聚与制造业升级》,《中国工业经济》2017 年第 7 期。

问题。生活性服务业的服务质量关乎人民群众日常生活质量,是改善民生福祉、满足人民群众对美好生活需要的重要抓手,生活性服务业现代化的方向在于推动生活性服务业高端化发展,提升劳动生产率,保障服务质量。生活性服务业高端化的实现可实现服务业的产业结构优化,补足我国在服务业高端领域的不足,有利于挖掘国内生活需求。实际上,生活性服务业凭借着我国庞大的需求市场,其本身具有很大的发展潜力与独特优势。一方面,国内市场有利于规模效应的形成,为本土生活性服务业提供优渥的发展条件,还可更进一步对国际资源形成虹吸效应,吸引国外企业为满足国内需求提供优质服务;另一方面,国内市场由于参与主体众多,有利于竞争效应的形成,并可借此激发服务业创新意识,实现服务供给多样化。既有利于契合当前的个性化定制潮流,也有利于避开发达国家的同质竞争,从而攀升全球价值链的高端环节,实现产业结构优化[①]。随着移动互联网、云计算、物联网等新一代信息技术的普及和发展,数字技术有效推动了生活服务业的数字化建设。因此,我国生活性服务业具有实现高端化发展的条件与实力,可凭借高端服务业进一步深挖国内生活需求,为解决人民日益增长的美好生活需要和不平衡、不充分的发展之间的矛盾提供思路。以数字经济赋能生活性服务业高端化发展,要以数字化技术为支撑,以服务模式创新拓展服务范围,推动实体生活圈与数字生活圈相结合,满足居民在家更多消费需求。加快数字技术在生活性服务业的融合应用,支持生活性服务业新业态发展,带动生活性服务业整体数字化转型。

三、数字经济提升传统服务业现代化水平

服务业各部门的劳动生产率存在显著差异,其中传统部门的劳动生产率表现出较强的滞后性,并对服务业的结构合理化造成负面影响。传统服务业相较于生产性服务业、高端服务业等产业,具有行业附加值率低、劳动密集程度高、知识密集程度低等显著区别,且我国传统服务业目前所占比重偏高。由于服务业传统部门劳动生产率提升的滞后性,国服务业合理化水平存在下降趋势,服务业结构逐渐偏离均衡状态。中国式服务业现代化应构建各部门协同发展的产业结

[①] 凌永辉、刘志彪:《中国服务业发展的轨迹、逻辑与战略转变——改革开放40年来的经验分析》,《经济学家》2018年第7期,第45—54页。

构,保障服务业合理化发展。在促进生产性服务业集聚化与生活性服务业高端化的过程中,若现代部门劳动生产率稳步上升,而传统部门的劳动生产率未实现及时跟进,则会由于传统部门产出效率的滞后性导致服务业结构的失衡,传统部门将掣肘我国服务业劳动生产率进一步提升。因此,传统服务业现代化对于提升劳动生产率、协调各部门统筹运作、优化服务业产业结构、推动中国式服务业现代化具有重要作用。中国式服务业现代化应以数字经济提升传统服务业现代化水平为牵引,加大数据、信息、知识、技术以及人才等现代生产要素在传统服务业中的投入力度,加快服务业供给侧全链路的数字化,推动中国式服务业数字化。特别是要实现数字经济赋能中国式服务业的现代化,加快传统服务业数字化转型进程,实现服务业与数字化的融合发展,推动服务业的平台经济、共享经济等新模式、新业态的发展。推动传统服务业与数字经济的深度融合,提升现代服务产业发展层次、创新能力和管理水平,利用互联网新技术新应用对传统服务产业进行全方位、全角度、全链条改造,重点推进商贸、物流及仓储等传统服务业与大型网络平台的对接以及与互联网技术的深度融合。促进传统服务业创新效率提升,提升传统服务业的数字化和现代化水平,推动中国式服务业的现代化。

第三节
数字经济赋能中国式服务业现代化的路径

基于数字经济赋能中国式服务业现代化的理论分析,数字经济赋能中国式服务业现代化存在以下四个方面问题。一是数字经济赋能服务业进程方面,数字经济具有网络外部性的特点,参与者越多产生的经济效应就更为显著,而参与者的多寡往往与数字化开启时间的先后挂钩,服务业数字化改造刻不容缓。二是数字要素使用规范方面,数字要素的不规范使用容易对消费者的隐私权造成侵害,扰乱市场正常秩序,造成大数据杀熟、垃圾信息骚扰等不良后果,在中国式服务业现代化中应实现数字要素的规范使用。三是数字平台的规范化方面,针对平台的限制手段有待补充。数字产业具有先天性平台信息优势,易对构成平台实体的商家的权益造成侵害,入驻平台的商家相对于平台成为弱势群体,缺乏反抗平台不合理行为的手段。四是人才供应方面,数字经济驱动中国式服务业现代化需要加强数字产业化,加速产业数字化,在核心技术研发、平台主体构建、数字技术应用拓展等方面需要大量各层次人才,我国尚存在较大的人才缺口。解决上述问题既是促进数字经济驱动中国式服务业现代化的实现路径,也是推动中国经济高质量发展的必然选择。针对以上问题,数字经济赋能中国式服务业现代化的实现路径在于:

一、加速服务业数字化改造

从加速数字基础设施建设、提升核心技术研发支持力度、推动数字金融普惠性发展、引导服务业数字化创新四个方面出发加速服务业数字化改造。首先,数字经济赋能中国式服务业现代化的前提在于该企业处于数字经济赋能范围之内,数字基础设施建设覆盖范围的扩张为重中之重。数字基础设施虽边际成本低,但初始建设成本极高,且具有建设周期长、投资大以及外部性的典型特点,只有当其建设规模达到一定边界才能有效发挥作用①。数字基础设施作为基础设施的一部分,政府应当积极充当数字基础设施建设的主体,加速数字基础设施建设,为数字经济发展与中国式服务业现代化提供良好的基础设施环境。其次,数字经济以 5G 网络、大数据、物联网、人工智能等新一代信息技术为核心,核心技术的突破将降低服务业数字化改造的门槛与成本、扩充数字技术在服务业的应用场景、提升服务业数字化改造后的生产效率,核心技术的进步与突破是服务业数字化改造的催化剂。因此,政府应当提升对数字经济核心技术研发企业的政策支持力度,加强相关院校的科研属性建设,拓宽核心技术研发的参与主体,加大对核心技术研发突破的重视程度。再次,数字金融作为数字经济发展过程中的一大创新,具有普惠性与精准性,可提升金融资源配置效率,降低金融门槛,对急需进行数字化改造的传统服务业具有更为显著的作用。政府一方面应积极推动银行的数字化改造,推动数字经济赋能银行体系,加速数字金融普惠性发展;另一方面应加强数字金融管理,设立数字金融监管体系,提高数字金融行业审核标准,实现数字普惠金融的稳定健康发展,平稳推进服务业数字化改造。最后,

---

① 钞小静:《新型数字基础设施促进我国高质量发展的路径》,《西安财经大学学报》2020 年第 2 期。

服务业数字化改造面对的最大难题为引导传统服务业从业主体弄清"为何改"和"如何改"的问题,调动传统服务业数字化改造的主观积极性。具体而言,可进行服务业数字化改造试点,构筑服务业数字化改造推广平台,介绍相关数字技术与应用场景,支持参与企业探索数字经济与传统经济融合发展的新思路,引导企业向数字经济新发展模式转变。

二、推动数字经济与服务业的深度融合

在数字经济背景下,推进服务业现代化意味着服务业发展质的变革,需要推动数字经济与服务业的深度融合。一是提高服务业数字经济的渗透率。数字经济的发展促进了服务业网络化、平台化和智能化,要抓住数字化转型的机遇,不断创新服务业发展的新领域、新业态和新模式,要通过提高数字经济的渗透率丰富服务供给,推动大数据、人工智能、云计算、区块链等技术在服务领域加速落地应用。鼓励传统服务业进行数字化改造,强化数字经济的赋能作用,推动生产性服务业向价值链高端延伸,提升生产性服务业供给质量和水平,全力推进服务业现代化。二是完善数字经济与服务业深度融合的生态。把握数字经济与现代服务业融合趋势,着力消除产业间要素流通的制度壁垒,推进数据开放流通和共享使用。支持服务业新业态发展,形成激励服务业创新发展的生态系统,引导数字服务和平台经济规范有序发展,建立包容审慎监管规则、加强数字时代的公共基础设施建设等措施,引导基于数字技术的服务业新业态和新模式健康发展。随着经济服务化的不断推进,服务业集聚趋势也日益明显。实现服务业现代化,必须推动形成多层次多业态的服务业集聚区,政府要致力于搭平台优环境,加强服务业集聚区建设,加快集聚区的公共信息平台、技术平台、重大通信基础设施建设,为服务业集聚发展创造良好条件。三是推动服务业与现代农业和先进制造业深度融合。要积极培育三大产业深度融合的产业生态圈。推进生产性服务业和现代农业深度融合,强化科技、信息、物流、金融和供应链管理等生产性服务业对现代农业的支撑作用,培育现代农业释放出来的生产性服务业发展新空间。推进生产性服务业和制造业的深度融合,加快推动制造业服务化和服务型制造发展,增强知识密集型服务业在生产制造环节投入力度,为在产业融合中产生的

新业态、新服务健康成长创造良好生态环境。

三、完善服务业数字安全规制

从规制数字要素市场、强化平台经济监管两个方面进行完善数字安全规制。数字要素作为数字经济发展的特色生产要素,通过数字产业化与产业数字化发挥着提升生产效率、促进要素循环的重大作用,具有流动性强、附加值高、复制成本低的特性,是如今社会大生产中不可或缺的核心生产要素。当前我国数字要素市场尚在发展初期,缺乏明确规制,不利于数字要素市场与数字经济的可持续发展。规制数字要素市场首先要明确数字要素市场准入机制的规范,明确对数字要素使用权责的界定,引导数字要素市场形成良好的市场氛围。数字要素来源于消费者消费行为的记录与分析,涉及消费者隐私,消费者相对于数字要素获取者的服务供给方而言具有先天性弱势,这对数字要素市场的参与主体信用资质具有很高的要求。然而,当前数字要素市场鱼龙混杂,以侵害消费者隐私为手段获利的事件屡见不鲜。对此,政府应当增设数字要素市场准入标准,设立数字要素市场参与主体信用资质审核部门,加大对数字要素非法获利行为的惩处力度,净化数字要素市场环境,营造良好的市场氛围。规制数字要素市场还要明确对数字要素市场业务层级的划分,促使各层级分工明确。数字要素政府应引导数字要素市场业务进行明确化分工,具体分为数据搜集层、数据处理层与数据应用层,防止不同层级之间的业务渗透,降低专业化程度与劳动效率[①]。另外,数字经济的发展还延伸出平台经济这一全新的发展模式,但由于平台经济发展初期缺乏对平台运营方的规制,导致对平台参与方的正当权益造成侵害。平台作为数字要素的整合方,既把持消费者行为分析数据,又手握作为供给方的平台参与者的命门,对消费者和商家都具有潜在的威胁,成为数字经济时代的中间商。缺乏规制的平台不仅无法发挥平台经济资源整合、统筹调配的作用,反而会成为供需两头吃的新型垄断企业。政府应当加强对平台运营方的规制,设立平台运营底线,坚守平台运营红线,对触摸底线、逾越红线的不当行为予以严惩,保障消

---

① 任保平、巩羽浩:《新发展格局构建中我国新经济发展的政策支持体系构建》,《湘潭大学学报(哲学社会科学版)》2021年第4期。

费者与供给方的利益。

四、确保服务业数字经济人才供给需

从改革人才分流模式、加大人才引进力度与培育创新型人才三个方面确保数字经济人才供给需。数字经济驱动中国式服务业现代化需要通过产业数字化促进生产性服务业集聚化、通过数字产业化推动生活性服务业高端化，并在此基础上通过数字经济保障服务业合理化发展，这对人才供应水平提出了挑战。提升人才供应水平需治标又治本，即一方面通过加快对国内人才培育模式的改进实现短期中低端人才供应、通过加大对国际人才的引进力度实现短期尖端人才供应，另一方面通过培育创新型人才来确保长期人才保有率，最终达到破除人才供应水平不足困境的目的。首先，在改革人才分流模式方面，既要推动专业人才尽早进入劳动市场，也要提升产学研用衔接程度，最大化吸收专业人才。近年来，国内基础教育普及力度不断加大，人才培育年限却不断提升。其中既有国内市场相应高级岗位缺乏的原因，也有人才分流工作未能及时跟进的缘故，造成了教育资源的浪费。政府应积极创新人才分流的新模式，可通过推行基础教育专业教学嵌入试点、基础教育专业实习嵌入试点等方式，进行专业分流渐进式改革，并同时加大专科教育资源投入，促进相关产业进入专业院校招聘，促进人才尽早进行专业化培训，满足我国短期内人才需求的中低端供应。其次，在加大人才引进力度方面，主要工作应集中在引进尖端数字技术人才之上。我国在人才方面存在结构性失衡，我国以庞大人口基数辅以普及性基础教育可满足中低端人才供应，但缺乏足以攻克尖端核心技术领域的尖端人才。对此，政府应加大力度鼓励企业聘请国际尖端人才，优化我国人才结构体系，发挥我国人才储备丰富的优势，通过加强团队建设完成尖端技术承接，满足我国短期内人才的尖端供应。最后，在培育创新型人才方面，要从基础教育开始改革，在教学过程中注重培养创新意识，摒弃填鸭式教学，重视个性化发展，改革人才分流模式和加大人才引进力度只能满足我国短期内对于人才的需求。因此，政府应注重培育创新型人才，推行创新教育改革，注重青少年创新意识、创新思维和创新能力的培育，以此确保我国人才长期可持续性供给。

第十章
数字经济赋能中国式产业链现代化

习近平总书记在党的二十大报告中提出要"着力提升产业链供应链韧性和安全水平,建设现代化产业体系",同时提出"加快发展数字经济,促进数字经济和实体经济深度融合,打造具有国际竞争力的数字产业集群。"[①]。二十届三中全会《决定》进一步强调"健全提升产业链供应链韧性和安全水平制度""打造自主可控的产业链供应链。"伴随着数字经济的高速发展,新一轮科技革命为产业链现代化注入了新的动力。需要结合产业链现代化的概念、内涵以及维度要求,探讨数字产业链助推中国产业链现代化的效应、机制以及路径,为我国数字产业链助推产业链发展提供依据。

---

① 习近平:《高举中国特色社会主义伟大旗帜 为全面建设社会主义现代化国家而团结奋斗》,《人民日报》2022年10月17日,第2版。

第一节
产业链现代化是中国式现代化的核心内容

一、产业链现代化对推进中国式现代化的现实意义

基于已有现代化理论,在农业文明向工业文明转型的现代化阶段中,工业化既是现代化发展的基本动力,也是现代化建设的核心内容,而随着现代化进程的不断推进,在工业文明向数字文明过渡的第二次现代化过程中,结合我国现代化建设的基本国情,我国现代化的核心内容逐渐从工业化向具有丰富内涵的产业链现代化演进。建国以来,在现代化的起步阶段,我国以压缩式的快速工业化解决了量的扩张和有无问题[1],并随着工业体系的逐渐完善建立了门类齐全、体系完整、规模庞大的产业体系,借助产业体系的构建大幅度提升了人民生活水平,为全面建成小康社会奠定了产业基础。但随着我国社会主义现代化建设进入新阶段,经济发展的目标也逐渐从量的增长转变为质的有效提升与量的合理增长,大而全的产业体系已不能适应全面建设社会主义现代化强国的战略要求,专而精的产业链现代化成为新时代社会主义建设的核心内容与必经之路。

新时代以来,基于我国现代化建设由"三步走"到"两步走"的战略规划,在全面建成小康社会的第一个百年奋斗目标实现基础上,需要乘势而上开启全面建设社会主义现代化国家新征程,向第二个百年奋斗目标进军。根据社会主义现代化强国建设的基本内涵与战略目标,产业链现代化既是社会主义现代化建设的核心内容,也是实现现代化战略目标的必经之路。一方面,产业作为经济社会发展的关键基础,是我国社会主义现代化建设的核心内容。根据社会主义现代化的基本内涵,从宏观视角出发,社会主义现代化建设需要以经济现代化为核心实现高质量发展;从中观视角出发,产业链现代化是社会主义现代化的关键内容;从微观视角出发,社会主义现代化建设强调人的自由全面发展,即人的现代化。产业链现代化作为社会主义现代化中观维度的核心内容,既是经济高质量

---

[1] 刘志彪:《产业链现代化的产业经济学分析》,《经济学家》2019年第12期。

发展的关键支撑，也是满足人民生产生活需求、提高人民生活质量、实现人的现代化的基本要求，是实现社会主义现代化的必经之路。另一方面，从社会主义现代化的战略目标出发，社会主义现代化区别于西方传统现代化模式的目标特征表现为以共同富裕为发展目标的战略导向，因此需要以具有较强覆盖面的产业链现代化替代传统的工业化要求，通过推进产业链各部门现代化，切实提高三次产业就业人员收入，推进全体人民的共同富裕。产业链现代化不仅是社会主义现代化新阶段的核心内容，也是实现共同富裕战略目标的必然要求。

二、产业链现代化在中国式现代化中的基础性作用

在产业链现代化对实现社会主义现代化的现实意义基础上，进一步基于中国式现代化的发展历程，对产业链现代化在中国式现代化中的基础性作用进行简要概述。从毛泽东同志1957年对中国式现代化道路的战略设想，即现代工业、现代农业和现代科学文化同步发展的早期布局，到1963年周恩来同志提出的农业现代化、工业现代化、国防现代化和科学技术现代化的现代化建设基本框架，再到十八大提出的工业化、信息化、城镇化、农业现代化同步发展的现代化建设径路，我国创造了高效的四化同步并联式现代化路径，以工业化、城镇化、农业现代化、信息化的协同发展推进了现代化高效建设，而产业链现代化作为中国式现代化的关键支撑，同样表现为其在工业化、城镇化、农业现代化与信息化这四个中国式现代化基本维度上的基础性作用。

基于现有研究，产业链涵盖产品生产或服务提供的全过程，包括原材料生产、技术研发、中间品制造、终端产品制造乃至流通和消费等环节，是产业组织、生产过程和价值实现的统一。而从产业链现代化的内涵出发，产业链现代化既包括提高产业附加值、控制力和竞争力的产业现代化，也包括产业关联关系的现代化，强调产业生态的改善，即涵盖产业自身发展与产业上下游协调两个关键维度。着眼于产业链现代化的基本内涵，可以发现产业链涵盖农业、工业、服务业各部门产品或服务生产消费全过程，因此产业链现代化天然包括工业化与农业现代化，是中国式现代化的核心内容与重要组成。基于信息化维度，产业链现代化是信息化发展的关键支撑，信息技术的广泛应用与信息资源的大规模开发利

用都需要以产业为载体。一方面,信息产业作为产业链的重要组成,产业链现代化也包括信息产业的现代化发展;另一方面,产业链现代化也包括产业链各环节对新兴技术的广泛应用,与信息化发展要求存在内在一致性。而从城镇化视角出发,城镇化作为人口向城镇集聚的过程,其根本动力来源于产业集聚。从农村与城镇概念界定视角出发,农村往往指居民以农业活动为基本内容的聚落,城镇居民则以非农业人口为主,农村人口向城镇人口转移的过程,也往往伴随着劳动力从农业部门向非农业部门的转移。基于发展经济学的城镇化理论也可以发现,劳动力从传统农业部门向现代非农部门的流动即现代化发展过程,同样也是城镇化的基本内容。中国式现代化的历史道路同样表明,城镇的形成与产业密不可分,往往存在以产定城、以产兴城、以城促产的产城关系,即产业是城镇化的基础和动力,城镇则是产业发展的载体和依托。因此,城镇化与产业链现代化也存在较强正向关联,产业链现代化可以通过农村城镇化建设与农业人口城镇化推进城镇化发展,为中国式现代化提供基本支撑。

第二节
数字经济赋能中国式产业链现代化的效应

产业链一词最早由阿尔伯特·郝希曼首次提出,是指产业在生产过程中形成的前向联系效应和后向联系效应构成了产业链。近年来,国内学者也提出了对产业链不同的定义,结合宋华和陈晓东的定义,产业链是指反映存在着有机关联的各个经济部门之间形成的相互交织的网络关系,这种网络关系的形成所依据的是特定的逻辑关系和时空布局,包括供需链、企业链、空间链和价值链,是此四个维度的有机组合[①]。以产业链的概念为基础进行数字产业链概念界定,数字产业链是随着数字经济的发展而在传统产业链的基础上所形成的新型的产业链分支,打破传统产业链的时空布局限制,通过数据这一生产要素进行的有关经

---

① 陈晓东、杨晓霞:《数字经济可以实现产业链的最优强度吗?——基于1987—2017年中国投入产出表面板数据》,《南京社会科学》2021年第2期,第17—26页。

济部门的关联网络，是以数字产业为核心的数据供应链、数字企业、拓展的空间链以及数字价值链的有机组合，特点是数字产业链本身的价值生产有限，但对其他产业链运行效率的提升存在正的外部性影响。数字产业链与数字经济的概念有所区分，数字经济的概念着眼于整个经济领域的数字化，而数字产业链的概念则立足于以数据作为依托的数字化领域，两者的关系体现为，数字产业链通过外部性对其他经济部门产生影响，进而促进经济结构优化，推动数字经济发展。

随着产业链的发展与成熟，产业链现代化的需求逐渐凸显。目前学界尚未对产业链现代化形成统一的定义，以中国社会科学院工业经济研究所课题组和李政、王洋的研究为基础，认为产业链现代化是产业现代化内涵的延伸和细化。产业链现代化是为了使产业链具备高端连接能力、自主可控能力和领先于全球市场的竞争力水平而进行的产业链转型升级，是产业链通过先进的科学技术、产业组织方式和新业态、新模式进行转型升级的过程[1]，要求产业链具备更高的韧性即对外部冲击的承受能力、更高效的协同性即上下游之间的交互能力和更充分的交错性即突破产业边界、构建产业网络的能力[2]，应包括创新能力更强、附加价值更高、更加可持续、更加数字化、更加安全可靠、更加公平、更加协调顺畅等纬度[3]。

以上述概念界定为基础，结合数字产业链与产业链现代化的内涵，认为数字产业链之所以影响产业链现代化的根本原因为存在产业结构效应。产业结构效应包括产业关联效应与产业扩散效应。

一、数字经济赋能产业链现代化的产业关联效应分析

产业关联效应包括前向关联和后向关联，是对一个产业如何影响其他产业的说明，通过它的前向关联关系和后向关联关系一个产业的生产、产值、技术等方面的变化能对其他产业部门产生直接和间接的影响。因此，数字产业链可以

---

[1] 李政、王思霓：《国有企业提升产业链现代化水平的理论逻辑与实现路径》，《学习与探索》2021年第8期，第112—120页。
[2] 王洋、于君：《产业基础高级化、产业链现代化路径研究——以新一代信息技术基础产业为例》，《经济论坛》2021年第10期，第25—33页。
[3] 中国社会科学院工业经济研究所课题组、张其仔：《提升产业链供应链现代化水平路径研究》，《中国工业经济》2021年第2期，第80—97页。

通过数字产业以及先进的产业组织方式对其他产业部门产生直接或间接的影响,从而能够提升传统产业链的竞争优势,改变传统产业链的比较优势,推动产业链现代化的发展。

(一) 提升产业链竞争优势

首先,数字产业链能帮助传统产业链降低成本,形成产业链的成本优势。数字产业链所包含的信息技术等产业,具有低物质资源消耗、高附加值等特征。由于产业具有关联效应,因此数字产业链的技术提升将对传统产业链产生正向影响。数字产业链的先进技术在应用到传统产业诸如制造业等的过程中,能改变其生产模式,有效提高其产业生产效率,降低资源消耗,提升产业链的竞争优势。其次,数字产业链的技术渗透进入传统产业链,能有效提高中国产业链的国际竞争优势。数字产业链技术的外溢,使制造业企业更多从事研发设计、品牌管理等价值增值环节的服务活动,有助于我国摆脱制造业长期处于价值链中低环节的情况,提升其自身在国际产业链分工中的地位,从而增强中国产业链的国际竞争优势[1]。最后,数字产业链拥有更先进的运作模式以及大数据、信息网络等优势资源,先进的运作模式与优势资源将通过产业关联效应推动传统产业链的运作模式进行转型升级,增强产业链的可持续性优势,从而促进我国的产业链现代化发展。数字产业链先进的产业链运作模式能够针对市场痛点与供需缺口生产出更适合市场需求的产品和服务,运用大数据、信息网络等优势资源,提供更大的客户价值。同时数字产业链的发展改变了传统的价值传递方式,能最大化的减少中间环节,提升市场效率,发挥产业链的可持续性优势。

(二) 改变产业链比较优势

数字产业链采用新型产业组织方式,使我国产业链的比较优势从传统的低廉人力资本优势转为超大规模的大市场优势。数字产业链的产业组织方式不同于以往传统的线性、标准细化、程序化的产业组织特性,通过数字化、网络化和智

---

[1] 杨丹辉、戴魁早、赵西三、余典范、黄寰:《推动中国全产业链优化升级》,《区域经济评论》2021 年第 2 期,第 5—16 页。

能化与传统产业渗透结合,呈现出一种新的具有数字经济特性的扁平化的产业组织关系[①],能打破各行业的传统技术门槛,从而改变传统产业链的比较优势。扁平化的产业组织关系一方面减少了传统劳动密集型的就业岗位,使我国产业链的低廉人力资本优势逐渐降低,传统的产业组织方式要求产业生产具有标准的流程化与高度的集中化特征,需要严密的组织分工。而扁平化的产业组织关系打破了高度集中化的组织形式,改变了劳动力为机器和制度的附庸的劳动力与机器的关系,促使纯体力劳动、精密作业等岗位逐渐被数字产业链中所包含的人工智能等技术替代,提高各产业的产业生产效率;另一方面,扁平化的产业组织方式,使得数字产业链与传统产业链不断融合的过程中逐渐发挥我国的大市场优势,数字产业链在数据产生价值的过程中离不开数据运输的渠道——数字平台,而我国市场的大市场特征能够容纳大型平台,因此传统产业链能够依托我国的大市场,充分利用数字产业链的数字平台,从而使产业链运行的比较优势转移为大市场优势。

二、数字经济赋能产业链现代化的产业扩散效应分析

产业扩散效应包括回顾效应、旁侧效应和前向效应三方面,是指某些产业部门"不合比例的增长"的作用对其他关联产业产生的影响。数字产业链中的相关数字产业随着数字经济的高速发展也呈现出迅猛的发展势头,对传统产业链的供需链、空间链、企业链和价值链产生了一定的积极影响,帮助推动我国的产业链现代化发展。

(一)回顾效应提高供需链运行效率

回顾效应是产业扩散效应的一个方面,是指主导部门的增长对供应部门产生的影响,供需链是指产业之间由于相互交织的联系所形成的紧密相连的供需关系,数字产业链通过回顾效应对供需链产生影响。罗斯托认为根据主导部门或新部门的技术特点,他们在处于高速增长阶段时,会对原材料和机器设备等投

---

① 黄恒学:《数字经济对产业组织形态和就业模式的多重影响》,《国家治理》2021年第23期,第36—39页。

入品产生新的要求。这些投入,反过来又要求现代设计观念和方法的发展①。随着数字产业链的不断完善,依靠数据链接起来的各个经济部门的规模不断扩大,因此对供应其发展的要素,如信息网络、平台、人力资源等提出了更高的要求,促使信息网络、平台、人力资源等投入要素飞快成长,为数字产业链的运行提供要素保障。同时,数字生产要素的成长反过来渗透在现代产业链的发展过程中,信息网络、平台的不断发展能够优化传统产业链条中的供需链信息流通与管理方式,使供需链的运作系统更敏捷,人力资源地不断积累也为供需链优化发展提供隐性支持,从而提高供需链的运行效率。

(二) 旁侧效应改变空间链传统布局

旁侧效应是针对主导部门对其周围经济主体的影响,指主导部门的成长还会引起它周围地区在经济和社会方面的一系列变化。空间链是产业链中各个节点企业在空间中的布局,数字产业链通过旁侧效应带动传统空间链的布局特征变化。传统产业链条中的空间链是物理空间链,是地理位置上的产业集聚,如高新技术园区等,物理空间链存在一定的地域限制,因此对经济和社会的辐射范围有限,而数字产业链中的数字空间链呈现出新的特征,其产业集聚特征体现在数字空间网络平台中,打破了传统地理限制,旁侧效应带来的辐射能力更大,对经济和社会发展的正向促进作用更强。数字空间链使得产业链中的企业处于一个网络空间中,从而信息传递、资源互换效率更高,知识、技术外溢范围更广,其对经济和社会的影响程度比传统物理空间链更广,旁侧效应带来的辐射作用更大。其次,扩展的空间链也对传统空间链的调控起着至关重要的作用,促进了物理空间链与数字空间链的融合,克服物理空间链的缺陷,加快配置物理空间链的资源,从而使其通过旁侧效应对周围地区的社会经济影响更广泛。

(三) 前向效应为企业链运行提供新动力

前向效应是指主导部门的成长诱导了新兴工业部门、新技术等的出现,从而改善了自身供应给其他产业产品的质量。企业链是产业链的具体表现形式,各

---

① [美] W. W. 罗斯托:《从起飞进入持续增长的经济学》,贺力平等译,四川人民出版社 1988 年版,第 6—7 页。

产业中的企业关系结构即为企业链。数字产业链通过前向效应为企业提供新的运行动力，拓展企业链发展空间。首先，数字产业的不断创新为数字产业链中的企业链运行提供新的动力。数字产业中最基础的数字产业为基础电信、软件等产业，伴随着数字产业链不断延长扩展，数字基础产业纵向发展已经难以满足产业链发展需求，因此数字产业为满足数字产业链发展要求不断进行创新，从而催生出一批诸如大数据、人工智能等新技术。因此数字产业通过前向效应诱导企业不断研发生产，为企业链运行提供创新动力。其次，新技术的出现，改善了数字产业为其他产业供应产品的质量，为其他产业中的企业链条运行注入新的技术血液。新技术通过技术外溢，投入传统产业链各个环节的运作中，升级了原有企业链的运作模式，大数据、人工智能等新技术提升了企业链的协作效率，帮助企业灵活调整合作范围，延长企业链长度，拓展企业链的发展空间，提高范围经济的作用，从而促进我国产业链现代化发展。

（四）三种效应结合拓展价值链的价值增值空间

价值链作为产业链的重要关系链，在产业链中具有重要地位，产业链发展的终极目标便是价值增值。数字产业链通过回顾效应提高供需链运行效率，供需链运行效率提升使生产效率得到提高，为价值链增值提供效率基础；通过旁侧效应改变传统产业链空间布局，范围经济作用加大，为价值链的价值增值提供攀升途径；通过前向效应为企业链运行提供新的动力，企业链运行状态的优化能协调多主体合作，为价值链增值提供企业主体支持。因此数字产业链通过产业扩散的三种效应从供需链、空间链、企业链三方面拓展价值链的价值增值空间。

综上，数字产业链通过产业结构效应作用于我国的产业链现代化进程，从产业关联效应与扩散效应两方面发挥作用。首先，数字产业链通过产业关联效应推动产业链现代化的理论机理是通过数字技术、优势资源以及先进的产业链运作模式提升产业链竞争优势，通过不同于传统产业链的扁平化组织关系将产业链比较优势从低廉的人力资本优势转为大市场优势。其次，数字产业链通过产业扩散效应对供需链、空间链和企业链产生影响，供需链、空间链和企业链的优化进一步拓展价值链的价值增值空间，从而推动我国产业链现代化。

第三节
数字经济赋能中国式产业链现代化的机制

产业链现代化的本质是产业链的转型升级,要求产业链具备更高的韧性,更高效的协同性和更充分的交错性。因此,从产业链转型升级的本质内涵出发,分析数字经济赋能中国产业链现代化的机制,包括安全保障机制、协调机制以及对接机制。

一、数字产业链促进产业链现代化的安全保障机制

(一)提高产业链高端链接能力

数字产业链通过数字基础产业为产业链运行提供高端技术保障,发挥数字产业链的技术优势,将技术优势转化为提高产业链高端链接能力的支持,从而实现产业链跨越升级。产业链高端链接能力的提升需要产业基础高级化作为支撑,产业基础高级化包括产业的基础能力高度化、基础结构合理化和基础质量巩固化三个方面,是三者的统一。首先,数字产业链从产业发展所必须的关键基础技术方面提供重要支撑,发挥数字产业链的数字基础设施能力的外溢作用,帮助提高产业基础能力高度化。其次,高效调度基础技术,优化产业链生产资源配置,有效分析供需关系,合理安排产业结构,实现产业基础结构合理化。再次,为产业基础质量监测提供有力手段,从而帮助产业基础质量巩固。实现产业链的高端链接能力另一方面需要提升产业的高端能力。数字产业链为产业高端化发展提供有效的科技牵引力,推动创新要素自由流动,实现创新要素的高效配置,抢占高端价值链,从而推动产业高端化发展,提升产业链高端链接能力。

(二)降低产业发展风险

产业发展风险是指由于技术更迭导致的产业波动,数字产业与传统产业深度融合,为传统产业链发展提供安全保障,帮助传统产业应对行业变化,降低产业发展风险。一方面,数字产业链通过数据进行联结,因此能利用在产业发展过

程中产生的海量数据资源，为产业发展提供即时全面的信息匹配供给，促进产业链平稳发展。另一方面，数字产业链终端的大数据预测等数字手段，渗透进传统产业，进行产业发展趋势分析，从而进行风险评估与趋势预测，消除产业发展过程中的不确定因素。

（三）提高产业链抵御外部冲击的能力

数字产业链通过网络效应提高产业稳定性，增强产业链韧性。梅特卡夫定律指出，一个网络的价值与这个网络节点数的平方成正比，在产业链中参与工业互联网的企业越多，越能够丰富工业互联网中的节点数，从而企业从工业互联网获取的价值就更大，工业互联网的凝聚力越强。数字产业链能够提高传统产业链的数字化水平，而数字化水平的提升能够帮助企业达到工业互联网的准入门槛，从而利用工业互联网强大的凝聚力，增强企业运行的稳定性，进一步增强产业链的稳定性。

二、数字经济赋能中国产业链现代化的协调机制

产业链现代化进程中产业链的协同发展至关重要，产业链协同性是指产业链上下游之间的交互作用，数字产业链通过提升产业链资源交互效率、产业链整合能力提升交互效率、促进产业链协同发展的协调机制推动产业链现代化进程。

（一）提高产业链资源交互效率

中国的产业链现代化，离不开不同所有制企业在上下游间的产业协同和技术合作攻关，因此提升上下游资源交互效率对我国产业链现代化起到重要作用。数字产业链依靠数据进行联结，形成不同于以往产业发展的信息网络空间，而这一信息网络空间具有开放性，容纳各类产业的进入与使用，因此传统产业链能够利用信息网络空间打通产业壁垒，提升信息、资源的交互效率。首先，产业链在运行过程中，上游和下游产生大量的知识、信息和技术等交换，通过这种交换达到产业链的协同发展，而数字产业链所形成的信息网络空间使各个产业主体形成紧密的相互关联关系，降低产业间的联通成本。其次，通过信息网络空间，降低信息传导成本，拓宽技术溢出空间，形成不依赖于地理空间的产业集聚，打破

区域垄断封锁，使各产业主体的信息配合度大幅度提高，从而促进市场交易成本最小化，提高产业链上下游的资源交互效率。

（二）提升产业链整合能力

产业链整合是为了提升各产业主体的协作效率，降低协作成本，从而推动产业链协同发展。数字产业链通过促进各产业融合，重塑产业链整合模式，首先帮助实现各产业的横向交叉融合发展，提升产业链横向整合效率。其次帮助打通产业链上下游之间的信息屏障，促进产业链纵向整合能力的提升。一方面，数字产业链推出一系列高新技术产业，高新技术产业向传统产业渗透发展，促进传统产业高附加值化，赋予原有产业新的附加功能和更强的竞争力，促使不同产业之间的渗透发展，形成诸如农业旅游、工业旅游、现代农业服务体系等融合型产业新体系。另一方面，数字产业链通过促进上下游企业对接效率提升纵向整合能力。首先，提升上下游企业的信息流通效率，降低信息交换成本，从而打通上下游企业的信息网，提高信息匹配度。其次，数字产业链通过改变中间商特征，数字产业链提供的售卖终端：电子商务平台，能够实现信息技术与传统零售的充分融合，打通买卖双方的信息渠道，摆脱中间商的渠道控制，中间商角色由交易渠道主体转变为信息传递主体，从而产业链下游的相关消费信息能直接为上游企业的生产提供需求导向的数据证据，促进上游企业生产制造的需求匹配度提升，提升产业链纵向整合能力，促进产业链协同发展。

三、数字产业链促进产业链现代化的对接机制

产业链现代化要求产业链发展具有更强的交错性，产业链的交错性是指突破产业边界、构建产业网络。数字产业链通过拓展分工边界，与传统产业融合以及连接多类型主体、模糊企业外部边界等对接机制，实现传统边界内外对接、多产业对接以及多类型主体对接提高产业链的交错性，从而促进产业链现代化。

（一）拓展传统分工边界与地理边界

产业经济学认为产业链起源于分工，分工水平受到交易成本的制约，而传统产业链的上下游线性资源流动交易方式使得各分工主体以各邻近组织单元的信

息反馈为生产决策依据,从而制约了各产业主体的价值创造。数字产业链打破传统分工边界与地理边界对产业链发展的制约,提高产业链交错性从而促进产业链现代化发展。首先,数字产业链的技术外溢使得数字信息技术应用于各产业领域,促使企业打破生产制造活动的技术可达性制约。同时,数字产业链利用数字平台构建网络空间,使得产业链发展趋于扁平化,各产业主体的生产决策不再受制于邻近组织单元的信息反馈,而是获取来自全平台的生产需求信息,打破了传统产业链的信息制约,拓宽传统产业链的组织分工边界。其次,产业链组织趋于由传统的线性模式转变为围绕着核心企业或互联网平台进行分散布局的网状模式,各个产业主体在网络空间中形成相互交错的非地理性集聚,产业链整体呈现控制集中和整体分散的新型组织特征,从而打破传统产业链的地理限制,突破地理边界,充分提升产业链的交错性。

(二) 数字产业与传统产业的跨界融合

数字产业与多个领域跨界融合,形成以数字化为原始驱动力的网络化、智能化产业变迁,帮助传统产业突破发展瓶颈,提升产业交错性与价值创造效率。一方面,数据作为特殊的生产要素,相较于其他各类生产要素的可融合能力更深、更广,为企业的跨界发展奠定了基础。企业之间通过建立数字化链接实现数据的实时共享,利用数据生产要素的非竞争性与非排他性形成数字化生态,构建以数据为基础的产业网络。另一方面,随着数字产业链信息基础产业的迅速发展,为各产业主体的跨界融合提供了技术基础,产业主体运用数字化实现产业网络化、智能化变迁。数字产品横向传播能力广,应用场景多元;数字技术渗透传统产业,帮助传统产业优化生产模式,依靠数字技术纵向衍生产业链,从而提升产业的价值创造效率。数字技术对传统产业的深入渗透使得各产业主体的关系整合能力不断提升,有助于深化各产业的跨界融合,提升产业链交错性。

(三) 连接多类型产业主体

数字产业近年来不断朝着平台化方向发展,数字产业链利用数字平台能够连接多类型主体,促使价值创造主体不断拓展。首先,数字平台整合不同区域的产业主体,突破传统产业园区的产业链运作模式,实现跨地区产业交错发展。其次，数字平台由于其平台准入门槛低，具有一定的公共特征，从而能连接多类型主体，价值创造主体从企业拓展到各类供应商、客户等主体，多主体的链接能够实现资金、知识等生产要素的低成本聚集，而这一聚集是由主体链接的网络效应实现的。再次，数字平台能够整合数据、算法等各种生产要素，将其市场力量延伸到横向、纵向甚至是混合领域[1]，促进综合性新型产业组织的发展，提升产业交错性，促进产业链现代化发展。

总体而言，从产业链现代化的本质内涵出发，数字产业链通过安全保障机制提高产业链韧性、协调机制促进产业链协同性以及对接机制增强产业链交错性。首先，在安全保障机制方面，数字产业链通过发挥技术优势提升产业链的高端链接能力、大数据预测进行产业趋势分析降低产业发展风险，利用网络效应与先进技术手段提高产业链抵御外部冲击的能力。其次，在协调机制方面，数字产业链利用信息网络空间提高产业链资源交互效率，通过产业融合与改变中间商特征提升产业链整合能力。最后，在对接机制方面，数字产业链通过网络空间打破传统产业链分工边界与地理边界，利用数据生产对各产业的联结形成产业网络，推动各产业跨界融合，通过平台链接多类型主体，从而提升产业链交错性。

第四节
数字经济赋能中国式产业链现代化的任务

在中国共产党第二十次全国代表大会中，习近平总书记强调要着力提高全要素生产率，着力提升产业链供应链韧性和安全水平，着力推进城乡融合和区域协调发展，推动经济实现质的有效提升和量的合理增长。二十届三中全会的《决定》提出健全提升产业链供应链韧性和安全水平制度，抓紧打造自主可控的产业链供应链。数字经济作为驱动产业链现代化的重要支撑，也要以提高产业链运转效率、提升产业链韧性和安全、推动产业链区域布局优化为关键目标，构建高效安全、韧性更强、分工合理的现代化产业链。

---

[1] 杨东、臧俊恒：《数字平台的反垄断规制》，《武汉大学学报（哲学社会科学版）》2021年第2期。

一、提高产业链运转效率

从数字经济提升产业链现代化水平的效率视角，数字经济可以利用其技术优势，以数字技术赋能产业链各部门，提高产业链运转效率。从具体路径出发，产业链运转效率的提升主要体现在生产要素与产品的流通效率、产品生产效率与交易效率三个维度，从这三个基本维度提出数字经济提高产业链运转效率的战略任务。基于产业链中生产要素与产品的流通维度，需要促进数字技术在流通领域的广泛应用，以物联网等数字技术在产业链中的有效利用减少产品流通环节，优化产业链流通组织结构，降低流通成本，通过数字经济与实体经济的深度融合达到降本增效的战略目标，并利用新型基础设施的大规模建设推进要素流通效率提升。从产业链生产效率视角出发，为推进产业链现代化实现，需要进一步以数字经济为抓手，发挥数字经济低信息成本优势，以信息的高效互联互通推进产业链与创新链的精准对接，并通过构建数字平台促进产业链与创新链的深度融合，以产业链与创新链的精准对接与深度融合助力科技成果转化，推进产业链全要素生产率提升。而基于产业链交易效率维度，数字经济可以通过数据要素的开发利用降低信息成本，推进信息有效供给，缓解产业链交易过程中的信息不对称现象，减少供需错配导致的产业链低效问题。因此需要强化数据要素在产业链中的开发利用，以产品信息数字化为例，通过录入产品详细信息以数据形式存储，利用系统生成二维码并对产品进行全周期追踪管理，可以为消费者了解产品生产信息、识别产品真实性、查询产品物流等提供有力支撑，降低交易过程中的信息成本，推进供给与需求形成高水平动态平衡，提高产业链交易效率，为产业链现代化提供效率支撑。

二、提升产业链韧性

维护产业链安全稳定运转，提升产业链抗冲击能力，降低产业链中断风险，不仅是产业链现代化的必然要求，也是保障国家安全的关键支撑。产业链需要提升其面对外生冲击情况下在可接受时间段内恢复正常营运的能力，以新冠肺炎疫情这一重大突发公共卫生事件为例，疫情的暴发阻碍了劳动力、要素及产品在产业链间的自由流动，导致部分工厂停工停产，破坏了正常生产生活秩序。面对复杂的全球经济发展形势与产业链发展需求,党和国家多次强调增强产业链韧性、形成更安全可靠的产业链的战略要求。而面对大国博弈升级与新冠肺炎疫情冲击,企业生产布局也从"效率优先"转向"战略优先",更加追求建立兼具韧性与稳健性的产业链。面对提升产业链韧性的目标要求,在新时代数字经济逐渐成为经济主体的背景下,需要利用数字经济提高产业链抗风险能力与恢复能力。一方面,借助数字技术建立开放多元的产业链网络组织,推进网状产业链组织模式创新,为产业链多主体交流互动提供技术支撑,以产业链多元交易网络的构建提高产业链灵活性,降低产业链对某个单独环节的依赖性,避免部分环节出现产能问题为整个产业链带来较高风险。另一方面,需要强化数字普惠金融对产业链的服务功能,以数字普惠金融与产业链的结合为企业,特别是小微企业提供高效精准的数字金融服务,通过融资成本的降低与融资效率的提升缓解企业融资难问题,降低产业链资金断裂风险,提升产业链抗风险能力,为外生冲击下产业链快速恢复常态提供资金支持,通过产业链韧性的增强保障产业链安全稳定运转。

三、维护产业链数据安全

数字经济为产业链现代化提供了历史机遇,但也带来了新的发展挑战,从要素视角出发,数字经济的核心特征体现为对数据要素的开发利用。从数据要素资源视角出发,我国具有人口规模巨大的发展优势,基于梅特卡夫定律可以发现,一个网络的价值等于该网络内的节点数的平方,而且该网络的价值与联网的用户数的平方成正比。而基于巨大的人口规模,形成了丰富的数据要素资源,为我国数字经济发展与产业链现代化提供了极大优势。丰富的数据资源有利于规模效应的发挥,为我国产业向全球价值链高端攀升提供资源要素支撑,但数据流通规模与数据量的显著扩大也为产业链带来了较大数据安全风险,数据资源来源于消费者等微观主体,但大数据已逐渐成为国家战略资源,具有较高的战略价值。因此,从产业链安全视角出发,需要以数字经济维护产业链数据安全,推进产业链安全稳定发展。以数字经济保障产业链数据安全,一方面需要以加密算法或数据脱敏等数字技术的优化升级,推动数据在产业链中的流通安全与数据库的保密安全,为产业链安全稳定发展提供技术支撑;另一方面也需要以数字政府建设明确数据安全保护责任部门,以数字化治理为产业链数据应用场景提供安全保障。

四、推进产业链区域布局优化

党的十九大报告指出,"中国特色社会主义进入新时代,我国社会主要矛盾已经转化为人民日益增长的美好生活需要和不平衡不充分的发展之间的矛盾"。而我国产业链间也存在较为明显的发展不平衡不充分问题,产业布局优化不仅是产业链现代化的必然要求,也是推进我国区域协调发展的必经之路。传统经济背景下,区域间地理条件的异质性直接导致了区域发展的不平衡问题,改革开放以来,东部地区借助其区位优势实现了高速经济增长,而中西部地区则受限于其地理位置、资源禀赋等客观因素,经济增长速度明显低于东部地区,产业发展也相对滞后。新时代以来,以数据资源作为关键的生产要素扩展,有助于打破区域发展的生产要素限制,数字技术的应用也为区域产业链突破时间和空间双重制约提供了技术支撑,为产业链区域布局优化提供了新动能。从数字经济推进产业链区域布局优化的任务视角出发,一方面需要利用大数据挖掘区域特色,精准定位区域发展重点,培育具有区域特色的优势产业,以区域特色产业为引领形成产业集群,增强区域产业链竞争力,以具有较强竞争力的特色产业培育推进产业链区域布局优化与区域协调发展。另一方面可通过构建区域数字平台加强区域间互联互通,以数字平台支撑区域产业转移与产业承接,利用重点产业的承接发展加快区域产业结构调整,推进产业链区域布局优化与现代化建设。

第五节
数字经济赋能中国式产业链现代化的路径

产业链现代化包括创新能力更强、附加价值更高、更加可持续、更加数字化、更加安全可靠、更加公平、更加协调顺畅等维度。从上述维度出发,进行数字经济赋能中国产业链现代化的路径分析。

一、提高自身创新与知识外溢水平提升传统产业链创新能力

数字产业链通过提高自身创新能力形成技术外溢,通过与传统产业的不断深入融合将数字产业链的创新成果应用于各个产业链环节,从而推动产业链整体创新能力的提升。首先,数字产业链通过数字基础产业技术的不断更新与升级,提供产业链创新的动力基础;通过大数据产业链的数据深度应用与开发实现产业链链长的延长,为数字产业链创新提供技术源泉;通过平台涵盖范围的不断拓展为数字产业链创新增加创新空间;通过数字化技能专业人才培养,为数字产业链的创新能力提升提供内在动力,不断推动数字产业链自身创新能力的提升。其次,通过数字产业链与传统产业链结合,形成知识与技术外溢,将数字产业链创新成果应用于传统产业链运作的各个环节。一方面,知识外溢带来传统产业链运作思路的改变,由垂直型运作转变为扁平化运作,整合更多信息与生产资源;另一方面,技术外溢使得传统产业链应用数字技术等提升运行效率,运行效率的提升使得生产资源有更广泛的应用空间,从而增强传统产业链的创新能力。

二、大数据与价值链融合提高传统产业链附加值

数字产业链提升产业链数字化水平,将数据、知识等要素纳入生产过程,利用大数据等技术发挥信息要素的增值能力,提升企业价值链附加值。首先,数字化变革使数据作为生产要素发挥附加值作用,数据价值链通过不同的数据组合形式为企业的决策、生产提供增值信息。一方面,数据转化成数据知识要素并应用于企业中,帮助企业进行战略决策和优化创新;另一方面,数据要素具有非竞争性及非排他性,因此能够在企业间流通、平台共享以及产业关联,提高产业链附加值。其次,大数据技术的应用能使企业价值链附加值得到整体的提升。传统的产业链设计研发与营销所处的上下游部分附加值较高,而生产制造所处中间部分的附加值较低,整个产业链的价值附加值呈现微笑曲线的形态。而大数据与价值链融合之后,大数据的价值系统与原价值链系统叠加,形成 $1+1>2$ 的效果,最终整体提升企业价值链附加值。

三、提升传统产业链的绿色可持续发展能力与数字化水平

数字产业链推进绿色全产业链的构建,促进产业链的绿色可持续发展。从

数字产业链促进绿色全产业链构建的角度分析,绿色全产业链是将低碳运营和循环经济的理念嵌入全产业链各环节中,同时绿色全产业链将产品的消费、使用后的回收再利用向原有的产业链扩展。从生产要素的角度看,数字化的信息和知识是可重复利用、可再生、可扩展的绿色资源;从生产过程的角度看,数字产业链能够为产业生产制造过程中的节能减排、低碳运行等提供技术支持;从绿色全产业链扩展的回收利用环节看,数字产业链能为回收再利用提供平台基础,助推绿色全产业链的构建,从而推进产业链绿色可持续发展能力的提升。从数字产业链提升产业链数字化水平分析,数字产业链为产业链提供了产业链数字化转型的动力与基础。首先,数字技术深入渗透入传统产业的各个环节,提升产业数字化作业能力;其次,各产业的数字化转型离不开数字化人才的储备,数字产业链培养出一批数字技能人才,分散在各个产业领域,为产业的数字化转型提供核心动力。

四、提供规范产业链运营的手段来促进产业链安全可靠发展

数字产业链通过数字平台等规范化手段进行风险预判,降低企业运营风险,增强产业链安全性。一方面,产业链供应链具有网络化的特点,冲击作用于单个环节后将会由于网络化特征迅速蔓延至其他节点,造成风险的外溢,进而引起对整个网络冲击放大化的风险。因此要提高产业链运行的安全程度,就必须提高对节点冲击的洞察敏锐度与灵活应对能力。数字产业链能够通过平台监控与数据预测等手段,进行风险的预判,通过平台整合各个产业节点,使得监测范围更广、深度更深,从而控制产业运行过程中的风险。另一方面,数字产业链通过平台将各个产业主体链接在同一个网络信息空间中,使得各主体行为受到平台监测,从而规范各产业主体的运行,促进产业链安全可靠发展。

五、以信息共享、关键节点联动来促进传统产业链运行更加公平

数字产业链的信息网络空间能有效防止信息不对称导致的产业链运行不公平。同时,数字产业链能够通过关键节点联动促进制造业产业链均衡分配收入与成本,从而促进制造业产业链的公平运行。产业链公平是为了形成多方共赢的产业态势,而不是实行平均主义的分配,是为了有效协调各方利益关系,从而

防止强势一方利用市场势力形成对弱势一方的市场打压。数字产业链可以通过数字化精准监管规范产业运营体系,防止市场强势一方挤压弱势一方;通过信息共享打破企业信息孤岛困境,帮助企业突破信息瓶颈;通过数据信息等生产要素的非竞争性与非排他性形成多方共赢局面,促进产业链运行更加公平。制造业产业链运行的不公平主要体现在收益分配不均衡方面,即研发销售价值集中,生产制造的相对价值下降;数据提供者与数据生产者之间的收益不均衡等。而数字产业链能通过产业链数字化升级中的关键节点联动,通过关键数字资源要素优势以及灯塔效应等促进产业链数字化升级,在产业链中均衡分配收入和成本,从而均衡利润,促进产业链运行的公平性。

六、通过先进的产业链模式提高产业链运行柔性化

产业链运行更加协调顺畅的核心是柔性化,包括对市场反应灵敏的产品柔性化、原材料信息的采购柔性化、高效稳定物流体系的物流柔性化、适应市场需求的创新柔性化、有效传递信息的信息柔性化。数字产业链通过先进的产业链模式提高产业链各方面的柔性化程度,从而促进产业链协调、顺畅发展。首先,数字产业链通过庞大的消费者信息流数据流洞察市场变动,通过大数据等手段及时响应市场变化,为产品生产、变革、创新提供市场依据。其次,数字产业链将以生产为中心的产业链模式转变为生产消费互动的产业链模式,以消定产防止资源错配,有效协同原材料信息。最后,数字化渗透进入物流体系,随着信息技术的不断发展形成物流网,促进物流体系的高效运行。最后,知识和信息的数字化转变加快了信息的传递速度,各主体在数字平台的直接对接降低了信息传递的难度,提高信息柔性化程度。

综上,从产业链现代化的相关维度出发,进行数字经济赋能中国产业链现代化的路径分析。首先,就产业链现代化的创新能力要求而言,数字产业链首先提升自身创新水平,后通过产业融合形成知识技术外溢,促进产业链创新能力的提升。其次,就产业链附加值而言,大数据价值系统应用于传统产业链,使传统产业链附加值提升。再次,就绿色可持续发展能力与数字化水平而言,数字产业链通过助推绿色全产业链的构建提升产业链绿色发展水平,通过数字化优势推动

产业数字化转型。第四,就产业链安全发展的方面而言,数字产业链通过控制网络节点风险和平台监测规范产业链的发展更加安全可靠。第五,就产业链运行的公平方面而言,数字产业链从防止信息不对称与均衡收入分配两方面保证产业链的公平运行。最后,数字产业链通过提升产业链运行的柔性化来促进产业链的协调顺畅发展。

第六节
数字经济赋能中国式产业链现代化的政策支持

产业链现代化是产业链发展的重要导向,随着数字经济的发展,数字产业链在产业链现代化进程中逐渐发挥至关重要的作用,抓住数字产业链这一产业链现代化的关键机会,要从宏观、中观、微观三个层面入手,把握产业链现代化的数字产业链动脉。

一、宏观层面的政策支持

在宏观层面,积极制定产业政策,提高数字产业链技术层次,促进数字产业链与传统产业链的融合发展,提升传统产业链数字化水平,推动产业链创新能力提升。同时,提高产业监管能力,促使产业链安全自主可控,保证产业链数字化进程中的安全平稳性。一是推动数字产业链重点领域龙头企业的发展,强化核心技术突破,优化数字产业政策保障。充分发展数字龙头企业的带头作用,依靠龙头企业的市场地位整合创新资源,聚焦新一代信息技术,梳理产业技术薄弱环节,以龙头企业为主体展开产学研合作合力攻关。加大核心技术突破力度,建设科技基础研究、创新服务重点工程,掌握科技发展的主动权,突破"卡脖子"技术的限制,围绕产业需求加强技术研发投入。针对数字产业的特殊性调整相应的产业政策,优化财政政策扶持数字产业的创新项目的实施,强化金融支持政策促进政府引导的数字产业领域投资、健全监管政策加快相关法律体系的完善等。二是促进数字产业链与传统产业链的融合发展,推进传统产业链的数字化转型。明确产业链数字化发展导向,加强对产业链整体的数字化规划,发展数字化业务,推动数字技术在产业链发展过程中的创新化应用。注重打造重点数字化领域,推动数字化示范企业和产业标杆发挥示范引领效应,不断提升产业链数字化升级的支撑能力。三是提高产业链监管能力,针对数字产业链的特征调整监管方式,探索协同治理模式,营造有利的制度环境。随着数字产业链与传统产业链的不断深入融合,需要对原有的监管体系进行必要调整,构建政府、企业、社会等多主体共同的协同治理监管格局,在原有监管体系的基础上更加注重数据隐私层面的监管,构建数字化征信体系,推动监管体系更加精准可靠的运行。同时,重视产业链安全自主可控能力的提升,双循环新发展格局强调产业链循环,因此,产业链安全自主可控需要高度重视,要从产业政策方面夯实产业基础,突破产业链关键环节和瓶颈制约,守住产业链安全底线①。

二、中观层面的政策支持

在中观层面,注重产业链群生态体系建设,升级产业园区建设思路,利用信息平台形成跨区联动,促进产业链运行的可持续与协调顺畅。同时,扩大平台产业覆盖面,建设全面、有效、可监控的产业信息流通平台,为产业链的安全可靠运行提供保障。一方面,加快推动传统产业集群转型升级。拓宽数字产业链的应用场景,形成产业的跨区联动,转换传统区域产业园区建设思路,打破地理限制形成平台产业集聚,充分发挥各产业优势,构建新技术、新业态、新模式的现代产业体系。另一方面,完善数字产业链平台建设,通过数字平台提升产业链现代化水平和其自主可控能力。扩大数字化平台的产业包容度,促进信息流通交流更加全面、透明。促进信息化与工业化的深度融合,加快网络技术发展,推进工业互联网平台的产业化应用,采用平台思维改造传统产业,通过平台进行统一监管,促进产业链的规范化运营。

三、微观层面的政策支持

在微观层面,企业应当以产业链为依托进行发展,提高企业技术水平,拓展企业边界,延长企业价值链,注重价值制造主体的多元化,提升价值链附加值的

---

① 任继球:《从外循环到双循环:我国产业政策转型的基本逻辑与方向》,《经济学家》2022年第1期。

创造能力。一是企业应当具有主动融入产业链群生态系统的意识,融入具有数字化特征的链群生态体系,从而以此为依托推进自身的数字化变革进程,通过企业数字化升级改变组织模式。提高企业自身技术水平,注重数据资源的开发利用,以数据资源的驱动力量为基础,提升企业的数字化创新能力。二是企业应当重视企业价值创造主体的多元化,开展商业模式创新,注重供应商、消费者、客户等多主体的有效联动,通过多主体间的信息数据流通,打破企业与外部环境边界,提升企业价值创造能力。通过数字技术核心软件创新能力引领,围绕产品升级企业制造水平,精准把握用户需求走势,不断升级产品和服务。

第十一章
数字经济赋能中国式城市现代化

城市现代化是现代化的重要方面,作为经济发展的重要载体,城市是我国各类要素资源和经济社会活动最集中的地方。二十大报告提出推进以人为核心的新型城镇化,加快农业人口的市民化。以城市群、都市圈为依托构建大中小城市协调发展格局。二十届三中全会《决定》提出健全城市规划体系,引导大中小城市和小城镇协调发展、集约紧凑布局。我国城市发展波澜壮阔,已俨然成为加快我国现代化进程的"火车头"和推进我国现代化建设的重要引擎。与此同时,数字经济的蓬勃发展赋予了城市现代化更丰富的内涵和要求,也为中国式城市现代化提供了新机遇和新路径。在此背景下,发挥政策的引导作用,推动数字经济赋能中国式城市现代化,更有利于加快中国式城市现代化进程。

第一节
在中国式现代化新征程中推进城市现代化

城市化是现代化的标志,是现代化的必由之路。作为经济增长的动力,城市现代化在中国式现代化进程中扮演着不可或缺的关键角色,因此也被置于极为重要的战略地位。城市现代化与中国式现代化的特征高度契合,并对现代化要求中的实现经济高质量发展、实现"双碳"目标、实现人的全面发展具有重大意义。

一、推进城市现代化是实现经济高质量发展的需要

高质量发展是全面建设社会主义现代化国家的首要任务,城市则是实现经济高质量发展的主要战场。从理论上来说,经济发展主题是结构性转变,结构转变主要表现在两个方面,一是产业结构的转变和升级,第一产业比重减低,第二、三产业比重不断提升,这是工业化过程。二是就业结构的转变,农村就业人口的减少,城市就业人口的增加,这是城市化过程。从实践上来说,作为一个具有后发优势的后现代化国家,我国在面对工业化、城镇化、信息化等多重任务时,得益于阶段性优势、大国优势和制度优势创造了中国经济增长奇迹,但与此同时,高速的现代化推进使我国社会发展面临众多矛盾与冲突。当前,我国经济发展到了质效提升的关键时期,在推进城镇化的基础上,推进城镇城市化,再进一步推进城市现代化成为接下来的重要目标。我国目前整体上已经进入城市现代化阶段,在这一过程中要充分发挥城市现代化的效能,着力推动经济高质量发展。

一方面,城市现代化有利于激发大量市场需求。现代化城市具备更好的交通、水电、住房等基础设施以及医疗、教育、就业等社会服务,能有效地激活中心城市市场。随着城市现代化的发展,农业转移人口市民化以及人均可支配收入的大幅提升,消费体验、消费环境不断得以优化,消费品的多样化、品质化特征愈发突出,消费领域新业态、新模式持续涌现,新的消费格局逐渐形成,我国巨大的消费潜力也不断被挖掘;并且基于城市现代化营造的良好发展环境,企业将利用

市场释放出的积极信号扩大有效投资进行生产,促进投资与消费之间的良性互动。我国在面对充满各种不确定性的外部环境时,依靠拉动经济增长的"三驾马车"中消费和投资协同发力,牢牢抓住扩大内需的战略基点,将助力进一步夯实我国经济恢复增长的基础。

另一方面,城市现代化有利于促进知识溢出和技术扩散。随着城市现代化水平的提高,城市集聚经济和网络外部效应不仅有利于节省大量运输费用和交易费用,也有利于企业创新网络和社会交往网络的形成发展,降低获取有关生产生活活动相关信息的成本。集聚外部性因各区域地理位置接近而有利于显性知识的传播,网络外部性通过政治、经济、社会、文化等多维因素形成的社会网络突破空间距离的局限,在两者的互补作用下,溢出效应的范围扩大、程度加重。此外,城市现代化下的经济主体本身则具备较丰富的知识禀赋,对外界知识的吸收和应用能力也较强,这也将大大增强溢出效应的效果。根据新增长理论可知,各企业借助城市现代化带来的知识和技术的溢出效应,在单位投入中可以获得更高的边际产出和要素报酬,从而提高全社会的生产率,推动我国经济长期稳定增长。

二、推进城市现代化是实现"双碳"目标的需要

城市是能源和环境问题频发的集中地,也是能源消耗的主体,全球约 80% 的能源消耗集中在城市。自我国进入新发展阶段以来,城市化的负效应日益凸显,我国过去"高能耗、低产出"的发展道路不可持续。城市现代化则以生态文明为硬约束,强调生产、生活、生态的有机统一,着力推动能源利用模式从高碳高能耗向着低碳低能耗方向转变,则在提高能源利用效率的过程中将促进"双碳"目标的实现。

城市现代化的要求倒逼产业结构升级。城市现代化充分体现了绿色的新发展理念,明确提出要建设现代化产业体系的要求。这一要求将清洁低碳、高效集约作为产业筛选标准,推动城市内的传统产业淘汰落后产能、战略性新兴产业融合集群发展。对于传统产业内的企业,严格的环境规制迫使其将外部成本内部化,其中一部分企业通过生产方式转型降低单位能耗、继续保证企业利润,另一

部分企业则因难以调整生产方式造成亏损过大、被市场淘汰,如此优胜劣汰便可以有效解决低端产能过剩的问题,最终实现整个传统产业的改造升级;对于战略性新兴产业内的企业,它们自身就具有较高的能源使用效率,并且在政府政策的引导和鼓励作用下,要素的使用成本将进一步降低,因此将加速全社会的生产要素向新兴产业转移和集中,促进整个新兴产业的发展壮大,从而实现城市产业结构升级。

产业结构优化助推"双碳"目标实现。产业结构与碳排放关系密切,由于我国第二产业存在高耗能、高排放、低能效的问题,第二产业密集的城市区域能源损耗问题则更为严重,因此优化城市区域产业结构是我国实现碳中和的重要途径。一方面从解决城市第二产业内部问题下手,通过运用绿色技术等手段降低碳排放总量和强度,提升能源使用效率;另一方面从调整城市总体产业结构出发,将我国城市总体产业结构从"二三一"的工业化阶段转向"三二一"的高质量发展阶段,拉高能耗低、附加值高、就业密度高的第三产业占比,实现经济增长与碳排放"脱钩"。随着城市第二产业的绿色转型和城市总体产业结构的优化升级,我国主要由城市引起的高能耗的问题得以解决,我国的"双碳"目标必将如期实现。

三、推进城市现代化是实现人的全面发展的需要

党的二十大报告中把"人"作为"中国式现代化"五大特征的核心主体,并提出"人民城市人民建,人民城市为人民"的重要理念,深刻揭示了我国新时代城市发展的宗旨、主体和根本目的。没有人的现代化,即使客观上具备了现代化的物质基础也不能算是一个真正现代化社会,因此,城市现代化以"人"的全面发展为应有之义,深刻贯彻人民城市的重要理念,把不断满足人民对美好生活的向往作为城市发展目标遵循。

在物质层面,城市现代化在确保基础设施完善、商品供应丰富、居住环境宜人等方面发挥重要作用。由于城市人口相对集中,政府提供公共服务的效率也相对较高,城市现代化过程中将产生内需扩大、规模经济、外部经济等经济增长新动力,并且转移农村剩余劳动力可以促进城乡各产业融合发展,消除城乡二元

结构，对整个社会高度物质文明的建设具有巨大的推动作用。

在精神层面，城市现代化对个体的思维、观念、意识、兴趣等方面产生了深刻影响。城市现代化通过营造开放包容、自由平等的社会环境，以及对封建陋习、愚昧盲从等非现代因素的扬弃，激励人的主观能动性的发挥，同时也有利于转移人口对现代城市文明的适应，推进城乡精神文明建设融合发展，进一步丰富全社会人民的精神文化生活。

在制度层面，城市现代化进程依靠各项制度安排得以稳步推进，如收入分配制度、社会保障制度、就业培训制度、教育均等化制度、文化包容制度、生态维护制度等，而人的全面发展所需的开放平等、文明和谐、科学管理、创新激发等社会条件则可通过城市现代化中有效的制度安排得以满足。因此，城市现代化相应的制度保障也是实现现代化所需要的制度供给，城镇化释放制度红利的过程事实上也在推进着现代化。城市现代化形成让更多人共享社会发展成果的制度体系，使现代化制度供给更契合人的现代性要求。

第二节
数字经济赋能中国式城市现代化的新要求

依据发展经济学的基本原理，工业化是现代化的主线，也是城市化的原因，城市化是工业化的结果。有中国式现代化，必然会有中国式城市化。与中国特殊的国情和工业化相联系，中国走出了一条不同于欧美发达国家，也不同于拉美发展中国家的中国式城市化道路。中国式城市化道路的特征体现在：一是与中国特殊的二元经济结构相适应，中国式城市化起点低而发展快、城市发展的层次多和区域差别大。二是以大城市为主导，大中小城市和小城镇协调发展。三是由市场的主导作用的工商业城市发展和以政府为主导的行政等级城市发展共同推进。城市现代化是指城市在经济、科技、社会生活等方面的现代化水平不断提升，使城市整体的发展和竞争力达到先进水平，也意味着城市发展质量的不断提高。城市现代化的标志是先进生产力和高度物质文明、完善高效的基础设施、优美的生态环境、高水平的管理、人的现代化。可见城市现代化不是简单的城市人口比例增加和规模扩张,而是强调以人为核心,在基础设施、产业发展、资源配置、政府治理等方面均符合现代化的发展要求。党的二十大报告中指出,要"提高城市规划、建设、治理水平,加快转变超大特大城市发展方式,实施城市更新行动,加强城市基础设施建设,打造宜居、韧性、智慧城市。"当前,随着数字经济的快速发展,我国城市现代化被注入了新的时代内涵,同时也对我国城市现代化提出了新的目标要求。

一、建设高效集约的新型基础设施

基础设施是社会民众生活中最基础的一般物质条件,涉及交通运输、供水供电、邮电通讯、文化教育、医疗卫生以及社会福利等基础领域。而新型基础设施不是传统基础设施建设概念的简单扩充,也不是物理意义上的量变,而是技术发展方向、思维管理方式和社会治理方式的质变。中央经济工作会议中将5G、人工智能、工业互联网、物联网定义为"新型基础设施建设",与传统基建相比,充分吸收新科技革命成果的新基建内涵更加丰富,涵盖范围更广,更能体现数字经济特征,更有利于数字城市、数字中国建设。

2020年"新型基础设施建设"首次被写入政府工作报告,同年国家发改委提出"以新发展理念为前提、以技术创新为驱动、以信息网络为基础,面向高质量发展的需要,打造产业的升级、融合、创新的基础设施体系"的目标。数字经济背景下的城市现代化需建设高效集约的新型基础设施,城市现代化下的基础设施不仅要保证居民基本公共服务系统正常运行,也要为人们提供通信网络、智能计算、融合创新等便民服务,充分体现出技术进步带给社会生产生活的高效性和便利性,同时也要解决中小城市公共基础设备配套不足的"半城镇化"问题,确保新型基础设施的好处惠及各方。

二、培育融合创新的数字经济产业

数字经济产业包括产业数字化和数字产业化两方面,其中,产业数字化是数字经济发展的主阵地,是指由传统产业应用数字技术带来生产数量和效率的提升;数字产业化是数字经济发展的先导产业,主要包括电子信息制造业、电信业、软件和信息技术服务业等新兴行业。纵观全球现代化进程,现代化道路上的重要进展都是由产业革命或科技革命所推动，因此城市现代化下的产业体系要与现代产业革命和科技变革相适应，大力推进产业数字化转型和数字产业化发展。

我国"十四五"规划和2035年远景目标纲要明确提出"促进数字技术与实体经济深度融合，赋能传统产业转型升级"，《"十四五"数字经济发展规划》把"数字经济与实体经济融合取得显著成效"作为数字经济发展目标之一，党的二十大报告要求"建设现代化产业体系，打造具有国际竞争力的数字产业集群"。城市发展过程中应充分处理好"城市"与"产业"的关系，坚持"以产兴城、以城促产"，在城市现有传统产业趋于饱和的状态下，要加快传统制造业和服务业中的部分业务转化为在线形式；同时促进数字化新产业新业态萌生，以满足居民的多样化、个性化需求，致力于在整体经济运行过程中，形成更透明、更简洁的信息传递中间环节和更高效、更集约的资源组织方式，通过提高经济社会运行效率，培育融合创新的数字经济产业，缓解我国疫情冲击带来的经济下行压力，为我国经济高质量发展注入新动能。

三、提供开放共享的数据资源平台

数据是数字经济时代的基础资源和关键生产要素，现已成为推动经济全要素变革的重要力量，城市现代化生活中经济、社会、政府、文化等各方面的发展都离不开数据资源应用。但在现阶段的实践过程中，由于存在数据标准不一、数据版权缺失、数据安全隐患等情况，海量数据散落在各地区各层次的不同部门之中，并且部门间、地区间存在的信息保护行为也严重阻碍了数据经济价值和社会价值的发挥。鉴于城市现代化进程中新业态的快速涌现，必将会带来各领域数据规模指数型增长，若未能对数据资源进行合理利用，不仅会造成资源浪费和资源利用效率低下，甚至还会形成为我国现代化建设道路上的重大阻力。

2022年国务院发布的《关于加强数字政府建设的指导意见》指出"完善数据资源体系是驱动数字化全面发展的重要基础"，要"加强数据资源体系建设，创新数据管理机制"。数字经济背景下的城市现代化需提供开放共享的数据资源平台，解决传统信息化平台建设中的数据孤岛、资源浪费、重复建设等问题，依托大数据的发展扩宽数据共享渠道，强化不同地区、不同部门、不同层级、不同领域之间的沟通联系,通过开放共享的平台,建设我国标准化基础数据库、业务资源数据库和相关专题库,为城市居民、企业单位、政务人员等主体处理各项事务提供便捷通道,增进彼此之间的合作关系,实现数据资源利用率的提升。

四、构建智慧精细的城市治理体系

城市治理是指由城市范围内多元主体组成的相互依赖的治理网络,在平等的基础上通过协商合作,以解决城市公共问题、提供城市公共服务、增进城市公共利益的利益整合过程,城市治理体系则是基于城市治理的一系列制度的系统安排。随着城市现代化进程的推进,城市将承载越来越多的人口,若沿用传统的主观性很强的经验决策城市治理手段,很大程度上会因决策缺乏科学性且难以贴合居民个性化需求,限制城市进一步发展。

党的十八届三中全会在《中共中央关于全面深化改革若干重大问题的决定》中首次明确地提出要"推进国家治理体系和治理能力现代化";2020年习总书记在浙江考察时指出,"推进国家治理体系和治理能力现代化,必须抓好城市治理体系和治理能力现代化"。数字经济背景下的城市现代化需构建智慧精细的城市治理体系,让城市更聪明一些、更智慧一些,这就要求城市决策由经验向智慧转变、政府治理由粗放向精细转变,积极运用前沿技术推动城市管理手段、管理模式、管理理念创新,使城市治理体系既要具备数字化的特征,让人民群众享受更加便利的智慧化服务;此外还要契合国家治理体系和治理能力现代化的要求,在变与不变之间进行动态调适,实现动态平衡与动态稳定,防控现代化中的挑战与风险,提升城市吸收外界冲击和扰动的能力,确保现代化进程有序推进。

第三节
数字经济赋能中国式城市现代化的途径

自党的十八大明确新型城镇化的发展路径以来,我国城市发展成效显著,新型城市建设有序开展,大中小城市正朝着城市现代化方向扎实迈进,但在此过程中仍面临发展不平衡不充分的问题。与此同时,数字经济的发展可通过新型基础设施、创新融合产业、整合数据资源、智慧治理体系赋能城市高质量发展,为实现城市现代化提供可行途径。

一、以新型基础设施推动城市建设现代化

新型基础设施的建设水平是衡量城市现代化程度的重要标志,同时也是推进城市现代化发展的关键支撑。以新型基础设施推动城市建设现代化:

一是要同时兼顾传统基础设施建设和新型基础设施建设。现阶段我国仍有部分地区的传统基础设施尚未建设完全,存在行业发展不平衡、区域发展不平衡的问题,而传统基建在为居民提供住行保障、创造就业机会等方面发挥着重要作用。因此,数字经济时代下在加快推进新基建的同时也要不断完善传统基建,加强两者的有机联动。注重传统基建的基础性作用,填补现有城市传统基建现存的发展不平衡的短板;稳步推进新基建发展,为传统基建注入数字活力,助力城市基础设施建设系统发展。

二是要同时兼顾新型基础设施在物质层面和制度层面的建设。新基建既包含涉及物质领域内的"硬性新基建",也包含涉及制度规则领域内"软性新基建",二者相辅相成、相互促进。正确处理二者之间的关系是提升新型基础设施建设水平的重要环节,要推动"硬性新基建"在物质生产领域的促进作用,运用数字经济下发展的硬核科技加快信息基础设施升级、加快融合基础设施布局、加快创新基础设施优化,打造现代化的城市基础设施;同时也要推动"软性新基建"在制度规则领域的规范作用,营造与当前生产力发展状况相适应的政策环境,有效释放新基建带来的市场活力,把握整体城市现代化的建设方向。

二、以创新融合产业推动城市产业现代化

从历史发展规律来看,每一个国家的现代化道路都受到了产业革命带来的巨大影响,因此抓住产业革命的发展机遇将有利于推动城市产业现代化进程、促进城市现代化发展。以创新融合产业推动城市产业现代化:

一是要把产业创新作为引领城市产业现代化发展的核心动力。随着我国全面参与并主导第四次产业变革,我国创新水平不断提升,现已进入创新型国家行列。技术创新往往是新产业诞生的起点,技术创新可以带来产品创新,为产业分

工创造条件;同时也有助于生产效率的提升,进一步激发出更多城市需求。因此,要优化创新环境,利用城市对高素质创新人才的吸引力,培育符合创新发展要求的人才队伍,利用城市形成的产业集群,引导企业加快发展研发力量,以实现新技术对传统产业的改造和新兴产业的孵化,加速实现城市产业发展由支撑向赋能转变。

二是要把产业融合作为建设城市产业现代化结构的主要方式。如今产业体系存在产业边界模糊化甚至重划产业界限的趋势,技术创新对某一产业创新的影响逐渐波及不同产业,形成产业间相互促进的发展效应。以技术创新激发城市产业数字化活力后,要加速推进城市传统产业间的融合、传统产业与新兴产业间的融合、新兴产业间的融合,打造具有强大竞争力的城市产业集群,以塑造产业间新型竞争协同关系,优化城市资源配置,加快构建城市现代产业体系。

三、以整合数据资源推动城市布局现代化

大数据作为数字经济时代下的基础性战略资源和关键生产要素,以智能产品为载体在人类经济生活中创造出巨大应用价值,为我国城市智能升级奠定了良好基础,有助于提升我国城市现代化发展水平。以整合数据资源推动城市布局现代化:

一是要不断挖掘数据潜在价值。当下全球数据体量庞大,但数据价值密度较低,在此情况下,经济活动更为活跃的城市拥有更丰富的数据,也就意味着拥有更高潜在价值。为满足城市各主体的数据需求,须从大数据处理的数据采集、数据存储、数据处理、数据展现四大环节出发,以高端先进的数据处理技术为支撑,有效处理各环节面临的数据量庞大而引起的超负荷问题,建立安全可靠的数据采集系统和与其容量级别相匹配的数据存储系统,加强数据信息的可破译性、关联性、及时性,从而提高城市获取数据的价值密度。

二是要不断探索数据应用新模式。数据的真正价值在于应用,没有应用价值的数据只是一串字符,并不能对经济社会产生较大影响,而当数据与实物相融构成智能产品时,则可切实改变城市居民的生产生活。城市中存在大量多样化需求,因此当前的大数据平台应运用自身的数据处理能力,识别出消费者的偏好

并积极进行产品创新,不断扩大数据在不同场景、不同领域的应用范围,从而在城市中实现虚拟世界与现实世界的有机结合,使城市智能硬件市场与智能软件市场的布局更加科学合理,将数据资源培育为我国城市经济社会现代化发展的新的驱动力。

四、以智慧治理体系推动城市治理现代化

城市智慧治理体系建设是构建完整城市治理制度框架的应有之义,也是实现城市治理科学化、精细化的必要前提,不断完善优化城市智慧治理体系,在很大程度上将高效推进城市治理现代化进程。以智慧治理体系推动城市治理现代化:

一是要实现城市决策由经验向科学转变。在我国过去的城市规划及政策制定过程中,以主观导向为主的经验决策导致了资源浪费和政府失灵情况频繁发生,而转型为以客观评判为主的科学决策则可以降低非必要资源损耗和投资管理政策出错的几率。在这一转变过程中,需要通过数字技术可对城市要素禀赋、区位优势、发展现状等基本信息有一个全面且具体的实时动态把握,以减弱市场信息不完备的影响,有效预测城市发展过程中的有利机遇和潜在危机,提高城市治理的能力,推动城市治理的科学超前布局。

二是要实现政府治理由粗放向精细转变。现实社会中的某一经济行为往往会受到多方面因素的影响并反作用于社会的方方面面,因此在治理过程中某项措施的实施效果与理想社会下的预设结果之间会存在较大偏差。面对复杂的现实社会,以智慧治理方式实时收集数据信息,及时获取多样化、个性化、具体化的群众关注点,感知不同群体的不同需求,利用聚类分析细化群众的各类需求,通过数据分析、理论分析、经验分析对需求做进一步精细化分类,从而助力城市公共服务结构性变革,在精准服务和主动服务方面提升城市治理的效率,加快推动城市治理体系和治理能力现代化。

第四节
数字经济赋能中国式城市现代化的政策创新

实现城市现代化是全面建成现代化国家的关键一步,党的二十大报告明确提出到二〇三五年基本实现社会主义现代化的战略安排,从国家层面对现代化推进工作指明了方向和举措,为各级政府和社会各方面在新形势下基本实现现代化提供了重要遵循。当前城市现代化建设与数字经济发展并行,为使二者形成更密切的良性互动,必须从宏观、中观、微观三个维度综合施策、全面发力,才能更好推进我国城市现代化发展。

一、完善城市建设规划,把握宏观方向

全面建设现代化城市,就是要从根本上转变过去不均衡、不适配的粗放式城市发展方式,制定更加科学合理的城市现代化发展规划。因此要从顶层设计入手,在数字经济背景下利用信息化技术因地制宜地开展城市建设,通过不断完善我国城市建设规划,有计划有步骤推进城市更新行动。

现代城市发展变化日新月异,路线规划和治理方式也应基于现状并结合发展的角度做出适当调整,而通过数字化、智能化、信息化等手段能够对我国各城市现阶段发展状况做出科学分析,并迅速定位个性和共性问题及时调整短期决策,提高城市治理效率与精细化水平,减少信息不完全造成的不良后果。首先要为科学规划指导城市建设提供强大的信息基础,健全城市信息数据库及信息安全监管机制,并打造一体化政务服务平台,建立起一套可操作性较强的城市级信息共享交换体系,推动数字化政务系统跨部门、跨区域运行,真正实现政务信息大联动。其次要整合多种数字技术手段,立足于城市自身优势资源和个性特色,形成可以应对市民多样管理需求的城市综合体系,充分展现城市的包容性与弹性,并针对不同城市的自身问题对症下药,推进超大特大城市瘦身健体,支持培育新生中小城市,同时要坚持新老城区协调发展原则,杜绝新城重复建设。此外,便利的网络平台更有利于组织和个人均参与到城市治理之中,推动社会治理

重心向基层下移,切实保障城市居民的知情权、参与权、表达权、监督权,形成人人监督、人人管理的城市多元共治治理格局,将以人民为中心的发展思想贯穿于城市工作各个环节。

二、优化城市产业结构,稳固中观基础

由城市经济学的理论研究及发达国家的经验总结来看,具有不同优势和个性特征的城市在整体城市系统中发挥着不同的作用,因此要依托数字经济下新型基础设施的发展,针对不同类型城市提出不同的产业结构安排。

以5G基站、大数据中心、人工智能、工业互联网等新一代信息技术为代表的新型基础设施的发展,以及新基建与旧基建的深度融合,有利于我国城市传统产业数字化转型和新兴产业的发展壮大。在城市现代化的空间布局方面,要推动大中小城市协调发展,合理确定城市规模。首先,超大特大城市是我国基础设施建设最为发达的区域,拥有优越的制度环境和政策支持,充分具备利于研究开发和知识创新的客观条件,因此应大力推动以技术、知识为导向的超大特大城市建设,在这些城市中着力发展新兴产业,同时也要破解城市规模无序扩张导致宜居性下降的"大城市病"问题,有序疏解中心城区一般制造业以及分配不均衡的公共服务资源。其次,中小城市开展创新活动的要素禀赋相对较弱,不适于进行大规模产业创新,一方面要利用自身发展特征发挥比较优势,参与某一个或几个特定行业内的专业化分工;另一方面要利用大城市技术知识的外溢效应,通过学习先进生产技术获得更高的生产效率。此外,城市现代化不可能离开乡镇发展而孤立存在,但我国目前仍面临城乡区域发展差异较大的问题,因此要实现城乡统筹发展,并充分发挥城市的带动作用,以城市反哺农村[①],推进以县城为重要载体的城镇化建设,逐步消除城乡差异,实现共同富裕。

三、引导城市主体创新,激发微观活力

只有创新才能把握时代、引领时代,根据熊彼特的创新理论,经济创新的主体是企业家,企业家的核心职能是实现创新,因此要强化企业科技创新主体地

---

① 丁任重、吴波:《城市现代化的特征与路径》,《城市问题》2012年第6期。

位,积极引导城市微观主体通过创新实现数字技术新突破,以创新驱动城市现代化发展。

创新与现代化之间存在双向影响,具备更大市场需求规模与更高金融集聚水平的大城市拥有更多创新产出[①],而创新能力更强的城市其现代化程度也更高,即创新是城市现代化发展的第一动力。为提高城市创新水平,首先要建立具备创新精神的高素质城市企业家队伍,加快完善公平公正的人才选拔制度和人才激励制度,营造鼓励冒险、包容度高的社会氛围,促进城市企业家的孕育、培养和造就。其次要有秩序、渐进式地调整城市产业结构,改变城市经济社会面貌的创新是一个痛苦的创造性破坏过程,不应因新兴产业浪潮到来而迅速完全摒弃传统产业,而是要利用数字信息技术,改造国民经济中不可或缺的传统产业结构,加深新旧产业之间的相互渗透。此外,还应建立起完整的城市创新生态体系,在要素整合环节,积极培育由人才、资金、信息、知识等创新要素构成的城市科研力量,推动城市创新链、产业链、资金链、人才链深度融合;在研发创造环节,深化城市财政科技经费分配使用机制改革,完善城市风险分担机制,大力发展风险投资事业,并加强企业主导的产学研深度融合;在商品化环节,加大对城市主体知识产权的保护与激励,发展各类技术产权交易;在社会效用化环节,提高城市科技成果转化和产业化水平,将科研成果或形成的商品应用于城市社会生活等领域的环节。以一系列科技政策加快城市创新驱动发展战略实施,为城市现代化建设提供源源不断的动力。

四、 提升城市系统韧性,贯穿发展全程

全球范围内疫情、火灾、洪涝、地震等各种突发事件频发,给我国城市造成了巨大经济损失,也导致我国城市系统变得脆弱不堪,基于韧性城市理论,提升城市系统韧性有助于城市在面临黑天鹅式风险以及各类灾害时,具备快速应对和恢复能力以及善于将机遇转化为优势的能力,结合历史经验教训来看,提升城市系统韧性势必是日后城市现代化发展的重点。

建设韧性城市要将韧性理念贯穿于城市规划、产业经济、基层治理等各个领

---

① 纪祥裕:《大城市更有利于创新吗?》,《首都经济贸易大学学报》2021年第1期。

域的实践过程中,同时也要不断积累城市发展的新优势。根据韧性城市规划思路的四环节[1],首先在风险识别环节,要基于大数据的数据分析与信息互动,形成"大数据+地理信息+城市分析"的内核算法,推进灾害预测、预报和预警技术的进步,精准判断识别城市面临的危险因素;其次在状态评估环节,要健全城市体检评估工作制度,完善城市体检评估体系中安全韧性方面的指标,并配备城市体检评估专项资金,以城市体检诊断结果为依据,建立健全发现问题、解决问题、改善提升的闭环机制;再次是规划响应环节,建立一套完整的城市运行系统模拟平台,通过情景规划代表性地描绘未来城市的事件和趋势,分级编制面向城市不确定性的规划,尽可能将情景置于可控范围内;最后是策略制定环节,要提高规划者对城市发展的整体把控,除确保所制定的方案具备可行性、有效性以外,还应保证具备远见性、可调整性,以增强城市灵活应对潜在风险的能力。此外,还要在安全的基础之上,充分调动组织、个体等社会力量有序地参与灾害风险的应急救援,释放全社会的活力,进一步提升城市韧性,稳步推进城市现代化发展。

---

[1] 黄晓军、黄馨:《弹性城市及其规划框架初探》,《城市规划》2015年第2期。

第十二章
数字经济赋能中国式区域现代化

党的二十大报告中指出:"深入实施区域现代化战略、区域重大战略、主体功能区战略、新型城镇化战略,优化重大生产力布局,构建优势互补、高质量发展的区域经济布局和国土空间体系。"①二十届三中全会提出"完善实施区域协调发展战略机制","构建优势互补的区域经济布局和国土空间体系。"②中国式现代化是14多亿人口整体迈进现代化社会,是全体人民共同富裕的现代化,区域现代化则是中国式现代化的重要内容之一。城乡发展不平衡、区域发展差距不断扩大、经济社会和生态环境发展不平衡问题已经成为中国式现代化进程中必须攻克的难题。要在数字经济时代实现中国式现代化,就要利用数字经济发展优势解决区域发展不平衡问题,立足基本国情,探讨数字经济与区域现代化的关联关系,以寻找区域现代化实现路径。

---

① 习近平:《高举中国特色社会主义伟大旗帜 为全面建设社会主义现代化国家而团结奋斗》,人民出版社2022年版,第22—26页。
② 《中共中央关于进一步全面深化改革 推进中国式现代化的决定》,人民出版社2024年版,第21页。

第一节
区域现代化在中国式现代化中的地位

我国作为一个发展中国家,在长期的历史发展过程中,各区域形成了不同的经济发展模式、不同的社会文化、不同的自然地理条件等,在研究基于具体国情的中国式现代化时,就不得不提到区域现代化。区域发展不平衡的国情决定了中国现代化实现过程相应要采取"区域推进"的方式,以区域不平衡发展作为现代化的一种重要推进战略[①],全国现代化的进程提出了发达地区率先进入现代化的发展目标,通过发达地区对其他地区的带动作用加快全国范围内实现现代化的进程。2013年国务院批复同意《苏南现代化建设示范区规划》,支持苏南地区率先开展现代化建设区域实践探索;2019年江苏省政府又在苏南六个地区开展现代化建设试点,力图实行以苏南地区率先发展带动全省现代化建设的推进战略。通过总结发现在苏南地区率先基本实现了区域现代化[②]。

过去强调"区域推进"方式的区域现代化发展模式,是建立在一部分地区还未实现小康社会,提倡在已经实现小康社会的区域推进基本现代化建设,在还未实现小康社会的地区则以实现小康社会为发展目标。共产党人带领全国各族人民经过不懈奋斗,终于完成了脱贫攻坚、全面建成小康社会的历史任务。随着数字技术的发展,数字技术引起了中国经济的深层次变革,数字经济是现代化经济变迁的基本趋势,能够为中国现代化经济体系建设提供更好的要素匹配机制和创新机理机制[③]。数字经济通过实现要素体系现代化、产业现代化和人类劳动的现代化,推动实现全体人民共同富裕的中国式现代化进程。

从宏观视角看,区域现代化建设的国内经济环境已经发生深刻变革,全面建成小康社会之后,经济发展不平衡、不协调、不可持续等问题突出,区域不平衡的

[①] 洪银兴:《现代化理论和区域率先基本现代化》,《经济学动态》2012年第3期。
[②] 宋林飞:《苏南区域率先发展实践与理论的探索——从"苏南模式""新苏南模式"到"苏南现代化模式"》,《南京社会科学》2019年第1期。
[③] 汤正仁:《以数字经济助力现代化经济体系建设》,《区域经济评论》2018年第4期。

发展模式已经不具备继续实施的现实条件;从产业发展看,传统的区域现代化发展观念强调东部沿海地区依靠国际贸易发展和工业现代化推进区域率先实现现代化,在我国的新产业发展中,不仅强调工业现代化发展,更将农业现代化摆在解决三农问题、化解城乡经济发展不平衡,巩固脱贫攻坚成果的重要位置;从国际发展环境看,世界经济整体下行、中美贸易摩擦不断升级、新冠疫情对全球经济的负面影响仍在持续。在新发展格局下,中国区域现代化战略应当由以区域率先发展为特征的非均衡发展转向以区域协调为内涵的发展[1]。

一、区域现代化是中国式现代化的子集

当前学术界普遍认为区域现代化是一个动态过程,是一定地理区域内经济、政治、社会、科技、文化和居民素质等方面的转变过程,在时间上具有动态性,在空间上具有关联性。中国式现代化是立足于中国基本国情的现代化,是14多亿人整体迈进现代化社会,在跨越约960万平方公里的华夏大地上建设现代化中国,更是56个民族共享共建的现代化。一方面,经过几十年的发展,已经形成了不同区域在经济基础、社会、科学技术、工业化、城镇化等方面的巨大差距,在全国范围内设定统一的现代建设标准显然是行不通的。实现中国式现代化就要在全国范围内按照各区域经济社会发展基础进行分类,在全国现代化建设总体目标之下制定不同区域的现代化发展指标,因地制宜,利用区域经济发展优势推进现代化建设。另一方面,全国的现代化需要区域现代化的带动和引领,一个区域要实现现代化建设的可持续性,也不能抛开整体谈个体发展。发达地区率先进入现代化,但是其与国内其他地区有千丝万缕、密不可分的联系,其工业化生产的广阔消费市场在全国,生产要素的供给地在全国,尤其是现代化建设中最重要的人力资源供给来自全国。在国际国内双循环的新发展格局下,要求实现国内居民消费需求和国外市场消费需求协同,进一步加强了各区域间的经济联系。区域现代化是整体式现代化,以实现区域现代化子集推进中国式现代化进程。

二、区域现代化是中国式现代化的探路实践

从我国全面建成小康社会的40多年奋斗历史可以看到,全程经历了从解决

---

[1] 沈文玮、李昱:《中国式现代化、数字经济和共同富裕的内在逻辑》,《经济纵横》2022年第11期。

温饱到总体小康,再从总体小康到全面建设小康社会,最终达到全面建成小康社会的历史进程。从这个过程中看,全体中国人从解决温饱到全面建成小康社会,主要采用了循序渐进的方式,分阶段一步步完成目标,由点及面,由经济向政治、文化等方面辐射开来。中国式现代化是在全面建成小康社会后的下一阶段奋斗目标,全面建成社会主义现代化强国也要经历从基本实现社会主义现代再到全面建成富强民主文明和谐美丽的社会主义现代化强国。这个发展过程没有参照模板,更没有能够复刻的模式,是在中国具体、复杂的现实国情下"摸着石头过河"的艰难探索过程。中国式现代化在全国范围内制定一套适用各个地区的现代化建设标准是不现实的,绝不能是"一刀切"的全面现代化。区域现代化应当是遵循区域经济发展的内在规律,以各个区域的经济、社会、城镇化和工业化发展基础,探索立足区域优势的现代化路径,总结区域现代化的先行实践经验,不断在国家层面调整现代化战略布局,平衡各区域现代化,顺利完成从全面建成小康社会到全面实现中国式现代化建设的过渡。

三、区域现代化是以全体人民共同富裕为目标的中国式现代化

全面建成小康社会之后,中国式现代化建设成为了实现人民对美好生活向往的出发点和落脚点。共同富裕是中国特色社会主义的本质要求,也是中国式现代化的重要特征。习近平总书记反复强调:"我们说的共同富裕是全体人民共同富裕。"

从城乡经济发展差距来看,城乡居民可支配收入差距不断扩大,2022年城乡居民人均可支配收入比值达2.57倍,城乡每千人医疗卫生机构床位数比值为3.1倍。从区域经济发展差距来看,东部地区人口占到全国总人口的40.07%,而生产总值占到国民生产总值的51.78%,分别是中部地区、西部地区和东北地区生产总值的2.36倍,2.47倍和10.63倍;同一省内经济发展差距仍然较大,如全国GDP排名第一的广东省,2021年深圳市生产总值是云浮市的27倍;东部地区人均可支配收入最高为44993元,是中部地区的1.46倍,是西部地区的1.55倍,是东北地区的1.28倍。新发展阶段中经济发展不平衡问题成为推进全体人民共同富裕的中国式现代化面临的现实问题。习近平总书记在党的二十

大报告中指出:"高质量发展是全面建设社会主义现代化国家的首要任务。"高质量发展为全面建成社会主义现代化强国提供物质保障,而区域现代化则是构建高质量发展的区域经济布局。区域现代化建设是解决区域经济发展不协调问题、城乡经济发展不协调问题的关键,深入实施区域现代化战略,以区域现代化建设推进高质量发展,进而实现以全体人民共同富裕为目标的中国式现代化。因此,区域现代化是中国式现代化的初级阶段,现代化发展阶段中首先要经历区域现代化,才能全面推进中国式现代化。

第二节
数字经济赋能中国式区域现代化的理论机理

数字经济是云计算、大数据、物联网等以新一代信息技术为基石,以数字要素为核心生产要素,以创新、共享、合作为精神内核的经济模式,可分为数字产业化与产业数字化。数字经济这一全新的经济模式与区域现代化新模式的要求相适应。其一,数字经济凭借新一代信息技术,在挖掘内需方面具有显著优势。其二,数字产业化和产业数字化可有效推动产业结构升级。其三,数字经济发展受物理空间影响相对较小,可有效利好区域现代化。数字经济对区域现代化的影响体现在数字经济可促进产业结构升级,促进培育发展新动能。数字经济可助力产业布局优化,助力形成区域现代化新格局。

一、数字经济培育中国式区域现代化新动能

实现中国式区域现代化的前提在于维持经济的持续发展,亟需解决的便是新动能培育问题。数字经济可通过消费升级效应、技术进步效应以及资源配置效应助力产业结构升级,促进培育出符合中国式区域现代化新方向要求的新动能。

数字经济对于消费升级有着显著作用,消费升级可以通过恩格尔效应带动产业升级,促进制造业和服务业的高端化[1],扩大内需。数字经济对消费升级的

---

[1] 杨天宇、陈明玉:《消费升级对产业迈向中高端的带动作用:理论逻辑和经验证据》,《经济学家》2018年第11期。

作用主要表现为促进消费模式和消费观念的转变。一方面,数字经济可促进国内消费模式的转变。一是由线下消费向线上线下相结合消费转变。数字经济一方面拓宽消费品选购范围,以线上购物的方式拓宽远距离产地的产品销路;数字经济降低消费品选购难度,减少供需双方信息差,以视频、图片、文字的方式加深消费者对产品的了解。二是由粗放消费向绿色消费转变。在数字经济背景下,新型基础设施建设的推进将促进传统基础设施的更为功能完备,二者融合发展将提升产业生产效率,降低次品率,完善生产流程,优化生产布局,促进绿色集约化消费模式的形成。三是由离散消费向平台消费转变。数字经济以搭建平台的方式,将离散分布的生产者与种类繁多的消费品高效、条理地向消费者展示,降低了消费者的甄别成本,强化了消费品供给方的良性竞争,激发了消费者的消费欲望。另一方面,数字经济可促进消费观念的转变。一是由被动消费向主动消费转变。传统的消费观念是根据消费者需求选择购买相应的消费品满足消费者需求。在数字经济背景下,生产者可借助强大算力,通过大数据分析的方式,推测消费者的潜在需求,通过个性化广告推送的方式,刺激消费者购买有效需求外的消费品,完成由被动消费向主动消费的转变。二是由保守当期消费向理性跨期消费转变。数字金融的发展推进了花呗、白条等新型消费信贷的产生,拓展了消费者的跨期预算约束。受疫情影响,使用信用卡进行单笔大数额消费、过度超前消费等不良消费观念正在逐渐向理性安排跨期消费的方向转变。

数字经济是基于新一代信息技术的经济模式,本身具有外溢的技术进步效应,可通过培育新产业、催生新业态的方式,提升区域内产业的资本回报率和生产率,引导更多资本注入新产业、新业态当中,促进产业结构升级,培育发展新动能。其一,数字产业化作为数字经济的核心部分,将数字要素这一新要素作为核心生产要素,通过数字技术进行加工,以有效信息的形式转化为产出,培育出知识信息产业、网络产业、数字化文化产业等新产业。此类新产业由于核心生产要素的特殊性,对人力资本水平、技术水平要求较高,且具有知识外溢、干中学特性,往往保持着较高的资本回报率和生产率水平,有助于形成持续动能。其二,此类新产业所产出的成果相较于其本身价值,其对其他产业的附加价值更为显著,可大幅提升产业数字化水平,促进催生新业态。作为数字经济基石的物联网、云计算、人工智能等新一代信息技术使得数字经济具有以产业数字化的形式赋能现有产业、提高生产率和资本回报率的能力。其三，随着将来人工智能技术的不断完善与普及，一方面数字经济可通过采用成本相对较低的人工智能，替代雇佣大量低技术水平、旧技术水平劳动者，从而减少所耗费的人力成本，提高投入产出比。另一方面大量的劳动力被从相对危险繁琐低效的工作中解放出来，为新产业和新业态的形成提供劳动力基础。另外，数字经济可通过云计算与物联网相结合实现生产过程精准化，流程管理明确化，降低管理成本、监督成本，提高资源利用率，进一步提高生产率。

数字经济通过强化资本要素配置效率、催生共享资源配置模式以及塑造数字要素配置路径，激发资源配置效应，促进产业升级，培育新动能。第一，数字经济可强化资本要素配置效率。数字经济孵化了数字金融这一依托于新一代信息技术的普惠性质的金融手段。其普惠性质突出体现在数字金融对传统金融服务体系中所欠缺的中小企业、民营企业等"长尾"客户群体加强重视上①。数字金融得益于算法优化与算力升级，可凭借大数据、人工智能以及云计算等新一代信息技术将信用数据公开化、透明化、可视化，有效缓解资本要素供需双方的信息不对称问题，降低交易成本。第二，数字经济可催生共享资源配置模式。数字经济催生共享经济，借助强大的算力和数字技术，通过构建共享意识、降低共享成本以及提升共享效率实现对闲散资源的高效集聚和有效利用。数字经济的网络外部性与高渗透性决定其将是一种以创新、共享、合作为精神内核的经济模式，这成为催生共享经济这一模式的沃土。数字经济通过搭建共享平台的方式，利用算力对闲散资源进行整合、分类与监督，降低了共享行为的搜寻成本、协商成本与监督成本，提升了共享效率。第三，数字经济可塑造数字要素配置路径。数字经济的核心生产要素为数字要素，是一种将低价值的数据甄别、整合、分类、统计后转化为有用信息以便以知识的形式加以接收的生产要素。数字要素的配置路径表现为以赋能的形式广泛作用于各行各业，具体包括降低信息不对称、精准

---

① 郭守亭、金志博：《数字普惠金融对区域产业结构升级的空间溢出效应研究》，《经济经纬》2022年第12期。

匹配供求、挖掘潜在需求以及提升其他生产要素配置效率[①]，为推进产业数字化提供原料。

二、数字经济助力形成中国式区域现代化新格局

实现区域现代化的关键在于维持各区域经济发展的相对协调，亟需解决的便是形成发展合力问题。数字经济可通过强化政府与市场两只手的调控效率，加速城乡经济融合发展，助力形成符合区域现代化新方向要求的新格局。

数字经济背景下，政府的调控作用将进一步加强，数字政府建设将推进国家治理体系和治理能力现代化。其一，数字政府建设将提高政府工作效率。数字政府相较于传统政府，其优势主要在于数字体系的加持。数字政府在处理相关政务时，在借助信息技术将信息进行数据化处理的基础上，得益于数字产业化程度提升，数据初步处理阶段可借助以大数据、人工智能为基础的数字体系进行初步甄别、分类与提炼，政务处理精简化。另外，数字体系扁平化的组织形式可有效降低信息传递层级，在提高信息传递效率的同时，降低信息传递过程中的价值损耗风险。其二，数字政府建设将强化政府调控精度。以大数据、人工智能为基础的数字体系在政策制定方面也可发挥显著作用。具体而言，以数字体系为辅的政策制定将基于人民所反映的需求信息处理所得的数据，政策效果覆盖将更加全面、政策制定流程将更加科学，构建"用数据说话、用数据管理、用数据决策"的运行机制。在政策执行层面，基于真实数据所制定的政策可依据预期分为数个阶段性政策，将政策执行具体化，基于反馈数据进行适时调整、改善，进一步强化政府调控精度。其三，数字政府建设将加快政府调控态度由管制者向服务者、监督者的转变。数字体系不仅作用于政府内部，也作用于社会面。数字政府决策所需数据须由人民积极反馈，这就要求政府应当降低人民反馈信息难度、拓宽人民反馈信息渠道，以人民为中心，实现服务供给精准化、及时化。相应的，政府政策监督体系也应当适应数字化转型，将监督体系网络化，依托数字体系完成精准监督，实现实时监督。基于上述变化，数字政府所扮演的角色将不再是传统的

[①] 武宵旭、任保平：《数字经济背景下要素资源配置机制重塑的路径与政策调整》，《经济体制改革》2022年第2期。

管制者,而是向以人民为中心的平台型政府转变,扮演服务者、监督者的角色。

数字经济环境下,市场机制调节效率将进一步提升。数字经济发展带来了数字要素,催生了数字体系,通过积极培育数字要素市场和加强数字体系建设,可实现要素流动速度加快,市场环境有序规范,提升市场机制调节效率。一方面,数字要素市场培育将加速生产要素在不同市场间充分流动。数字要素相较于资本、劳动力、技术等传统生产要素,其主要区别在于所处空间和作用机制的差异。传统生产要素在物理空间中移动,受空间距离、物理障碍等因素影响,其作用机制为通过与劳动相结合生产商品,要求生产要素之间能形成有效配合,并具有相对较高的衔接程度。数字要素在数字空间中流动,受物理因素影响较小,传递速度快,其作用机制为通过加工数据产生有效信息,赋能生产过程,进而优化生产要素配置路径,加强生产要素之间的衔接。因此,培育数字要素市场有利于规范数字要素应用,令数字要素更好地赋能其他生产要素,减少要素错配,加快要素流动,提高市场机制调节效率。另一方面,数字体系建设将优化市场环境。随着数字要素应用范围的拓宽,基于数字要素互联互通的特性和数字经济共享合作的精神内核,市场易催生原始自发的数字体系。原始的数字体系将拓宽市场机制的调控速度以及调控范围,但缺乏对调控精度的要求。当市场调控失灵的情况发生,所造成的后果将更为严重。因此,须由政府牵头,积极制定完备的数字监管体系以及合理的数字规范要求,构建风险防范机制,促进形成科学、规范、可控的数字体系。完善后的数字体系有利于市场机制更好发挥供求机制、价格机制和竞争机制,有效优化市场环境,防控不良市场行为带来的负面影响,提高市场机制调节效率。

城乡深度融合是新时代区域现代化的关键一环,对加快国内大循环意义重大[1]。具体而言,数字经济将通过促进城乡要素流动互通、推进城乡产业融合发展、助力构建城乡统一大市场,加速城乡经济融合发展,缩小城乡经济差距。首先,数字经济能够促进城乡要素流动互通。政府出台了一系列利好乡村经济发

---

[1] 孙久文、蒋治:《新发展格局下区域协调发展的战略骨架与路径构想》,《中共中央党校(国家行政学院学报)》2022年第4期。

展的政策,为促进乡村经济振兴提供了初始动力。但要真正实现乡村振兴,须保证其经济发展的自发性。阻碍乡村振兴的一大难点就是城乡之间难以维持双向要素流动,其原因在于农业部门与非农部门生产率存在一定差距。数字经济可赋能农业发展,催生数字农业和更进一步的智慧农业,提升农业部门生产率,促进城乡要素按照市场机制自发流动互通。其次,数字经济能够推进城乡产业融合发展。一方面,数字经济背景下,不同产业间的分工将进一步深化,城乡产业的功能定位将进一步细化,城乡产业能更好地发挥自身比较优势。城市可大力发展对劳动力密集程度、资本密集程度要求较高的产业。乡村可依托自然资源禀赋,发展基于绿色技术的绿色产业,健全生态补偿机制,避免城乡间的产业结构趋同加重。另一方面,分工深化将促进不同功能产业间衔接紧密,要素、产品双向流通实现互补,相互影响。数字经济基于数字要素构建的数字体系和数字统一大市场,决定数字经济将成为城乡经济融合发展的融合剂,将模糊产业边界,促进城乡产业紧密衔接,实现城乡产业融合发展。最后,数字经济能够助力城乡一体化建设。数字经济对边界的模糊不仅体现在产业上,更体现在城乡意识形态上。数字经济创新、共享、合作的精神内核对于缩小城乡经济差距,促进城乡共建共治共享,形成城乡一体化消费市场都具有一定作用[1]。

第三节
数字经济赋能中国式区域现代化的新内容

罗荣渠教授在总结世界现代化三次浪潮时提到,每次现代化浪潮都是由工业革命或科技革命推动的。英国作为现代化进程的最早发端地,自第一次工业革命就开启了现代化进程,第二次工业革命将人类发展引入电气时代,技术和投资的空前增长,使得欧美国家的产业结构从轻工业转为重工业,基本实现了工业化。以高科技、新能源、人工智能引领的第三次工业革命促使发达国家工业升

---

[1] 黄永春、宫尚俊、邹晨、贾琳、许子飞:《数字经济、要素配置效率与城乡融合发展》,《中国人口·资源与环境》2022年第10期。

级,现代化在电子信息技术的推动下上升到了新的高度。从欧美国家现代化进程来看,英国现代化诞生于工业革命核心区,美国的现代化也是从工商业中心波士顿-纽约地区起步,向新兴工业城市和新经济中心城市转移,经历了部分区域率先发展的现代化过程。西方国家现代化过程是一个工业化、信息化、城镇化和农业现代化的串联式发展,是一个从工业中心城市到邻近区域,再到全国的逐步辐射过程。

与欧美国家不同,中国是社会主义国家,共同富裕是社会主义的本质要求,中国式现代化发展的目标是实现全体人民共同富裕。中国式区域现代化既面临区域发展基础差距大、城乡发展不平衡的现实问题,又受到物质资源短缺、经济和环境发展不协调等条件限制,中国式区域现代化必然是一个各区域协同推进的经济体系现代化、人的现代化、政府治理现代化的并联式发展模式。"十四五"数字经济发展规划中指出:"数字经济是继农业经济、工业经济之后的主要经济形态",数字经济在生产领域不断提高生产效率,在服务领域打破地域阻隔实现资源公平性。在数字经济蓬勃发展的新时期,中国式区域现代化应当是协调发展的区域现代化,是具有数字特征的现代化,更是生产和消费区域空间不断延伸的现代化。

一、数字经济要求形成一个协调推进的中国式区域现代化

数字经济所引发的生产力变革,是生产社会化的进一步发展,相应的要求生产关系变革与之相适应,形成一个相互促进,紧密联系的区域现代化。人类社会变迁的根本原因在于物质资料生产的发展和变革中,数字经济不仅能够提高劳动者的劳动技能,更能进行生产资料和生产方式的创新,进而推动生产力发展。生产力的发展变革决定了生产关系的发展和更替变化。一方面,数字要素作为生产要素有正的外部性特征,具有低复制成本、低边际成本、非排他性等特征,数据要素能够高效提炼市场信息,提高市场微观主体的经济效率;另一方面,数字技术能够通过技术创新提高全社会生产力水平,实现规模经济和技术扩散。

数字经济在生产领域引发的变革,就需要分配、交换和消费领域的相应变革,形成一个生产要素自由流动、产品市场不断拓展的大市场体系。在全国范围

内实现协调发展的区域现代化,各区域通过数字经济构建互联互通的要素平台,加速区际要素流动,利用生产社会化,实现落后地区的追赶超越。数字经济提高全社会生产率的同时,对国内市场的深度和广度提出了更高要求,区域经济发展不协调所导致的城乡收入差距、区域收入差距又会反过来限制发达地区的现代化进程。

二、数字经济要求形成具有"数字特征"的中国式区域现代化

区域现代化通常指在特定空间范围内实现政治、经济、文化、居民素质等方面的整体变迁,主要包含科学技术现代化、人民生活幸福、经济结构现代化和社会发展水平现代化。数字经济背景下,数字技术不仅深刻改变了社会资源配置方式和经济活动方式,还引发了政治、居民文化素质等方面的变化,赋予生产要素、生产资料等生产领域的数字特征,信息技术与社会领域融合,数字政府、智慧城市建设不断提升协同治理效能。在生产方面,数据作为关键生产要素,人类通过网络行为的数据被整合分析,为生产者提供精准的消费者行为数据,提升生产效率;互联网平台帮助要素的自由流动和高效匹配,降低生产环节的要素冗余率,优化要素配置;数字产业化和产业数字化,一方面催生了新的产业形态,另一方面促进传统产业转型,实现传统产业的组织管理、业务流程和生产技术的全面升级,推动产业领域的现代化发展。在社会方面,数字政府的建设,能够实现政府治理更高效,更有序,更精准,从程序式到模块式的转型,提升公共治理能力的现代化;新型智慧城市的建设支持产业和社会智能化升级,使得居民生活更加便捷智能,为企业发展提供基础数据支撑。

数字经济对于人类经济社会的影响,在生产领域实现科学技术现代化和经济结构现代化,在社会领域实现国家治理现代化,提升区域经济实力,使人民生活更加幸福美满。因此,数字经济赋能中国式区域现代化具有鲜明的"数字特征"。

三、数字经济要求中国式区域现代化的产业发展空间不断延伸

数字产业化稳步发展,产业数字化转型深入推进,传统产业的数字化转型使得数字化转型方案供应商迅速兴起。传统制造业的数字化转型实现了生产的高

度柔韧性和制造的流水线化装配，提高制造业的生产效率和产品多样性，推动了制造业的智能化转型；传统金融业的数字化转型不仅降低了金融业的经营成本，实现了业务管理的模块化，而且利用大数据分析等技术有效降低金融风险，有效提升金融服务效率。产业转型升级是区域现代化的重要内容之一，数字经济已经成为推动区域产业发展的主要动力源泉。数字经济的组织制度由工业经济的科层制转变为网格制，数字化技术改变行动者的规则，网络的无边界性和便捷性扩大了组织规则的作用边界。伴随数字经济的发展，这种规则的交互不仅包含企业间的联系转变为网格制，还包含广大的消费者，产业组织边界变得越来越模糊，产业的发展突破地理边界的限制。数字经济时代，区域现代化过程中的产业发展必然是以数字经济驱动的产业创新和升级，这就要求各个区域在现代化过程中不是单纯实现自我发展，而是不断扩大产业发展空间，通过产业发展加强区域间经济联系，形成国内大格局下的不同区域间的产业分工体系。

四、数字经济要求中国式区域现代化的消费空间不断延伸

据第50次《中国互联网络发展状况统计报告》显示，截至2022年上半年，我国5G网络规模持续扩大，实现"县县通5G、村村通宽带"，网民规模较2021年新增1919万，互联网普及率达74.4%。在新冠疫情影响下，数字经济发展助力国内大循环，激发国内市场活力，网上零售总额比重保持在70%以上。除此之外，消费领域广泛使用数字技术进行改造和提升，例如在数字居家生活、智慧养老、数字教育培训、网络餐饮、智慧旅游、智慧交通出行、数字文化娱乐等方面的发展，使得数字经济全面渗透进入消费领域。数字化的消费模式已经成为居民消费的主流形态，打破了地域对于居民消费的限制，提升居民消费能力，满足了居民对于消费的多样化、便利化要求，形成了国内大市场。

网络市场的建立，不仅不断扩展区域消费市场的外延，还将城乡消费市场紧密衔接，缩小区域发展差距。城乡消费市场一体化，强化了农产品供应市场的竞争，倒逼农产品品质不断提高，淘汰低档劣质农产品，进一步推进了农业现代化进程。农业现代化能够缩小城乡经济发展差距，提高农村居民收入，农村消费市场的拓展又会反过来刺激城镇工业化发展，形成国内供给体系的联动升级，为国内大市场提供物质保障。区域现代化发展离不开经济体系现代化,经济体系的现代化又依赖于数字经济发展。数字经济时代下的消费模式则要求不断拓展消费空间外延,打破区域限制形成国内大市场。因此,数字经济要求区域现代化的消费空间不断延伸。

第四节
数字经济赋能中国式区域现代化的路径

中国式区域现代化的物质基础是构建现代化经济体系,根本途径是人的现代化,制度保障是政府治理现代化,最终实现区域合作共赢的现代化实现路径。数字经济背景下,中国式区域现代化通过以下具体路径实现。

一、以数字经济引领创新驱动的中国式区域现代化经济体系建设

区域现代化经济体系是一个包含社会经济活动各层面的现代化总和,也是高质量发展战略在区域空间内的具体实施。从我国未来十年的总体战略出发,建成现代化经济体系,基本实现新型工业化、信息化、城镇化和农业现代化,为建设中国式现代化提供了坚实的物质技术基础。库兹涅茨在《现代经济增长》一书中提到:"知识和技术的创新是任何重大经济增长的前提,但是现代经济增长中创新的频率显然快得多"[1],知识和技术创新是经济发展的主要动力。数字经济时代中,各项数字技术产业化发展在国民经济中的占比不断扩大,数字经济技术与实体经济的渗透,引发传统经济体系的转型升级。数字技术在知识传播和技术研发中的应用,更是全面加速了科技创新步伐。数字技术在传统产业部门的应用中,加快了传统产业智能化生产转型,提升生产效率,还促使企业产品多样化发展,网络消费平台更是为企业销售打通了区域市场限制,扩大了企业销售规模,实现了信息化带动新型工业化发展。数字经济发展下的新型工业化和信息化使得资源从农业流向工业,从农村向城镇聚集,实现工业化、城镇化和信息化的联动机制。新型工业化意味着科学技术的现代化发展和生产装备的现代化,

---

[1] [美]西蒙·库兹涅茨:《现代经济增长》,上海译文出版社1996年版,第281页。

其在农业生产领域的应用能够创造出一个高产、高效、高质、低耗、低污染、低劳动力需求的农业现代化体系。

数字经济时代下,科学技术和知识的高频率更新,成为现代经济体系的发展的主要动力。一是加快数字产业化发展,大数据、云计算、人工智能等数字技术产业化应用,充分利用数据要素的价值创造能力,以数据产业带动周边产业发展;二是加快数字技术与传统工业的融合发展,利用新技术、新设备、新材料、人工智能技术,对生产线进行升级,对业务流程进行再造,扩展数字技术在服务业的延伸,形成现代产业体系;三是以数字经济深化三产融合,形成以工业现代化带动农业现代化,农业现代化与旅游休闲结合形成农业价值的全产业链延伸。

二、以数字经济推动中国式区域人的现代化

主要依靠创新驱动经济增长推进基本现代化的阶段,人力资本成为主要的创新要素,相应提高了对人口素质的要求。在生产力低下的传统社会中,体力劳动是劳动耗费的主体,机器大工业确立后,新型生产工具在生产过程中直接替代人的劳动,体力劳动比例逐步下降,脑力劳动逐步上升。数字经济发展引发机器设备的自动化和智能化,进一步使得生产过程中对于直接参与生产过程的体力劳动的需求下降。这一变化造成了劳动过程中对于体力劳动者的需求减少,相应地对于共享经济、电商、网络金融等新的产业的就业需求在不断扩大。这一变化要求劳动者首先要具有操作新型智能化设备的基本素质,劳动者在进入生产领域前要先接收相关教育和技能培训。在数字经济时代区域现代化的进程中,人的现代化成为推动现代化进程的一个关键要素。知识和科学技术的现代化,是人吸收现代化知识将其转化为科学技术,并应用于生产过程创造价值的过程。因此,人的现代化是中国式区域现代化的根本路径。

数字经济时代信息化、数字化和智能化发展,使得人与网络空间的联系更为紧密,人通过网络空间有更为高效、多样化的选择方式。人在网络空间的行为数据转化为数字信息被记录和储存,经过数据分析后再通过网络反馈到人的行为中,影响和改变人的现实生活。数字经济背景下推动人的现代化,应当遵循从人的思想意识现代化到人的社会关系现代化的过程。首先要知识通过互联网平

台,以免费的信息和数字教育服务为载体,人通过网页浏览、信息交流等方式,加速现代化知识传播,进而对人的思想和价值取向产生影响,最终实现人的思想的现代化。其次,人的思想的现代化决定了以人为主体所形成的社会关系的现代化,掌握现代化科学技术的人,将先进的科学技术应用于生产活动中,改变区域经济结构、文化氛围,影响区域现代化进程。

三、以数字经济推进中国式区域政府治理现代化

在人的现代化和经济体系现代化的同时,还要求政府治理的现代化。在推进中国式区域现代化进程中,政府要利用正式或非正式的制度安排,协调企业、居民、社会组织之间的利益关系,以实现中国式区域现代化的目标。在中国式区域现代化建设体系中,政府治理除了区域内部主体的关系协调外,还包含不同区域间各主体的相互联系。当前,数字经济发展形成了以国家政务服务平台为枢纽的全国一体化政务服务系统,为经济调节、市场监管和社会公共事务管理提供了便利;省级公共数据共享平台建设初见成效,各个省市教育文化、地理天气、产业发展、财政金融等相关数据互通,提高了纵向政府治理效率,也在一定程度解决了区域间经济主体的协调问题。

数字经济推进区域政府治理现代化发展的路径分为:一是政府决策科学化,运用数据分析提高治理效率,政府通过获取经济社会数据、分析数据、运用分析结果优化政府决策,服务于经济现代化;二是公共服务高效化,运用数字技术建设智慧政务服务,通过互联网实现政务服务异地办理、线上查询,无纸化办公,推动政府数据服务网络化、便民化;三是政府治理数字化,政务服务的网络化和智慧城市的建设,使得居民、企业行为产生大量的数据记录,有利于建设社会信用体系,对市场风险进行实时监测,优化消费环境和营商环境,适应工业化和城镇化发展需要。

四、以数字经济构建中国式现代化区域合作共赢机制

从我国的区域经济发展历史来看,长期强调区域竞争对于区域发展的作用机制,区域间以地方 GDP 增长为目标,通过资源竞争、政策竞争和制度竞争,形成从劳动力、资金等底层要素竞争发展到人才、技术等高级要素的竞争。发达地

区凭借其较高的财政收入加大公共服务投入,吸引更多资源要素,形成自身经济发展优势,在经济社会各领域发展中领先于落后地区。区域竞争发展在一定时期内,调动了地方政府改革的积极性,促进了全国的经济增长,但是由此形成了地方市场分割、区域发展差距不断扩大等问题,阻碍了以全体人民共同富裕为目标的现代化进程。

数字经济发展推进中国式现代化进程中,将区域竞争机制转变为区域合作机制。要实现有效的区域合作机制,一定是以合作预期收益增加为目的,再配合合理的利益分配机制形成区域合作长效机制。数字经济发展所带来的生产关系的网格化,使得产业体系和市场体系空间不断延伸,为形成现代化区域合作机制提供保障。

一方面,不同区域现代化的要素基础不同,区域现代化的主导因素和作用机制也有差异。因此,在各区域现有发展基础上,寻找现代化着力点,构建一个以数字经济为核心的动力体系,以区域合作推动区域现代化进程。例如东部数字经济发达地区,数字基础设施建设完善,数字要素资源和数字创新人才资源丰富,在技术创新和数字技术应用开发方面较为成熟,中部地区已经完成了数字基础设施建设,但是数字经济发展环境尚未形成,中西部地区数字技术的应用和创新能力较差。数字经济背景下形成区域合作机制的现代化,构建数字经济的梯度区域发展模式,中西部地区加快产业转型,营造良好的数字经济发展环境,加强对东部地区数字技术创新成果的转化,形成东部地区带动中西部地区发展的合作共赢模式。

另一方面,以数字经济发展为纽带形成区域现代化动力间的有机结合,达到区域现代化效率最大化的发展目标。各区域现代化发展中,要求形成以创新驱动的现代化经济体系建设、人的现代化、政府治理的现代化等多向区域现代化实现路径。区域现代化合作机制的形成过程,要在系统思维的主导下,全面考虑区域现代化进程中的各个方面,以现代经济体系建设为主要动力,以人的现代化、政府治理现代化为辅助的动力系统,实现以区域现代化带动全面建成社会主义现代化强国的宏伟目标。

第五节
数字经济赋能中国式区域现代化的政策创新

区域现代化是以现代化经济体系为基础,以人的现代化为根本途径,包含政府治理现代化的,区域合作共赢的社会全面现代化体系。"十四五"规划和党的二十大报告中突出强调了区域发展的"四大板块"和"五大战略",其在空间上形成了互动关系,以深入实施区域重大战略带动区域现代化。二十届三中全会《决定》强调"完善实施区域协调发展战略机制""构建跨行政区合作发展的新机制"。数字经济赋能中国式区域现代化应当在国家区域发展战略规划下,形成数字经济推动中国式区域现代化的战略安排,以数字经济发展实施重大生产力布局加快区域现代化经济体系建设,推动人的现代化、政府治理的现代化,全面实现中国式区域现代化。

一、形成数字经济背景下的中国式区域现代化协调发展战略

依照党的二十大报告中对于区域现代化的具体部署,在全国层面制定数字经济背景下的区域现代化协调发展战略,统筹四大区域数字经济发展和经济社会发展基础,制定相应的区域现代化目标。在现代化目标的制定中,允许具有地方特色的现代化发展过程。如在现代化指标的设置中,城镇化率较低的地区,意味着其农业占比较大,那么其农业现代化水平则要求高于其他地区。东部地区以加快推进现代化为发展目标,东部地区的现代指标应当着重考虑新型工业化、城镇化、工业化、信息化、人的现代化、政府治理现代化、生态环境和经济的协调水平、共同富裕水平;东北地区则应当将现代化目标设置为农业现代化、城镇化、传统工业化改造、新型工业化、政府治理现代化;中部地区现代化则要将制造业转型、对于东部产业的承接、开放水平和政府治理现代化作为重要目标;西部地区将居民收入增长、数字产业发展和产业数字化转型、生态文明建设、城镇化、高等现代化作为现代化发展主要目标。此外,现代化目标设定还应当按照全面建成社会主义现代化强国的战略安排分为两个阶段:第一个阶段是到2035年,以

数字经济带动区域经济实力、科技实力大幅上升，东部地区建成现代化经济体系，中西部地区基本建成现代化经济体系，区域经济发展差距缩小，实现政府治理现代化；第二个阶段是2035年到本世纪中叶，实现以数字经济推动区域均衡发展，中西部地区逐渐追赶上东部地区的发展水平，建设共同富裕的社会主义现代化强国。

二、加快中西部数字基础设施建设，形成东部技术研发和要素培育，中西部成果转化的生产力布局

根据区域现代化总体战略布局，结合地区经济和生态环境承载能力，统筹数字基础设施建设，尤其是加快中西部地区数字基础设施建设，为其营造更多的发展机会。数字基础设施建设通常具有投资规模大，更新周期短的特征，中西部欠发达地区的政府资金实力有限。因此，中西部地区要通过税收优惠制度等政策，吸引东部地区企业参与到落后地区的数字基础设施建设中，并为东部地区企业发展提供优质的服务。结合当前各区域数字经济发展基础，东部数字经济发达地区则要保持数字技术创新和应用的领先地位，中西部地区则承载东部产业转移的同时，利用新型数字技术完成产业转型升级，推动传统产业提质、增效、降污，进而带动现代经济体系建设。

三、数字经济优化区域利益分配机制和居民收入分配机制，以全体人民共同富裕激发经济增长内生动力

在国家层面引导形成产业一体化和创新一体化的区域联动机制，制定兼顾公平和效率的利益分配机制，充分利用数字技术对资源在区域间自由流动的引导，优化区域间利益分配，缩小区域收入分配差距。在经济带、经济区内形成数字经济产业链布局，经济发达地区企业的产业链延伸到落后地区，带动区域内其他地区经济发展；以技术创新和技术产业化为纽带，东部地区依据数字经济发展优势进行技术创新，中西部地区进行技术产业化，缩小区域经济发展差距。在数字经济引发产业结构变动的同时，东部地区加大对中西部地区劳动者的教育培训支持，尤其是对低技能劳动者的数字化职业技能培训，促进劳动力市场统一，

提高居民平均收入水平,缩小居民收入差距。全体人民共同富裕激发潜在的国内市场需求,推动生产者改造升级,激发经济增长的内生动力。

四、数字经济推进区域公共资源和精神文化产品供给的公平性,以人的现代化推动区域现代化

人才不足、人口外流限制了中西部地区经济发展,难以形成现代化的内生动力。要实现中西部地区跨越式的现代化发展,就要利用数字经济推进区域公共资源和精神文化产品供给的公平性。大力推进所有地市、村镇的5G基站建设,以"互联网医疗""互联网教育""互联网图书馆"为基础推进地区间公共资源自由流动,使偏远交通不便的地区居民也能享受到平等的医疗资源和教育资源,实现区域公共服务公平化;运用数字经济提高文化产品供给公平性,在数字化平台传播地区文化思想和传统文化,促进不同地区居民的思想交流碰撞;利用大数据和人工智能技术帮助实现中西部地区传统文化产业的数字化转型。数字经济发展促进了区域公共资源和精神文化产品供给的公平性,使得不同地区居民能够通过网络实现公共服务均等化,获取更多高质量的文化输出,全面实现人的现代化。

第十三章
数字经济赋能中国式生态现代化

党的二十大报告中提出要建设数字中国,加快发展数字经济,通过数字经济促进中国式现代化的实现。习近平总书记在2023年全国生态环境保护大会上强调,要深化人工智能等数字技术应用,构建美丽中国数字化治理体系,建设绿色智慧的数字生态文明[①]。二十届三中全会《决定》提出中国式现代化是人与自然和谐共生的现代化,要深化生态文明体制改革,完善生态文明的制度体系。数字经济作为新一轮产业革命的起点,是推进中国式生态现代化的主要动力,需要基于经济学理论研究数字经济赋能中国式生态现代化的理论机制以及实现路径与政策。

---

① 习近平:《全面推进美丽中国建设 加快推进人与自然和谐共生的现代化》,《人民日报》2023年7月19日,第1版。

第一节
数字经济赋能中国式生态现代化的理论机理

生态现代化是德国学者胡伯在20世纪80年代提出来的,其思想主张是以发挥生态优势推进现代化进程,实现经济发展和环境保护的有机结合。党的十八大以来以习近平为核心的党中央持续推进人与自然和谐共生的中国式生态现代化。中国式现代化是人与自然和谐共生的现代化,生态现代化是中国式现代化的重要内容。党的二十大报告在现代化强国建设战略中,对生态现代化的任务目标作出了安排部署。中国式生态现代化以人与自然和谐共生为本质,以满足人民日益增长的优美生态环境需要为目标。中国式生态现代化要推动形成绿色发展方式,增加优质生态产品供给,深化生态文明体制改革,积极参与全球环境治理。

数字经济是以数字化的知识和信息作为关键生产要素,以数字技术为核心驱动力量,以现代化信息网络作为重要载体[①],以信息通信技术的有效使用作为效率提升和经济结构优化的重要推动力,不断提升经济发展的数字化、网络化、智能化水平,加速重构经济发展与治理模式的新型经济形态。数据资源、现代信息网络和新兴通信技术构成数字经济的三大关键要素,数字产业化和产业数字化构成了数字经济的主要内容。数字经济的兴起引起了经济发展方式的巨大变革,改变了人与自然的关系,是推动中国式生态现代化的必然要求。以数字经济赋能中国式生态现代化,需要从变革经济发展动力、优化产业结构和提高生态治理能力这三条路径出发,而这三条路径都离不开数字经济的支持,数字经济已成为推动中国式现代化的关键动力。数字经济赋能中国式生态现代化的理论机理主要体现在以下三个层面。

一、数字技术创新通过变革经济发展动力赋能中国式生态现代化

中国式生态现代化要以技术创新作为根本驱动力,以此提高绿色全要素生

[①] 任保平、师博、钞小静等:《数字经济学导论》,科学出版社2022年版,第29页。

产率水平、增强经济增长的活力。数字技术创新是指大数据、云计算、区块链、物联网、人工智能、虚拟现实技术等数字技术与实体经济深度融合,从而催生出新技术、新产品、新产业、新模式、新业态的过程。数字技术创新能够促进绿色自主创新体系、绿色协同创新体系和绿色开放创新体系等方面的变革,为中国式生态现代化提供数字化绿色创新动力。

(一) 数字技术创新促进绿色自主创新体系变革赋能中国式生态现代化

绿色自主技术创新是指研发绿色低碳的新工艺或新产品,并使之产业化和市场化,从而优化组合生产要素,提高绿色全要素生产率的经济过程。数字技术具有的高渗透性、高融合性特征,从根本上改变了绿色创新的方式与方法。数字技术与绿色发展的深度融合,不仅培养了大批高级数绿融合发展人才,为绿色自主创新体系变革提供人力资本积累,还极大地提高了绿色技术创新效率,倒逼企业降本提质增效,提高企业绿色创新创造能力,促进产业创新效率的持续提升,解决现代产业结构资源环境效率不高、无法满足人民日益增长的优美生态环境需要的问题,实现经济社会和资源环境的协调发展。

(二) 数字技术创新促进绿色协同创新体系变革赋能中国式生态现代化

数字技术通过其所具有的万物互联特征打破了传统创新主体、创新平台的时空限制,降低了信息的非对称与非完整程度,使各类绿色创新主体能够以极为方便、快捷、高效的方式收集、整理和共享各种绿色信息和知识,"政、产、学、研、用"等各类绿色创新主体,通过数字技术构建的数字化、网络化和智能化创新平台,能够实现高效对接,共建跨时空、跨领域、跨行业,共创、共享、共赢的绿色协同创新体系,实现大分工、大合作,绿色创新活力进一步迸发。

(三) 数字技术创新促进绿色开放创新体系变革赋能中国式生态现代化

数字技术创新打破了传统创新结果的边界限制,使创新主体逐渐向非预先设定的和更加分散的方向转变,创新过程和创新结果之间的边界变得模糊,这为绿色开放创新体系变革提供了条件。绿色创新由传统的线下实体活动为主,预先界定的创新人员为主,创新边界明晰,转变为线下与线上相结合,实体与虚体相结合，内部与外部相结合，创新结构或组织边界不可预测，形成了多元主体参与、动态交互的绿色开放创新的生态体系。

二、数字产业发展通过促进产业结构调整赋能中国式生态现代化

传统产业发展是以资源高消耗和环境高污染为代价的，造成了人与自然关系的不和谐，这种不和谐主要表现为两个方面：一方面是因为经济增长伴随大量资源投入产生了资源与环境危机，另一方面是因为资源配置过程中存在信息不对称现象，由此造成各类生产要素组合配置模式及供需间的匹配程度不高。数字产业发展的本质是让数据成为新的生产要素，这不仅打破了传统要素有限供给对经济增长的制约，为经济持续增长和永续发展提供了可能；还打破了传统消费市场的时空限制，实现各种资源要素在不同区域、不同行业、不同企业之间的融通和共享[①]，解决了现代产业结构资源环境效率不高、无法满足人民日益增长的优美生态环境需要的问题，促进产业结构转向供需平衡状态，并以此为媒介，实现经济社会和资源环境协调发展的生态现代化。具体来说，数字产业发展通过促进生态产业化、产业生态化和提高全要素绿色生产率等为生态现代化赋能。

（一）数字产业发展通过促进产业生态化赋能中国式生态现代化

产业生态化是对产业在产生、成长和进化过程中所蕴含或体现出来的综合生态现代化能力优劣的评价，主要包括产业内企业生态化和产业结构绿色低碳化两个方面。一方面，数字产业发展推动了产业内企业生态化转型。企业运用数字技术有效监测分析生产、经营、运输、销售过程中的数据，进而及时改进生产工艺流程，提高资源利用效率，降低环境成本，通过智能化绿色化协同管理实现企业经济效益和生态效益的"双提升"。另一方面，数字产业的发展推动了产业结构绿色低碳化转型。数字产业促进了资源向数字化方向发展，降低了经济发展的环境成本，优化了产业结构。同时，数字产业提高了经济的互联互通性，降低了交易成本，能够优化传统产业的资源配置，推动传统产业向智能化、网络化、

---

① 任保平、师博、钞小静等：《中国经济增长质量报告2022——数字经济赋能高质量发展》，中国经济出版社2022年版，第30页。

绿色化方向发展,提高其绿色生产水平和生产效率。

(二) 数字产业发展通过促进生态产业化赋能中国式生态现代化

生态产业化是指将生态资源转化为生态资产,实现产业化发展的过程。数字产业的发展可以有效解决制约生态资源资产化过程中存在的"度量难、交易难、抵押难、变现难"等问题,提高生态产品交易效率,实现其经济价值。同时,数字产业的发展推动了生态产业多元化演化升级。聚焦生态领域减污、降排、生态保护和修复等重大需求,发挥数据等作为新生产要素的作用,推动互联网、大数据等技术同生态产业有机结合,以关键技术突破支撑能源、交通、建筑等重点行业绿色低碳发展,进而带动整个社会实现可持续发展。

(三) 数字产业发展通过促进绿色全要素生产率的提高赋能中国式生态现代化

绿色全要素生产率是指在扣除环境保护成本之后所能带来的经济产出效率,是衡量经济绿色低碳效果的关键指标。数字产业不同于其他产业,其核心生产要素是数据和拥有丰富知识和技能的劳动者。在产出一定的前提下,由于知识、技术、人力资本等先进生产要素的叠加倍增效应,生产过程中传统资源和环境要素的消耗得以降低,有利于提高绿色全要素生产率。同时,随着数字产业的发展,能够通过数字化建模与仿真来设计合理有效的资源配置方案,降低各类资源错配率,提高资源利用效率,进而提高绿色全要素生产率。

三、数字经济治理通过提高生态治理能力赋能中国式生态现代化

习近平总书记强调,要"加快用网络信息技术推进社会治理"[①]。作为对传统经济治理模式的变革与升级,数字经济治理运用大数据技术建立动态化、协同化的分析系统,能够精准掌握经济发展中的各类生态信息,为提高生态治理能力,实现生态治理决策的科学化、生态数据监管的全面化、生态治理主体的协同化提供基础和支撑。

---

① 陈肇雄:《加快推进新时代网络强国建设》,《人民日报》2017年11月17日,第7版。

（一）数字经济治理通过实现生态治理决策的科学化赋能中国式生态现代化

生态信息在生态治理中具有基础性作用，但传统的生态治理模式无法解决生态信息不对称问题，这就造成政府无法制定出高效可持续的生态治理对策。而在数字经济治理模式下，大数据、人工智能等技术能够很好地解决生态信息收集的维度、层次和时效问题，更能反映真实的生态状况[1]，政府根据这些生态数据资源高效地开展资源环境承载力分析，为制定绿色低碳循环发展的经济政策提供可靠依据，促进国家生态治理体系和治理能力现代化，实现经济发展与生态保护的全方面协调可持续发展。

（二）数字经济治理通过实现生态数据监管的全面化赋能中国式生态现代化

传统的生态数据监管往往利用样本数据分析，但这种数据模式仅适用于小范围的专门性研究。而生态治理是一个涉及范围较广的重大领域，要掌握全面的生态数据信息，就要跳出生态领域本身，去探究与生态治理密切相关的人类生产、生活和消费行为。而数字经济治理可以根据生态治理的不同需要，通过大数据、云计算等技术进行跨区域、跨数据库的复杂多元信息聚合，不仅能够实时获取森林、海洋等生态系统的变化数据，还能够及时捕捉工厂、家庭、个人的节能减排数据，全面准确掌握经济发展与生态资源破坏和环境污染之间的关系，从而实现生态数据监管的全面化。

（三）数字经济治理通过实现生态治理主体的协同化赋能中国式生态现代化

生态治理现代化依靠政府单中心无法实现，必须构建全社会最广泛参与的协同治理格局，数字经济治理为生态治理主体的协同化提供了可能。一方面，数字经济治理模式能够减少信息孤岛现象，推进线上线下有机结合的双向互动，实

---

[1] 张劲松：《生态治理现代化》，商务印书馆2021年版，第65页。

现生态治理的跨层级、跨区域、跨部门、跨系统、跨业务的综合协同。另一方面，数字经济治理不仅为公众、企业和社会组织及时掌握各类生态信息提供了平台，还为其表达环境诉求、进行生态治理监督等提供了便利渠道，使他们都能参与到生态治理中来，促进政府中心的垂直监管模式向社会自主监管治理模式转变，真正实现生态环境数字化共治共建。

第二节 数字经济赋能中国式生态现代化的机制

数字经济通过数字技术创新、数字产业发展和数字经济治理等为中国式生态现代化赋能，推动经济发展动能、发展质量和发展理念的全面变革，实现人与自然和谐共生。数字经济赋能中国式生态现代化的机制主要包括创新驱动机制、融合共生机制、耦合互利机制和优化治理机制。

一、数字经济赋能中国式生态现代化的创新驱动机制

中国式生态现代化必须解决好驱动力问题，即由投资和要素驱动转向绿色创新驱动[①]。绿色创新是指为保护生态环境，促进经济发展与生态环境保护实现互利耦合而形成的涵盖宏观绿色科技创新、中观绿色产业创新、微观绿色产品创新的综合创新体系。数字经济时代的核心是技术进步，其从宏观、中观和微观全方位驱动绿色创新，赋能中国式生态现代化的实现。

（一）数字技术驱动绿色科技创新

绿色科技创新是驱动中国式生态现代化的核心力量，其生产过程就价值链视角而言，主要包括绿色科技研发和绿色科技成果转化两个阶段，数字技术在这两个阶段均能发挥驱动效应。一方面，数字经济能够集聚大量绿色科技创新要素，打破信息交流壁垒，提升绿色技术研发成功率。另一方面，数字经济能够提高绿色科技创新系统结构的优化水平，不仅促进了绿色科技成果供需双方的有

---

① 洪银兴：《区域现代化理论与实践研究》，江苏人民出版社 2013 年版，第 251 页。

效对接,提升绿色科技创新转化效率;还能够重塑绿色科技创新系统中的知识创造与共享,为区域间科技成果的推广与交流学习提供途径。同时,绿色科技成果数字化网络交易平台的应用,提高了技术交易市场的竞争程度和透明度,有利于实现绿色科技成果的高效公平转化。

(二) 数字经济驱动绿色产业创新

绿色产业创新是指建立健全绿色低碳循环发展的现代产业体系的过程,这是中国式生态现代化的核心要义。在此过程中,既包括战略性新兴绿色产业的发展,也包括传统产业的绿色化改造。数字经济不仅是新的经济增长点,而且是改造提升传统产业的支点,其数字产业化和产业数字化双轮驱动绿色产业创新。一方面,从数字产业化角度看,数字经济孕育了包括大数据、云计算、人工智能等新的产业集群,并依托其较强的正外部性效应和要素融合效应,不断发展形成新经济、新产业,实现绿色产业的持续创新。另一方面,从产业数字化角度看,数字产业与传统产业的有机融合,打破了传统产业的空间形态与边界,形成了绿色产业集聚效应与产业结构升级效应,驱动传统产业绿色化创新发展。

(三) 数字经济驱动绿色产品创新

绿色产品创新是指以市场绿色低碳发展需求为出发点,创造出资源节约、环境友好、消费友好型产品并投入市场的过程。绿色产品创新的动力从根本上来说是企业技术供给推进和市场需求拉动共同作用的结果,数字经济在这两个方面均能发挥驱动效应。一方面,大数据、人工智能、云计算等数字技术为企业精准识别市场绿色产品创新需求和进行多元协同创新提供了帮助,提高了企业绿色技术创新的供给能力。另一方面,数字经济不仅使消费者能够及时获取市场及其产品的相关信息,还能针对消费者的个性化需求,实现产品消费场景体验与优化,这就极大地提升了其和对绿色产品的消费偏好,进一步拉动企业进行绿色产品创新供给,提高了绿色产品创新效率。

二、数字经济赋能中国式生态现代化的融合共生机制

中国式生态现代化的关键是实现生产、生活、生态之间的融合发展,其基本

路径是坚持把绿色发展作为解决经济建设与生态环境之间冲突的治本之策,加快推动发展方式的绿色转型。数字技术以新理念、新业态、新模式全面融入人类经济、政治、文化、社会、生态文明建设各领域和全过程,其与绿色发展的融合共生,能够为经济高质量发展厚植生态底色,提高中国式生态现代化水平。

(一) 数字生产力与绿色生产力的融合

全面推动中国式生态现代化,要求我们要不断加快形成新质生产力,不断塑造发展新动能和新优势。数字生产力是指人类运用数字技术、开发数据资源以实现物质资料积累的能力,强调通过变革劳动者、劳动对象、劳动工具等推动经济高质量发展①。绿色生产力是以实现人与自然和谐共生为核心价值的生产力,强调通过增强自然生态系统对现代化经济社会发展的适应性供给能力,以实现物质财富与生态财富的有机统一②。数字生产力和绿色生产力都是推动中国式生态现代化的新质生产力,能够释放前所未有的力量。两者的有机融合,既能够确保数字经济发展的绿色化方向,又能够提高绿色经济发展的效率,进而协同推进经济社会的高质量发展,推动构建新发展格局。

(二) 数字生产方式与绿色生产方式的融合

绿色生产方式要求传统的"三高一低"生产方式由向绿色低碳化转变,实现资源利用的最大化和污染物低排放甚至零排放。数字生产方式是具有生产条件数字化、生产组织网络化、劳动方式智能化等特征的新型生产方式,其与绿色生产方式的有机融合,能有效带动传统绿色产业数字化、智能化转型,提高生产方式绿色低碳化转型效果。一方面,数字化生产可以实现生产过程智能互联,有利于解决生产及管理过程中的资源浪费问题,实现经济发展与生态环境保护的协调推进。另一方面,数字经济的发展能够通过技术替代效应节约生产过程中的人力资本和自然资源要素投入,降低传统生产要素使用过程中带来的能源消耗,提高生产方式的绿色化率。

---

① 张哲华、钟若愚:《数字生产力的特征、机理及我国的发展对策》,《价格理论与实践》2023年第1期。
② 任保平、李梦欣:《新时代中国特色社会主义绿色生产力研究》,《上海经济研究》2018年第3期。

(三)数字生活方式与绿色生活方式的融合

养成绿色生活方式是实现中国式生态现代化的重要途径,它不仅包括节约的生活方式和消费理念,还包括尊重自然,倡导人与自然和谐共生的生态伦理道德。数字经济通过网络平台和数字化产品供给等为人类带来了全新的生活方式,其与绿色生活方式的融合发展能够高效赋能中国式生态现代化建设。一方面,数字生活方式的信息共享与网络扩散效应,畅通了公众了解掌握生活方式绿色低碳转型相关知识的渠道,进而提高了他们的生态伦理道德水平和实践应用能力。另一方面,数字生活方式为线上办公、线上消费、个人碳账户、共享产品等绿色生活模式的形成提供了条件,促使全社会进行数字化绿色生活方式转型。

三、数字经济赋能中国式生态现代化的互利耦合机制

生态现代化的实质是实现人口、自然环境和经济三个系统的相互促进,数字经济系统与上述三个系统的互利耦合能够有效协调上述各子系统内部及其相互之间的联系,纠正其在动态运行中产生的各种不和谐因素,进而推进中国式生态现代化的实现。

(一)数字经济系统与人口系统的互利耦合

人口的生态现代化,是指人要由追求经济效益最大化的"经济人"转向顺应自然发展规律,与自然和谐共生并不断协调进化的"生态人",既包括人口数量符合资源、环境承载力和经济社会发展需要的合理性控制,又包括人的生态环境素养形成与提高。数字经济系统能够从数量和质量两个方面与人口系统形成互利耦合效应,支撑中国式生态现代化。一方面,数字技术能够促进人口数量合理化的预测与动态监控,创造有利于绿色发展的人口总量势能;另一方面,数字经济的高技术特征使其能够不断提高人口生态环境素养,发挥有利于绿色发展的素质资本叠加优势。

(二)数字经济系统与自然环境系统的互利耦合

自然环境系统的生态现代化强调在使自然环境及其演进过程得到最大限度保护的基础上,合理开发利用自然资源,促进生态资本的高效转化[①]。数字经济

[①] 郝栋:《变绿水青山为金山银山 基于自然资本的生态现代化系统研究》,人民出版社2021年,第146页。

系统与自然环境系统的互利耦合主要体现在环境成本核算和生态资本运营两个方面。一方面，数字技术的使用，有利于改善传统环境成本核算中数据不易统计、核算成本高等问题，提高环境成本核算的准确性，使人类能够据此合理进行经济发展与自然环境保护的耦合决策，构建与资源环境承载能力相协调的环境友好型国民经济体系，促进对自然环境的保护。另一方面，数字经济为生态资本运行过程中的生态资产核算、绿色要素交易等提供了技术支撑和网络平台，实现绿色生产力与社会生产力的双向高效转化。

（三）数字经济系统与传统经济系统的互利耦合

中国生态现代化强调通过发展循环经济来实现人口、自然环境与经济系统之间物质流和价值流的动态耦合协调，推动经济高质量发展。这就需要推动数字经济系统与传统经济系统的互利耦合，以此来促进人类对人口、自然环境和经济复合系统物质流、价值流运行过程及其影响的系统评估，有利于构建个体及区域的物质流动账户，优化传统的经济账户，完善环境影响评价，进而提升经济的循环运转效率。同时，两者的融合发展还有利于构建智能化的废物交换调剂中心以及相应的平台网络，提高物质的循环利用效率。

四、数字经济赋能中国式生态现代化的优化治理机制

中国式生态治理现代化是指生态治理主体为实现人与自然和谐共生的现代化目标，在党的生态治理新理念的指导下，运用现代化的科学技术，优化生态治理手段、创新生态治理模式、提升生态治理效果的过程，其核心就是将中国特色社会主义生态文明建设的制度优势转变为生态治理效能。数字经济能够优化生态治理手段、治理模式和治理监管，全面提高生态治理效果，推动中国式生态现代化的实现。

（一）数字经济优化生态治理手段

传统的生态治理手段体现为单向式、经验式、碎片化治理，这种治理手段容易造成治理的前瞻性不足、忽视基层诉求和部门壁垒，无法高效推进中国式生态现代化的实现。数字经济为生态治理手段从单项转为多元、从经验转为精准、从

碎片转为整体提供了可能。首先,数字技术的快速迭代与普及推广,为打造生态环境及其相关信息公开的政务类 APP 提供了可能和手段,解决了单项式治理手段下民众与政府信息不对称、不完全的问题。其次,数据技术的使用,使政府能够精准定位、解决人民群众在生态环境领域的"急难愁盼"问题,提供更多优质的生态产品。再次,数字政府建设打破了条块分割和业务壁垒,构建区域协同、部门协同、数据共享的整体性治理体系,形成一体化、集约化的工作方式。

(二) 数字经济优化生态治理模式

传统的生态治理模式表现为线下的政府单中心治理,其缺点表现为公民办理业务时间成本高,政府服务效率低。数字经济可以打造多元参与的线上生态治理政务服务平台,促进生态治理政务服务数据的相互贯通、促使政务服务重组优化,提升政务服务的质量及效率。一方面,数字化的生态治理政府服务平台通过线上办理模式,能够实现一站式、全天候、跨时空受理、处理与追溯,使政务服务更加公平便民和优质高效。另一方面,数字化条件下,每一个个体都能够有效参与到生态治理过程中,推动生态治理模式由单中心向政府引导的多中心治理模式转变。

(三) 数字经济优化生态治理监管

生态治理现代化离不开全面而广泛的监管,传统的生态治理监管受制于数据不易获取和监管手段落后等因素,监管效果并不理想。数字经济的发展使生态治理相关数据的采集、传输和交互变得便利,有效地解决了生态治理监管数据获取难题,提升了生态治理的智能化监管能力和环境风险的应急处理能力。一方面,通过全时段、开放式的环境污染大数据监管平台,能够实时获取生态环境信息和公众提供的相关线索与情报,从而及时跟踪并治理已发生的环境污染,化解可能出现的风险隐患。另一方面,数字技术有助于实现产品全生命周期信息的数字化管理与共享,这既为生态产品质量追溯、监管提供了可能,也提高了对企业绿色低碳发展的监管能力,促进生态治理监管实现全面现代化。

第三节
数字经济赋能中国式生态现代化的路径

近年来,中国数字经济规模逐年攀升,为推动中国式生态现代化提供了新动能,应科学合理地利用这一引擎,促进绿色化和数字化协同发展。数字经济赋能中国式生态现代化的路径主要体现在推动生态环境保护的数字化转型、建立生态资产数据库、构建数字化和智能化的生态补偿机制、完善数字化生态环境管理体系和搭建政产学研合作的数字化生态建设平台等五个方面。

一、推动生态环境保护的数字化转型

生态环境的可持续利用是人类社会向现代化迈进的重要物质保障,新时代中国生态文明建设取得了显著成效,但生态环境保护结构性、根源性、趋势性压力尚未根本缓解,党的二十大报告明确提出要推进美丽中国建设,坚持系统思维和一体化治理,协同推进降碳、减污、扩绿、增长,推进生态优先、节约集约、绿色低碳发展[①]。因此,数字经济赋能中国式生态现代化就要借助数字技术围绕减污、降碳、增绿等方面推动生态环境保护数字化转型,以此提升生态环境系统持续稳定为经济系统提供优质物质资源的能力。

(一)推动污染防治的数字化转型

针对当前我国日益突出的环境污染问题,党的二十大报告明确提出了坚持精准治污、科学治污、依法治污,持续深入打好蓝天、碧水、净土保卫战。因此,在新形势下要针对当前生态环境保护工作的新情况新现象和新问题,推进生态环境监测、防治的数字化转型,实现智能监测和控制。一方面,要分门别类建立污染源数字化档案库,实现污染源管理的"一源一档",筑牢污染防治的数据基础。另一方面,要持续加强生态环境监测网络建设,形成与国家生态环境保护能力现

---

① 习近平:《高举中国特色社会主义伟大旗帜 为全面建设社会主义现代化国家而团结奋斗》,《人民日报》2022年10月26日。

代化相适应的天空地一体化生态环境监测感知能力体系①。

（二）推动节能降碳的数字化转型

"十四五"时期,中国生态环境保护的总抓手是节能降碳,因此,推动生态环境保护的数字化转型就要运用数字技术促进经济社会系统的绿色化变革,实现"双碳"目标。首先,要以数字化引领绿色生产。以数字基础设施建设为基础,推动感知控制、数字建模、决策优化等方式在工业、建筑、交通等领域的应用,实现能源清洁低碳高效利用和绿色智慧制造。其次,要推动数字经济与传统产业深度融合,降低全链条能源消耗,助力传统产业提质增效、降耗减碳。再次,要以绿色化引领数字化升级。以绿色转型为目标,对数字基础设施进行绿色改造升级,不断推动数字产品绿色制造和使用,实现数字基础设施全生命周期节能减排。最后,要发挥行业绿色低碳转型对数字产业的引领作用,推动数字产业的绿色低碳发展,实现数字经济与绿色低碳发展深度融合的良性循环和协同增效新格局,服务保障"双碳"目标顺利实现。

（三）推动生活方式数字化绿色低碳转型

生态环境保护需要每个人的积极参与,因此,推动推动生态环境保护的数字化转型就要引领公众形成数字化的绿色低碳生活新风尚。首先,要培养公众树立数字化绿色生活理念。运用现代化网络信息技术,系统推进生态文明宣传教育,引导公众养成低碳健康的数字生活方式。其次,要提高社区数字基础设施建设水平。推动数字技术集成应用,扩大数字基础设施在生活领域的应用,打造日常办公、居家生活、购物娱乐、交通出行等各类数字化生活场景。再次,促进绿色消费中的数字化应用。实施绿色消费供给侧的数字化改造升级,通过数字化应用技术与模式创新,优化公众的绿色消费体验,养成绿色消费习惯。

二、建立生态资产数据库

促进生态资源合理利用,提高生态资源开发及保护与经济高质量发展的互

---

① 顾金喜:《生态治理数字化转型的理论逻辑与实路径》,《治理研究》2020年第3期。

利耦合效益,将生态资源转化为生态资产是中国式生态现代化的核心要义。因此,数字经济赋能中国式生态现代化就要充分利用数字技术,建立全面系统的生态资产数据库,实现生态资产调查监测、生态资产价值评估、生态资产产权交易数字化。

(一) 建立生态资产数字化监测台账

生态资产作为人类经济社会发展的基础,其构成情况及其演变趋势需进行精准监测,以实现人口、自然环境与经济系统的耦合共赢。充分利用大数据、物联网、区块链、云计算等数字技术,完善区域空间治理数字化平台,优化生态资产调查监测体系,将绿水青山写进生态资产数字台账,跟踪掌握生态资产的种类分布、数量多寡、质量高低、功能特征、权益归属、保护与开发利用情况等信息,摸清中国生态资产的底数。同时,要加快建设开放共享的生态资产信息云平台,建立健全生态资产认证认可机制,确保生态资产信息的可信度。

(二) 构建生态资产数字化价值评估系统

生态资产价值核算是促进生态资产公平合理交易的前提,要充分利用大数据、云计算、人工智库等数字技术,从生态资产自身价值、生态服务价值以及通过人类开发所能提供的附加价值等多个角度对生态资产价值进行全面系统评估,形成生态资产数字化价值评估模型,实现各核算区域生态资产精细化动态核算,从而为生态资产价值实现提供可供交易和融资的参考依据,促进绿色青山向金山银山转化。

(三) 完善生态资产产权数字化交易系统

生态资产的价值实现离不开其产权交易平台的建设,要借助数字化、智能化手段完善生态资产产权数字化交易系统,提高生态资产价值转化效率。首先,要推广数字化"两山银行"模式,实现生态资产信息化管理平台与交易平台的嵌套管理,解决生态资产抵押变现难问题。其次,要发展"数字＋绿色金融"模式,为生态资产提供融资贷款授信服务,助力生态资产价值实现。再次,要充分发挥数字电商平台资源和优势,促进生态资产供需的精准对接,推动形成生态资产产业聚集效应。

三、建立数字化和智能化的生态补偿机制

生态补偿是一种以资源环境保护为核心,平衡各方利益,调节经济发展和资源环境保护关系,实现生态治理现代化的一项关键激励制度①。党的十八大以来,生态补偿加速推进,初步建成了符合中国国情的生态保护补偿制度体系。但在生态补偿对象精准性和补偿标准合理性等方面还存在一定的不足,因此,数字经济赋能中国式生态现代化就是要采用数字技术,建立数字化和智能化的生态补偿机制,以此提高生态补偿精准度和科学性。

(一)建立数字化的生态账户

生态补偿的核心是生态环境保护受益者向生态保护贡献者付费,生态环境破坏者付费,因此,明确谁是贡献者、谁是破坏者、贡献的量是多少、破坏的量是多少就成为决定生态补偿机制运行效果的关键因素。通过数字技术建立数字化的生态账户,做到对大到区域、小到个人的生态贡献或生态破坏程度进行长期跟踪和精准核算,从而精准确定生态补偿的对象及补偿标准,提高生态补偿的效率。

(二)搭建数字化的生态补偿信息共享平台

生态补偿机制运行过程中,补偿者与受偿者需要就补偿相关信息进行有效的交流和沟通,才能合理确定补偿方式、补偿标准等具体内容。通过数字技术,搭建数字化的生态补偿信息共享平台,实现生态补偿机制运行过程中涉及各类信息的全链接与合理共享,使不同的生态补偿主体可以依托这一平台在统一的制度安排下进行平等的补偿谈判与补偿沟通,减少因为信息不对称、沟通不畅通所造成的生态补偿成本高、补偿效率低等问题。

(三)构建数字化的生态补偿效果评价体系

生态补偿效果需要进行科学评价,以此来不断完善生态保护贡献与补偿资

---

① 司林波、段露燕、裴索亚:《国内外流域协同治理生态补偿的主要模式及其实践情境》,《燕山大学学报(哲学社会科学版)》2023年第4期。

金分配挂钩的激励约束机制,实现公平补偿与高效补偿。生态补偿效果评价的核心是构建评价指标体系和获取相关指标数据,因此,构建数字化的生态补偿效果评价体系,就是通过生态补偿信息共享平台,评价者通过分析生态补偿活动中的补偿主体、补偿方式、资金来源、资金匹配、监管方式等数据信息,研究制定符合该补偿活动实际的评估指标体系并获取相关指标数据,对补偿效果进行跟踪评价。同时,采用数据仿真模拟技术,对生态补偿流程进行仿真模拟[①],寻找存在的问题,提出后续改进对策。

四、完善数字化生态环境管理体系

推进中国式生态现代化需要充分发挥政府的生态环境管理职能,运用数字技术建设高效协同的政府管理生态环境新形态,从现实路径来看,主要是建设生态环境数字资源库、推进生态环境管理政务流程优化再造、构建生态环境数字化管理安全保障体系等方面不断完善数字化生态环境管理体系,系统提升生态管理的智能化水平。

(一)建设生态环境数字资源库

生态环境管理数字化转型需要海量数据作为基础支撑,这就要求政府持续加大生态环境资源共享力度,依托现有的生态环境管理云服务平台,加大数字基础设施资源的集成整合,打造能够为各部门、各行业、各层级的沟通、安全管理和服务提供高效、安全、可按需使用的全国生态环境数字资源库,把全国所有的自然生态系统、环境污染和风险监测等生态环境管理要素纳入其中,建立跨部门使用的生态资源监督管理综合平台,实现跨部门跨行业跨区域跨层级跨系统的数据归集和共建共治共享。

(二)推进生态环境管理政务流程优化再造

政府是生态环境管理的主体,生态环境管理的数字化转型就要在政务管理领域进行流程优化再造,充分利用现代数字技术面向生态环境管理场景实现技术创新和模式创新。一方面,要继续深入推进生态环境领域"互联网+政务"服

---

① 滕飞:《生态补偿数字化平台建设中的关键信息技术研究》,《现代信息科技》2020年第2期。

务平台建设,运用大数据分析预判人民群众在生态环境领域的办事需要,提供精准性、主动性、智能性、便捷性服务。另一方面,要针对生态环境领域"互联网＋政务"服务平台运行过程中存在的各种问题,运用数字技术手段进行破解、优化再造政务审批流程,推动生态环境管理政务服务标准化、规范化、便利化。

(三) 构建生态环境数字化管理安全保障体系

数字化的生态环境管理体系要以安全合法为前提,因此,完善数字化生态环境管理体系就要构建生态环境数字化管理安全保障体系。一方面,要严格落实数据安全法律法规和标准要求,提高生态环境管理大数据安全保障能力,确保数据利用来源可溯、去向可查、行为留痕、责任可究。另一方面,要强化数字安全技术应用,确保生态环境管理关键数字基础设施和重要业务系统安全高效运行,提升网络安全防护能力[1]。

五、搭建政产学研合作的数字化生态建设平台

创新是中国式生态现代化的核心驱动力,中国式生态现代化的进程直接取决于创新能力,因此,数字经济赋能中国式生态现代化,就要充分发挥政府、企业和高校科研院所进行数字化生态保护的协同创新能力,构建开放共享的数字生态保护云平台,以信息流带动资金流、技术流、人才流、物资流,激活数字化生态保护的多元要素,塑造数字经济赋能中国式生态现代化的新优势。

(一) 发挥政府数字化生态科技创新保障功能

政府要合理地运用调控之手,为数字化生态科技创新提供有力保障。首先,政府可以创新融资模式,加快新型数字基础设施建设,全面推动生态环境保护的数字化转型,更好支撑美丽中国建设。其次,政府要完善数字化生态科技成果转移转化机制,畅通数字化生态科技成果转化渠道,规范数字化生态科技成果转化市场秩序,提高数字化生态科技成果转化效率。再次,政府要完善数字化生态科技投资行为与科技成果的激励机制,对于积极参与数字化生态科技创新活动的

---

[1] 陈善荣、陈传忠、陈远航等:《面向生态环境治理现代化的生态环境监测数字化转型研究》,《环境保护》2022年第20期。

企业和科研院所通过经费补贴和政策优惠的方式给予必要激励,缓解他们在数字化生态科技创新中面临的各种压力和困难,激发他们进行数字化生态科技创新的积极性。

(二) 强化企业数字化生态科技创新主体意识

企业作为数字化生态科技创新的主体,要主动增强创新意识,以数字化、绿色化协同发展为导向,合理利用政府对数绿融合创新的扶持及激励政策,持续增加研究与试验发展(R&D)经费投入力度,完善企业内部创新机制和创新环境,加强与高校和科研院所的交流合作,探索数字经济赋能中国式生态现代化的应用场景,加快数字技术与新能源开发、清洁生产、绿色制造、污染防治、废旧物资回收循环利用等领域的深度融合,不断提高绿色发展中的数字含量。

(三) 突出高校和科研院所数字化生态科技创新主力军作用

高校和科研院所要履行其科学研究和人才培养的职能。一方面,要紧紧围绕政府、企业在数字化生态环境保护领域急需解决的技术问题,开展基础理论、前沿理论和交叉学科研究,加快人工智能、云计算、大数据、物联网、网络安全、芯片制造等领域的核心技术攻坚,形成一批具有完全自主知识产权的重大成果,为数字经济赋能中国式生态现代化的实践提供理论指导和技术支撑。另一方面,要加快学科体系调整和专业改造升级,加快培育数字化生态环境保护人才,塑造人才红利。

第四节
数字经济赋能中国式生态现代化的政策创新取向

中国式生态现代化关系全面建设社会主义现代化国家全局,要立足新发展阶段生态环境保护与经济发展的关系,从促进数字经济与生态产业深度融合、推动传统产业绿色低碳转型、提升创新型数字经济的人力资本和营造数字化生态环境治理新环境等方面探索数字经济赋能中国式生态现代化的政策创新取向,推动经济发展动力变革、产业结构优化和生态治理能力提高,实现经济发展与生态环境保护的互利耦合,提高中国式生态现代化水平。

一、推动数字经济赋能中国式生态现代化的产业政策创新

数字经济的共享性与万物互联特征,提供了其与实体经济深度融合的生态系统[①]。在数字经济赋能中国式生态现代化的过程中,要立足实体经济,促进数字经济与生态产业深度融合,既要发挥数字经济在需求牵引和供给优化方面的先行作用,推动数字经济生态化,不断培育发展新动能;也要运用数字技术对生态产业进行全面系统的改造升级,帮助生态产业实现跨界融合、重构组织模式、提高绿色全要素生产率;还要筑牢数字经济与生态产业融合发展的创新基础,实现两者的持续融合发展。

(一) 推动数字经济生态化

要充分发挥数字经济在需求端的引领作用,将数字经济的创新动能与生态产业的发展需求有机结合起来,运用数字生产力培育壮大生态产业,进而为经济社会发展注入强劲新动能。首先,要把生态化作为数字经济发展的基本趋向和原则,强化数字经济发展的生态标准,把资源消耗、环境损害、生态效益等指标纳入数字经济发展绩效评价中,使生态环境质量提升成为推动数字经济发展的重要导向和约束指标。其次,在进行数字经济规划与部署时,多增加生态因素方面的考量,让数字经济能够提供更多的优质生态产品和服务,更好地满足人民对优美生态环境的需要。再次,要聚焦生态环境保护领域的降碳、减污、扩绿等方面的重大需求,推动数字生产力同生态产业有机结合,以数字技术和数字基础设施建设支撑能源、交通、建筑等重点行业的绿色低碳循环发展,进而带动整个社会实现高质量发展。

(二) 推动生态产业数字化

生态产业数字化的本质是运用数字技术对生态产业进行全面系统的改造,提升数字经济在生态产业中的贡献率。首先,要加快先进适用的数字技术在生态环境保护领域的应用,通过深入实施"互联网+生态产业"行动和建立普惠性

[①] 洪银兴、任保平:《数字经济与实体经济深度融合的内涵和途径》,《中国工业经济》2023年第2期。

数智赋能机制等措施,推动生态产业提质增效。其次,要积极促进数字经济领域里的各类新业态、新模式向生态产业领域渗透,深入探索平台经济、共享经济在生态环境保护领域的表现形式,推动生态产业数字化转型。再次,要充分运用大数据、物联网、人工智能等数字技术,促进生态产业生产、经营、管理、服务数字化,大力发展智慧生态产业,提高生态产业数字化水平。

(三)提高数字经济与生态产业深度融合的创新能力

数字经济与生态产业能否实现深度融合发展的关键因素在于创新,因此,要提高数字经济与生态产业深度融合的创新能力。首先,要推进数字基础设施建设,优化区域布局,为数字经济与生态产业深度融合发展创新筑牢坚实的硬件基础。其次,要构建有利于促进数字经济与生态产业深度融合发展的自主创新与开放共享结合的数字技术体系,既要推动数字技术自主创新,最大限度满足生态产业融合集群发展的需要;又要明确数字技术在生态产业中的主攻方向,聚集数据、人才、服务等创新资源,构建政产学研协同创新机制,形成长线创新的持续赋能模式。再次,要为数字经济与生态产业深度融合发展创新营造公平竞争的市场环境,打通支持数字经济与生态产业深度融合发展创新的多元投融资渠道。

二、数字经济赋能传统产业绿色低碳转型的政策创新

数字经济作为改造提升传统产业的支点,是构建现代化生态经济体系的重要引擎。在推动中国式生态现代化进程中,既要积极推动新经济自身绿色低碳循环发展,更要充分发挥数字经济在三大产业绿色低碳转型中的杠杆效应,以数字化手段助力传统产业的绿色低碳转型[1]。

(一)推动农业数字化绿色低碳发展

践行绿色低碳发展理念,在农业领域要促进农业数字化转型与绿色低碳转型的有机结合,使数字经济赋能农业绿色低碳发展。一方面,要发挥政府和市场在农业数字化绿色低碳发展过程中的耦合作用,既要健全与农业绿色低碳发展

---

[1] 魏丽莉、侯宇琦:《数字经济赋能绿色发展:理论变革、内在逻辑与实现路径》,《陕西师范大学学报(哲学社会科学版)》2023年第3期。

相配套的数字农业发展政策体系,明确重点任务和节能减排路径;又要发挥市场主导性作用,健全农业碳汇数字交易体系。另一方面,既要加大农业数字化绿色低碳发展的关键核心技术创新,加快农业领域脱碳零碳等方面的数字技术突破,扩大农业数字化转型应用场景,全面布局绿色低碳发展的农业主战场;又要加快农业数字技术的推广与应用,提高绿色低碳农业全生命周期的管理效能,增强农业数字化发展韧性,为农业绿色低碳转型持续赋能。

(二) 推动工业数字化绿色低碳发展

工业领域的碳排放约占碳排放总量的70%,是节能减排的"主战场"[1],急需发挥数字经济的赋能作用,促进工业智能化与绿色低碳化协同发展。首先,要打造绿色低碳技术创新策源地,发挥数字技术与绿色低碳技术的协同创新效应,加快构建绿色低碳工业体系。其次,要推动电力和煤炭等传统能源企业各环节的数字化智能化转型,加快构建清洁低碳、安全高效的能源体系,推进绿色低碳能源在工业企业中的应用。再次,要培育专业化的数字增绿降碳服务供应商,提供更多适应绿色低碳工业发展所需要的数字化节能减碳产品与服务,并畅通数字绿色低碳服务供应商与工业企业深化合作、供需精准匹配的渠道,打通产业链上下游互联互通、协调运作的数据资源通道,推动工业产业集群的整体绿色转型。

(三) 推动服务业数字化绿色低碳发展

服务业绿色低碳发展有利于推动全社会节能降碳,因此,要推动服务业数字化转型,引导现代服务业从规模扩张向绿色低碳发展转型。首先,要发挥数字金融科技在扩宽融资渠道、优化资金配置方面的作用,破解服务业数字化绿色低碳转型过程中因较显著的正外部性带来的融资难题,释放数字经济对服务业绿色低碳发展的赋能效应。其次,要运用数字技术对服务业进行全方位改造,加快推动生产性服务业和新兴服务业的数字化、绿色化和低碳化发展。再次,要更好地激活数据要素潜能,发挥数字经济赋能作用,培育绿色研发设计服务业、绿色信息技术服务业和绿色文创服务业等新业态。

---

[1] 田华文:《"双碳"目标下数字经济赋能绿色低碳发展论析》,《中州学刊》2023年第9期。

三、数字经济赋能中国式生态现代化的人力资本政策创新

数字经济引领中国式生态现代化需要创新驱动,而创新需要依靠数字化生态人才支撑和高质量的人力资本赋能。数字经济与生态现代化的协同推进,对人力资本供给提供了新需求和新目标,因此,要大力推动教育体系改革,推进产学研融合发展,促进数字化生态人才的合理配置,进而实现数字生态人力资本数量和质量的双向提升。

(一)推动高校教育体系改革

为数字经济赋能中国式生态现代化培养创新型人才,需要将数字化生态人才的供给侧与需求侧有效连接起来①。传统的高校教育体系已经无法满足当前经济社会对数字化生态人才的需求,在数字化与生态化协同发展的背景下,需要加大对基础研究的支持力度,通过数字化技术手段和数字化网络共享平台,在增强学生数字化生态相关必修课程的基础上,培养学生的创新思维和实践动手能力,着重培养具有科技创新能力的数字化生态人才。坚持科研反哺教学理念,促进高校数字化生态领域的科研项目与成果在教学中的应用与推广,提高学生对数字化生态领域前沿知识的认知水平,提升他们与之相关的科研素养与实践创新能力,为中国式生态现代化建设输送高质量的数字化生态人才。

(二)产学研融合培养数字化生态人才

党的二十大报告提出要加强企业主导的产学研深度融合,强化目标导向,提高科技成果转化和产业化水平。产、学、研深度融合,是科研、教育、生产不同社会分工在功能效应与资源优势上的协同与集成化,是数字化生态技术创新上、中、下游的对接与耦合。政府要强化统筹协调,构建促进产、学、研深度融合的政策支持体系与机制,促进政府、企业、高校及科研院所之间的良性互动。紧密围绕高校及科研院所和上下游企业对数字化生态科技的需求,支持和鼓励科研人员与数字化生态产业领域的企业加强合作,促进高校及科研院所的科研成果转化,共同助力数字化与生态化的协同创新,推动产业转型升级。

---

① 任保平、何厚聪:《数字经济赋能中国式现代化:理论逻辑、路径选择与政策取向》,《财经科学》2022 年第 4 期。

（三）促进数字化生态人才的合理配置

数字化生态人才是驱动中国式生态现代化的核心要素，以数字经济引领中国式生态现代化，要加大数字化生态人才的开发力度，促进数字化生态人才的合理配置。要基于中国式生态现代化建设目标和经济结构调整的现实需要，制定相应的数字化生态人才发展规划，建立完善数字化生态人才库，定期开展人才工作评估和发布人才发展报告，明确数字化生态人才需求的缺口和方向，针对性地进行相关人才培养和引进，满足数字化生态人才需求，培养创新型、实践性人才适配数字化生态人力资本要求，不断优化人才结构，实现人尽其才、才尽其用，最大限度发挥数字化生态人才的作用。加快生态化与数字经济的融合进程，助推传统产业绿色低碳转型，改善和优化人与自然关系，提高产业链人才链的生态现代化水平，以数字经济发展驱动中国式生态现代化的实现。

四、数字经济赋能生态现代化的数字化生态环境治理政策创新

为充分发挥数字化治理在生态现代中的保障作用，政府要用好数据这一新的生产要素，运用数字化思维加强公民生态环境素养，推动业务数据化、数据价值化，运用数字技术提高平台治理能力和数据治理能力，健全共建共治共享的数字化生态环境治理制度，全面提升数字化生态环境治理效能。

（一）提高公民数字化生态环境素养

数字化不仅是一场技术领域的变革，更是一场治理方式、社会活动和思维模式的变革，数字化赋能中国式生态现代化的价值发挥，需要公民的思想认同与行动呼应[1]。只有将人民对美好生态环境需求的满足与绿色生活方式的全面培育协同推进，才能共促美丽中国的实现。要全面提升公民的数字化生态环境素养和技能，加快数字化生态文明教育方式的使用和创新，提升公民数字化生态环境治理的参与意识、责任意识和参与能力，促进公民绿色生活方式的全面培育。并通过各类生态环境治理经验的数字推广和云体验，扩大数字化赋能中国式生态现代化转型的标杆示范引领效应和社会认同，营造全社会共同促进数字化生态

---

[1] 邹晓燕：《数字化赋能生态文明转型的难题与路径》，《人民论坛》2022年第6期。

环境治理的新风尚。

（二）提高数据价值转化能力

数据作为新型生产要素，已经融入生产、生活、生态环境保护的各个环节，成为数字经济驱动中国式生态现代化的关键战略性资源。因此，政府要综合运用技术、行政、法律等多种手段，在坚守数据使用合法底线的基础上，明确数据资源的共享边界，加快推进数据资源跨地域、跨层级、跨系统、跨单位、跨业务的开放共享，建立健全高质量的大数据生态体系和安全高效的数据流通体系，提高平台治理能力和数据价值转化能力，解决生态环境治理过程中固有的信息不对称、数据孤岛等难题[1]，促进生态环境治理数字化的高效转型。

（三）提高多元主体数字化协同治理能力

党的二十大报告强调要完善社会治理体系，健全共建共治共享的社会治理制度。因此，要发挥数字经济驱动生态环境治理转型的作用，不能仅仅依靠政府，还要充分调动社会其他主体参与数字化生态环境治理的主动性、积极性。政府要利用数字技术便捷、实时、共享等特点，大力消除其与公民、企业、社会组织进行横向交流的堵点，使公民、企业和社会组织能够真正参与到数字化生态环境治理过程中来。在此基础上，完善数字化生态环境治理的协调机制和成果同享的激励措施，切实推进多元主体协同推进数字化生态环境治理的进程。

---

[1] 高星、李麦收：《数字经济赋能经济绿色发展：作用机制、现实制约与路径选择》，《理论探讨》2023年第2期。

第十四章
数字经济赋能中国式企业现代化

在数字经济时代,新一轮科技革命和产业革命迅猛发展,面对复杂的国内外形势,企业同时面对机遇和挑战。尤其是进入知识经济时代和信息社会之后,云计算、大数据、物联网等技术成为企业发展的重要资源,这些技术在企业各个层面的深入运用,能够充分提高企业对数据资源的挖掘和利用程度,提升企业的核心竞争力,带领企业获得更高质量的发展,在科技革命的浪潮中走在前列,我国企业加快数字化转型已经成为大势所趋。

第一节
企业现代化及其决定因素

一、企业现代化的内涵

数字经济时代企业的现代化可以概括为企业的数字化转型,这种数字化应该是全方位的,不仅包括企业在技术上的数字化,也就是通过学习先进的技术提高劳动生产率,推动企业的各经营环节的数字化[1],获得产出效率带来的"量"上的增长[2],更重要的是借助数字经济带来的新思维,促进企业在组织架构、经营方式、管理模式,特别是新技术的研发和创新方面的全面转型,使企业获得有质量的发展[3]。这样同时兼顾质和量的转型方向能够使企业在复杂的环境中赢得更大的主动权,获得长期可持续的发展。

当前,数字化转型已经成为企业发展的必由之路。《"十四五"规划和2035远景目标纲要》中提出,我国需要以数字化转型驱动生产方式、生活方式和治理方式的变革,加快建设数字经济、数字社会和数字政府。近年来,我国一直十分重视企业的数字化转型问题,全力支持国有企业以及中小企业的转型工作,并致力于促进数字经济和实体经济的融合,努力打造具有国际竞争力的数字产业集群。党的二十大报告提出,"坚持把发展经济的着力点放在实体经济上,推进新型工业化,加快建设制造强国、质量强国、航天强国、交通强国、网络强国、数字中国"。二十届三中全会《决定》提出"完善中国特色现代企业制度""加快建设更多世界一流企业"。在这样的背景下,中国式现代化也为企业的现代化提出了新要求。

---

[1] Fitzgerald M., Kruschwitz N., Bonnet D., et al.: Embracing Digital Technology: A New Strategic Imperative, *MIT Sloan Management Review*, 2014, 55(2): 1-12.
[2] Gersch M., Sundermeier J.: Understanding (Digital) Transformation, *Journal of Competences, Strategy & Management*, 2019, 10.
[3] 靳曙畅、胡熠、栾佳锐:《数字金融赋能企业转型升级:理论分析与实证检验》,《统计与决策》2023年第3期。

二、企业现代化的决定因素

当前学者们对企业现代化这一概念的理解大部分是从国家和区域两个层面进行的。在国家层面上,Jafari-Sadeghi 等认为企业的数字化转型主要与技术有关,主要可以分为技术准备、技术利用、技术开发三个阶段[1]。在区域层面上,陈堂和陈光构建出了一个从劳动力投入、资本投入、人力资本投入、技术创新、创新环境五个维度来评价企业现代化水平的评价体系[2]。结合学者们的研究以及当前我国企业现代化转型的新要求,企业的现代化会受到资本、技术、劳动力、政策因素的共同影响。

(一) 技术要素

大数据是数字化的重要内核,在数字经济时代,企业的经营环境与过去发生了翻天覆地的变化,企业是否具有出色的大数据分析能力、借助数字工具提高经营效率,成为它们能否在竞争中获得优势的关键。大数据分析能力不光是在市场中收集客户需求、将它们转换成为生产决策的能力,也包括企业组织、技术的革新和劳动力素质的提高等多个方面的综合能力[3]。企业在这些方面无死角全方位的进步在促进生产效率提高、绩效提升的同时,也能够激发企业的创新活力,加快企业的现代化转型。

(二) 政策因素

企业的现代化转型与市场环境息息相关,尤其是在我国"以公有制为主体、多种所有制经济共同发展"的基本经济制度下,政府的部门的引导与支持就更加重要。在过去的几年里,中央先后下达文件对国有企业和中小企业的数字化转型进行了部署。对企业而言,中央政策更多的是起到引导方向的作用,地方政府的政策要更加具体也更有针对性。尤其是对于我国这样一个地域辽阔、人口众

---

[1] Js A., Gp B., Ec C., et al.: Exploring the impact of digital transformation on technology entrepreneurship and technological market expansion: The role of technology readiness, exploration and exploitation, *Journal of Business Research*, 2021, 124: 100-111.

[2] 陈堂、陈光:《数字化转型对产业结构升级的空间效应研究——基于静态和动态空间面板模型的实证分析》,《经济与管理研究》2021 年第 8 期。

[3] 刘淑春、闫津臣、张思雪、林汉川:《企业管理数字化变革能提升投入产出效率吗》,《管理世界》2021 年第 5 期。

多的大国,各地区的经济发展情况、人们的受教育程度以及历史文化都存在巨大差异,各地政府结合自身的目标和当地实际情况制定的各项方案会为当地的企业打造出不同的市场环境,企业对政策的敏感程度也会影响到企业的现代化进程。

(三) 劳动力要素

数字经济时代的劳动者相较于过去具有明显的特征:高学历、掌握更新的技术、面对更激烈的竞争。这些劳动者在数字化的浪潮中不断充实自己,以适应竞争越来越激烈的就业环境,这样的竞争和自我完善也会带来整个就业市场水平的提高,企业能够更便捷地找到高质量的劳动力,推动企业的现代化转型。同时,劳动力素质的提高也意味着人工成本的提高,随着人工智能技术的发展,已经有一些企业选择用机器替代标准化生产、重复性高的岗位,企业的劳动力需求下降,数字技术将产生低技能劳动力的替代效应,这一新技术对传统人力劳动的替代也是企业现代化的一种体现。

(四) 资本要素

资本要素的流动也会影响到企业的现代化转型。对于我国的企业而言,随着资本市场的开放,资本流入大多来源于境外成熟经济体的一些已经拥有丰富现代化经验的企业,它们往往拥有更先进的技术和管理理念,这些技术和理念在本土的扩散在企业外部有助于改善整个市场的信息环境,在企业内部则有利于管理结构的优化,在带来发展助力的同时对原有的管理层进行监督,从激励和控制两个方面同时推动企业的现代化。但是同时,国外资本的流入也会使企业被迫卷入全球化的浪潮当中,一些还没有准备好的企业可能面临巨大的生存压力,被迫加快现代化进程。

第二节
数字经济时代企业组织的新变化

新制度经济学家道格拉斯·诺思认为,"组织是一种有目的的实体,创新者用它来使由社会制度结构赋予的机会所确定的财富、收入或其他目标最大化。

在追逐这些目标的过程中,组织会逐渐改变其结构。"[①]在数字经济时代,传统的金字塔式组织结构过度细化职能,信息在从上到下传递的过程中需要经过重重阻碍,不仅效率低下,还有可能造成信息的失真,很难面对变幻莫测的市场环境。同时,企业内部各部门之间是相互独立、相互竞争的,他们为了实现利益的最大化,反而会隐藏信息,阻碍信息的传递和使用效率,不利于企业长期健康的发展。因此,面对数字经济时代消费者需求和生产方式的变化,企业的组织形式也应该做出相应的调整,突破传统垂直化、科层制、等级制的金字塔形的组织结构,向平台化、数字化、扁平化、柔性化、智能化转变。

一、 企业架构的平台化

随着数字科技水平的不断进步,企业日常面临的信息呈现爆炸式的增长,一成不变的组织结构会严重阻碍企业处理信息和做出决策的效率,而数字平台就可以精准而快速地收集多方面的信息,借助程序将市场上的供需关系数字化之后呈现在企业管理者面前,形成一个"平台+个人"的分工架构,有效消除信息不对称,让交易双方能够基于科学的分析迅速匹配,而不必依靠传统方式做出并不理性的决策,帮助企业更有效地配置资源,提高生产和经营效率,进而带动整个行业的平台化。

同时,企业的平台化也能够有效推动其技术创新,一方面,企业能够通过数字化的平台整合外界有利于技术创新的信息,减少在交易时间和交易成本上的支出,将更多的精力投入研发的核心过程中。另一方面,企业的平台化及其带来的行业的平台化能够将上下游的企业更紧密地联合起来,通过生产流程的模块化,更有针对性地完成技术创新,带动企业突破障碍,完成现代化转型。

二、 结构形态的网络化

在数字经济时代,消费者的需求趋于多样化并且迅速变化,企业很难再只依靠单一的产品生存下去,需要通过组织结构的网络化转变更精准地把握市场动

[①] [美]道格拉斯·C.诺思:《制度、制度变迁与经济绩效》,上海人民出版社2014年版,第87—97页。

向。网络化就是企业内部的部门、团队、个人都表现为独立的节点,通过传递数据建立连接,构成一个向边界无限延展的网络组织。这样网络化的组织结构能够减少传递信息过程中多余的环节,使信息能够快速传递至各层级,保障成员之间的高效沟通,减少因为信息传递障碍带来的损失。

同时,网络化的结构也不像金字塔结构那样固定,上下级关系难以逾越,而是可以随着业务变化调整成员组合,员工之间的关系也由竞争转向合作,不仅能够最大限度地挖掘员工的潜力,有利于整个企业内部的资源整合,提高竞争力。在这个过程中,员工也能够参与到不同的项目当中,在实践中提高自身的能力,有利于企业长期健康的发展。

三、企业组织结构的扁平化

传统的金字塔型层级制的组织结构信息传递的环节多、成本高,决策自上而下的传达、员工自下而上的反馈都受到限制,严重影响到企业的运营和员工的创新热情,已经不再适应当前这个数字经济时代。与网络化类似,管理机制扁平化的目标也是减少信息传递过程中不必要的环节,在总体上保持了金字塔型的结构的基础上进行精简,增加管理幅度、减少管理层级,将原本的组织结构压缩成一个扁平的金字塔,缩短最高决策层到一线员工之间的距离,减少信息沟通障碍。

数字经济时代的数字化技术也为企业组织的扁平化创造了条件,在企业日常的管理和经营当中实现线上的互联互通,原本需要申报、填表的流程在系统里就可以解决,提高上下级之间的沟通效率,员工之间更多的是合作关系而非竞争关系或从属关系,有利于激发员工的创造活力,使企业更好地融入到数字经济的浪潮当中。

四、运行方式的柔性化

传统的企业为了节约成本,往往会选择固定的商品进行专业化生产,而在数字经济时代,消费者的需求趋于个性化和多样化,大数据、人工智能等新技术的应用也降低了生产单个产品的成本,因此企业的生产逐渐转向柔性化,也就是精准锁定消费者的需求,小批量地进行定制化生产。

这样的变化也体现在企业与员工的关系上，传统的企业与员工是从属关系，员工完成工作、企业支付薪酬。进入数字经济时代，能力强、有创造力的员工在企业的经营中发挥着更加突出的作用，他们也不再满足于传统的"同工同酬"，有着多样化的待遇需求，企业也需要针对不同能力、不同个性的员工，建立更精细化的薪酬制度，完善企业的人才团队。

五、企业管理的智能化

随着大数据、人工智能等数字化信息技术的普及，企业管理也应该充分利用智能化技术，协同发挥管理者自身的能力与人工智能，进行精确有效的判断和决策。企业管理的智能化一方面体现在工具的数字化，企业通过搭建平台，在市场中收集用户的相关数据，再由专业软件进行分析和计算，相较于传统的依靠管理者自身能力的方式要更加客观、准确、高效，有助于企业作出科学决策。另一方面，企业管理的智能化还体现在管理流程的优化，智能化的管理软件帮助企业建立起一个部门之间信息互通的平台，对企业现有的人才团队、物质和信息资源进行精准的分析与分配，能够有效提高信息的传递速度以及各项资源的利用效率。

第三节
数字经济时代中国式企业现代化的特征

一、数字经济时代的中国式企业现代化是质与量并重的现代化

在当前我国经济发展进入新常态，由高速增长转向高质量增长的背景下，企业的现代化转型也应该与这样的大方向相配合，不仅需要重视技术进步带来的生产效率的提高，获得"量"上的增长，还应该重视企业管理结构的优化和新技术的研发与创新，获得高质量的增长。创新理论的鼻祖熊彼特认为，所谓创新，就是要"建立一种新的生产函数"，让生产要素重新组合，生产技术的革新和生产方法的变革在经济发展中起着至高无上的作用[①]，数字经济时代就带来了这样的

[①] [美]约瑟夫·熊彼特：《经济发展理论》第1版，中国人民大学出版社2019年版，第221—260页。

变革。随着以互联网为代表的各项技术的广泛应用,生产要素的流动更加便捷,管理者和普通员工的工作方式都发生了巨大变化。企业的管理者不仅需要像从前一样运用专业知识来确定企业的发展方向,还需要时刻观察市场动向,搜集大量的数据,运用合适的计算机技术从中筛选出有用的信息,结合企业自身的发展情况,分析市场发展的趋势对企业的影响,并及时做出合理的决策。对于企业的员工而言,数字经济时代带来的工作方式的科技化主要体现在电脑成为主要的办公工具,日常的办公通常都通过办公软件来完成;与上级、客户、同事的交流方式也从面谈转向集中在基于互联网的各大社交软件上;获取市场信息的渠道也更加多元化,可以通过各大平台观察到更大范围内的市场动向。这样的变化能够使企业及时对市场的需求作出反馈,使供给更好地适应需求,进一步优化经济结构,推动数字经济等新兴产业的蓬勃发展。

二、数字经济时代的中国式企业现代化是全方位的现代化

数字经济时代的企业现代化不应该只局限在技术的创新上,还需要重视管理能力的提高和组织结构的优化。对于企业而言,管理本身就是一门艺术,科学的管理方式能够最大限度地提高工作效率和激发劳动者的工作热情。在数字经济时代,管理方式的数字化本身就是企业竞争力的体现。互联网的发展使企业能够通过信息技术将企业生产和销售的各个环节连通起来,形成一张以企业为核心的网络,在企业与客户之间、领导与员工之间、员工彼此之间实现高效率的信息传输和资源共享,使企业更便捷地获取客户需求信息并加以分析,先一步创造出更贴合消费者需求的商品,在市场上抢占先机,提高核心竞争力。企业内部数字化的管理方式也能够减少交流过程中时间和资源的浪费,广泛吸取更多人的意见,为企业争取更多的试错机会。当企业达到了一定体量或者是建立了一定的时期之后,会难以避免地遇到机构和人员冗杂、员工工作积极性不高的问题,其根源在于各职能部门之间的权责分配不够清晰,为互相推诿、"搭便车"等行为提供了土壤。当权力分配产生交叉,人自身的趋利避害心理会更倾向于"不犯错"而非"做得好",因此会造成工作的低效。一个现代化企业的管理组织应该是精炼的,各职能部门之间分工明确,有清晰的激励和追责制度,无论是在上下

级还是平级之间都能保持信息交流畅通，确保管理者的命令能够及时下达，员工的意见能够得到反馈，工作失误也能有依据地追责。

三、数字经济时代的中国式企业现代化是人才的现代化

在数字经济时代，现代化企业的人才队伍对劳动者的素质和结构都有较高的要求。一方面，现代化的企业需要劳动者具有数字经济时代要求的能力，不仅要求更加专业、有能力、有前瞻性的管理层，也需要员工对数字经济时代的市场环境有着更清晰的认知，在竞争激烈的环境中不断丰富自身，充分挖掘出自己的潜能，为企业提供更有价值的创意，他们需要掌握包括但不限于岗位必须的专业技能以及基本的计算机操作技术，这些能够将本身的业务和数字化技术融会贯通的人才能够更快地适应数字经济时代变幻莫测又竞争激烈的工作环境，为企业输送更有价值的创意。另一方面，现代化的企业需要根据劳动者的能力、年龄、工作经验等背景，将他们合理组合成不同的梯队，通过绩效激励等方式促进劳动者之间的良性竞争，同时也实现自下而上的管理，促使企业更健康地运行。这种对管理者和员工的高要求，从长远来看，无论是对企业的发展、员工自身能力的进步甚至是整个行业的健康发展都是有益的。

四、数字经济时代的中国式企业现代化是顺应全球化的现代化

在经济全球化的浪潮当中，没有任何一个国家的企业能够置身事外，数字经济的发展更是加快了这个进程。随着交流方式便捷和运输能力的飞跃，跨国企业能够在世界范围内获得更广泛的要素并加以整合，这为参与到其中的企业提供了机会，一方面，它们能够获得更先进的技术，在短期内取得重要突破，成为一个更有竞争力的供给方，实现技术上的现代化。另一方面，它们能够触摸到更广阔的市场，这在一个封闭的环境中是不可能遇到的，它们在大量的生产和与客户的交流中完善企业自身的决策，实现管理方式上的现代化。当然，更大市场意味着更大的机遇，同时也意味着更大的挑战，企业面临着比过去更激烈的竞争以及数字化可能会带来的安全风险。

第四节
数字经济赋能中国式企业现代化的新要求

数字经济时代，企业同时面临着发展的机遇和挑战，结合党的二十大报告指出的中国式现代化的五个基本特征，即人口规模巨大、全体人民共同富裕、物质文明和精神文明相协调、人与自然和谐共生、走和平发展道路，数字经济赋能中国式企业现代化应该完成价值创造转型、市场环境转型、管理能力转型和发展方式转型。

一、企业价值创造转型

企业的现代化转型会从内部控制、信息对称、融资成本和创新能力对价值创造产生影响。在内部控制方面，数字技术能够保障企业内外部交流畅通，有效解决委托代理问题，有更多精力整合自身资源；在信息对称方面，企业获取和使用信息的壁垒减少，同时增强外部企业对本企业的良好预期；对外界信息的及时反应、给投资者留下可靠印象都能够有效降低融资成本。

相较而言，企业现代化转型带来的创新能力的提高对价值创造的影响是更加显著的，这也与我国长期以来实施的创新驱动发展战略相呼应。在过去几十年的全球化进程当中，我国的廉价劳动力吸引了大量的发达国家转移的劳动密集型产业，这也确实帮助我国创造了高速发展的经济奇迹。但是随着劳动力价格的上涨和数字技术的发展扩散，加工制造环节的利润空间不断被挤压，而研发和销售环节则变得更加重要。企业的现代化不仅要求增加研发支出的占比，更重视产品的创新，提高其附加值，还需要更加重视销售环节，为客户带来更优质的体验，使投入能够更有效地转化为经济效益。

二、企业市场环境转型

市场环境是一个国家经济软实力的重要体现，党的二十大报告提出，要完善产权保护、市场准入、公平竞争、社会信用等市场经济基础制度，营造市场化、法治化、国际化一流营商环境。一个透明的、高效的、反垄断的营商环境不仅能够推动政府治理能力的现代化,促进经济高质量发展,还能够提高企业的经营效率,保障企业的自主创新和现代化转型。

一个良好的营商环境需要社会各方积极参与建设,其中政府发挥着主导作用。中央政府与地方政府相配合,中央政府出台法律法规对营商环境优化进行顶层设计,这些政策覆盖了"互联网+政务服务"、负面清单、事中事后监管等方面,为地方政府因地制宜探索自身营商环境优化路线的实践提供方向指引。

三、产业结构转型

数字经济时代带来的对劳动力能力的高要求可以优化劳动技能结构,提升高技能劳动力占比,通过释放人才红利实现我国产业结构转型升级,由此带动的企业专业化分工、产业链完善,以及产业多元化发展等方面的转型推动了企业的现代化进程。

产业结构的转型一方面要求企业重视产业链上下游的延伸,在确保自身稳定发展的基础上,适当拓宽业务范围,形成紧密联系的产业链,进而形成具有广泛影响力的产业集群,这在一定程度上还可以带动地区经济的发展,缩小区域差距。另一方面,《2023中国战略性新兴产业发展报告》指出,我国战略性新兴产业发展仍面临着外部环境不确定性显著增强、区域间产业同质化竞争严重、产业链安全性得不到保障等挑战。在未来我国还应该顺应数字经济发展的浪潮,支持战略性新兴产业发展。

四、企业管理能力转型

在管理思想上,数字经济时代,企业之间的竞争也日渐激烈,为了在竞争中赢得主动,企业必须树立起创新发展理念,重视先进技术的研发、引进和应用,通过出色的产品创意和质量建立起品牌效应。在知识经济时代,优质的人力资源越来越珍贵,企业还需要树立人本发展理念,在高效率实现经营目标和员工的身心健康之间寻找一个平衡点,在充分挖掘员工能力、为他们提供通畅的学习平台和晋升渠道、支持他们为企业创造价值的同时,也重视员工福利,使员工的待遇和能力相匹配。

在管理方式上,数字经济时代,人与人、企业与企业之间的交流都更加顺畅,对市场变化的反应也更加迅速,这要求企业提升自己的信息收集和处理能力,形成一个以自身为核心的信息网络。在市场中充分运用大数据,广泛地收集客户需求,探查市场最新的发展动向,以贴合消费者需求为目标来进行数据分析,规划企业未来的发展方向。在企业内部,确保各职能部门之间权责分明,有清晰的权力划分和追责制度,员工的意见能够得到及时的反馈,形成压力与动力并存的良性工作环境。

五、企业发展方式转型

数字经济可以通过要素结构的优化、资源配置效率的提高来驱动企业的绿色发展。一方面,在数字信息技术的影响下,企业自身的生产经营效率不断提升,以及对环保节能生产设备的应用都有效降低了企业在生产过程中的消耗。另一方面,大数据、人工智能等技术的运用使人员和设备都能够通过互联网联系起来,有机会实现精准操控,能够大幅度节约生产成本,将更多资源投入技术创新当中,形成一个良性循环,推动企业的现代化转型。而从宏观角度来看,近年来国家在加快数字经济同三次产业融合的同时,也积极引导生产要素向资源和环境友好型的产业流动,以此推动经济发展方式的健康转型。

第五节
数字经济赋能中国式企业现代化的路径

在当前我国经济发展进入新常态、由高速发展转向高质量发展的背景下,党的二十大勾勒出了以中国式现代化全面推进中华民族伟大复兴的宏伟蓝图。加快发展数字经济、建设数字中国是我国新一轮科技革命、推动经济高质量发展的战略选择,数字经济赋能中国式企业现代化也应该与中国式现代化相适应,探索符合时代特征的发展路径。

一、坚持"以人为本"的理念

党的二十大报告中指出,中国式现代化是人口规模巨大的现代化。我国人口众多,十四亿多人口的现代对人的发展提出了更高的要求,大规模的人口既是压力也是动力,当我国顺利从人力资源大国转型为人力资源强国,带来的社会进步将使几代人受益。

人才是发展的第一资源,尤其是数字经济时代,信息技术被广泛应用,对劳动者的能力也提出了新要求。企业需要紧密围绕自身的发展目标,面向广阔的就业市场,寻找更多有创造力、有专业技能、能够迅速适应数字化工作方式的新型人才,同时也不能忽视对现有人才队伍的培养,为他们提供更广阔的平台,更直接地接触数字经济时代经济社会的变化,学习最先进的技术和管理经验,打造出一支符合企业发展方向、能力出色、结构合理的人才队伍。

"以人为本"的观念也体现在对劳动者身心健康的关注。马克思在《1844年经济学哲学手稿》中探讨了劳动的异化和人性的复归,他认为,工人通过自己的劳动为资本家创造了大量的财富,但是自己却依然被困在繁复的劳动当中,生活没有获得明显的进步,因此从劳动中得到的幸福感有限,更多时候是在不断否定自己,将自己与亲手生产出的东西对立起来①。这种割裂感在数字经济时代的劳动者身上体现得尤其明显,当前众多企业尤其是互联网企业激烈的竞争迫使员工主动或被动地延长自己的工作时间,这无论是对人的健康还是工作热情都是极大的消耗,企业仅仅关注利润和效益是远远不够的,还需要注意员工的心理诉求,构建和谐的企业文化,在企业内部形成凝聚力。

二、主动承担社会责任

党的二十大报告还指出,中国式现代化是共同富裕的现代化。共同富裕是社会主义先进生产力和先进生产关系的有机组合,实现共同富裕不仅意味着企业要做好产品、满足消费者日渐多样化的需求、提高人们的生活水平,还需要将生产的上下游联系起来,完善分配制度,确保每个环节的每一个员工都能够享受到劳动成果。

当前我国依然存在城乡、区域发展不平衡的问题,并且在数字经济的影响下,越来越多的劳动者集中到城市,尤其是涌入互联网行业,造成了差距的进一步拉大,在不同群体、不同区域之间形成数字鸿沟。在解决不平衡不充分的发展问题、实现共同富裕的过程中,国有企业和民营企业都可以通过自身的现代化转

---

① 马克思:《1844年经济学哲学手稿》,人民出版社2000年版,第45—60页。

型发挥作用。国有企业需要进一步加强企业内部的整合和资源优化配置,吸纳先进的现代化信息技术等手段,提高自主创新能力、延长产业链,实现科技的自立自强,为共同富裕提供动能。同时也要利用自身资金雄厚、抗风险能力强的特点,创造就业岗位,培育中等收入群体,缩小收入差距。民营企业则可以充分利用自身的灵活性,尤其是乡镇地区的民营企业,更加灵活地结合乡村振兴的要求,配合当地政府,因地制宜提高数字基础设施建设水平,缩小城乡、区域的发展差距,消除数字鸿沟。

三、重视企业文化建设

中国式现代化是物质文明和精神文明相协调的现代化。在现代化过程当中,文化软实力同样重要,我国作为一个历史悠久、文化底蕴丰厚的国家,有充足的文化资源,但一直都缺少合适的平台和方式将这些内容向世界宣传出去。同时,现在各国利用互联网平台打舆论战也越来越熟练,经常通过细枝末节的角度切入,如果分辨能力不强就很容易被煽动。因此,加强精神文明建设,增强人民的文化自信,提高分辨能力是维护社会稳定的重要方式。

作为企业,在现代化转型的过程中不仅需要顺应自身的发展要求,将数据要素融入生产经营的各个环节当中,形成自己的定制信息链,在市场上建立起独特的品牌优势,还需要在企业内构建起以数据为导向的企业文化,让员工更清晰地认识到企业在整个市场中的定位和发展方向,从信任自己的主观判断转向信任客观的数据分析,在合理的范围内督促员工开展良性竞争。具体到一些用户大量聚集并发表言论的互联网平台企业,需要更加重视自己平台上的舆情监督,一些意识形态问题会在潜移默化当中产生影响,需要企业有相当高的敏感度,及时进行规范,这实际上也是承担社会责任的体现。

四、重视资源节约和环境保护

党的二十大报告指出,中国式现代化是人与自然和谐共生的现代化。现代科学技术的发展在造福人类、为人类的生活带来重大的革新的同时,也造成了资源浪费和环境破坏。但是经济效益和环境从来都不是对立的,"绿水青山就是金山银山",在数字经济时代,数据要素贯穿在经济发展的各个环节,带来生产效率的提升,帮助企业在发展过程中协调经济与环境的关系,兼顾经济效益和生态效益。

在一些生态脆弱的地区,或者自然资源比较丰富的地区,企业需要考虑如何将企业的发展与当地的自然环境相结合,在不破坏自然环境的同时,实现企业的经营目标,甚至借助自然环境带动企业自身和当地经济的发展。数字经济时代,数字技术的发展带动了产业数字化,那些生产过程需要使用传统能源的企业需要加快技术革新,通过数字化改造,提高能源利用效率,实现转型升级。而新兴的新能源企业更应该借助国家和政府支持的东风,抓住机遇在市场上确立地位,依靠先进的技术扩大竞争优势,实现高速发展。自然环境从来都不应该成为阻碍企业发展的因素,相反,找到合理利用自然资源的方式反而可以成为企业现代化的助力,推动企业高质量发展。

五、 吸收世界范围内的经验

中国式现代化是走和平发展道路的现代化。我国始终坚持走和平发展道路,这不仅是适合我国国情的,也是符合世界人民的根本利益的。进入数字经济时代,全球科技创新空前密集活跃,新一轮科技革命和产业变革正在重构全球创新版图、重塑全球经济结构,数字经济在加速世界经济全球化进程、构建国际经济新秩序等方面发挥着重要作用。

客观来讲,世界范围内的许多国家在企业现代化过程中有着更丰富的经验,比如在长期的发展中形成了公司治理模型的英美模式和日德模式,我国也依然存在芯片等高精尖产品核心技术的短板。在经济全球化浪潮中,每一个国家的每一个企业都不是孤立的,因此企业在现代化转型的过程中也需要坚持引进来和走出去相结合,一方面吸收世界范围内企业现代化转型的经验,引进先进的科学技术,但也不能完全照搬照抄,还需要结合我国的实际情况将其本土化,形成一套适合自身发展的发展体系。另一方面,企业也需要坚持文化自信,在学习先进经验的同时也提高自主创新能力,依托国家数字经济创新发展试验区、国家电子商务示范基地、自由贸易试验区等平台,与世界范围内的企业友好交流、互利共赢。当然,在整个引进来和走出去的过程中,企业都需要注意信息安全,将主动权掌握在自己手中。

第十五章
数字经济赋能中国式人的现代化

实现中国式的现代化,是全体中国人民的共同理想,同时也是迈向第二个百年奋斗目标的重要内容。推进中国式现代化本质上就是要推进中国人民的现代化。实现人的现代化,实质上就是实现人的自由而全面的发展,就是要促进人的价值观念、思维和行为方式、生活方式等在现代化进程中的不断转型,使人能够借助良好的社会环境、科学的社会制度等,实现自身的全面发展。在数字经济的发展背景下需要探讨人的现代化问题,讨论数字经济对中国式人的现代化提出的新要求与实现路径,提出新时期推进中国式人的现代化发展的人力资本政策。

第一节
人的现代化开辟了中国式现代化的新境界

中国式现代化的核心是人的现代化,是要实现人的全面发展。人民群众是实践的主体,是历史的创造者,是物质财富和精神财富的创造者,是社会变革的决定力量。人民群众是先进生产力和先进文化的创造主体,1954年在第一届全国人大上第一次明确提出了四个现代化,过去我们所推行的"四个现代化"是基于物的现代化,注重物质的积累,物质现代化是实现人的现代化的基础。随着经济社会的快速发展,我们已经积累了一定的物质基础,在中国式现代化新的发展阶段要实现物的现代化与人的现代化的统一,从价值取向而言就是要体现以人为本价值导向的现代化,推动人的全面发展,创造属于中国特色的现代化道路。在中国式现代化新征程中应充分结合中国式现代化的实践逻辑和历史逻辑,从人的现代化的维度去推进中国式现代化的延伸和拓展。所以,推动中国式现代化,其首要任务就是要实现人的现代化,从物质现代化向人的现代化转变意味着中国式现代化开辟了新的境界。

一、人的现代化是中国式现代化的高级形态

实现中国式现代化,不仅要实现制度和治理现代化,更重要的是要实现人的现代化。马克思说:"人的本质不是单个人所固有的抽象物,在其现实性上,它是一切社会关系的总和。"[①]在实现中国式现代化的进程中,人的现代化是中国式现代化的高级形态,人是现代化的主体,离开人的现代化去谈中国式现代化是不全面的,人的现代化和物质现代化的结合使中国式现代化进入了高级阶段。人是中国式现代化的重要组成部分,其目标就是要推进人的全面发展。习近平总书记指出:"人,本质上就是文化的人,而不是'物化'的人;是能动的、全面的人,而不是僵化的、'单向度'的人"。[②] 中国式现代化的本质就是人的现代化,要实

---

① 《马克思恩格斯选集》第1卷,人民出版社2012年版,第135页。
② 习近平:《之江新语》,浙江人民出版社2007年版,第311页。

现人的全面发展,从根本上全面提升人的综合素质,以人的现代化为中心,全面提升人口素质,实现以人为本的中国式现代化。党的二十大报告中明确指出:"中国式现代化是人口规模巨大的现代化,是全体人民共同富裕的现代化,是物质文明和精神文明相协调的现代化,是人与自然和谐共生的现代化,是走和平发展道路的现代化。"① 无论是中国式现代化五个本质的那一个方面,其本质都是实现人的全面发展。中国式现代化道路是符合中国发展实际,结合中国基本国情,具有中国发展特色的中国式发展道路,不仅是物质的现代化,更重要的是中国人的现代化,人的现代化是中国式现代化的高级形态。

二、人的现代化是中国式现代化最高的价值追求

中国式现代化道路是在我国面对严峻的国内外形势,以及新一轮科技革命和产业变革挑战的大背景下进行的。在新的发展征程中,实现中国式现代化要把人的现代化作为关键环节,重视人的思想观念、行为方式、生活方式的现代化,把人的现代化作为实现中国式现代化的重要抓手。在马克思主义的视域中,人的全面而自由的发展是社会主义运动和制度和核心和灵魂②。在实现中国式现代化的进程中,要把推进人的全面而自由的发展作为重要任务,坚持人本主义的价值导向,实现以人为本的中国式现代化,体现了中国式现代化最高的价值追求。中国共产党领导的现代化始终把人作为现代化的中心,中国共产党自建党以来就始终把为人民服务作为根本宗旨,坚持把实现最广大人民的根本利益作为一切工作的出发点和落脚点,为人民群众创造美好幸福的生活环境,生动诠释了人民群众的主体地位。把人民主体的价值追求贯穿到了现代化的全过程,充分体现人的现代化在中国式现代化道路中的关键地位,把人的现代化作为中国式现代化的最高价值追求。

三、人的现代化是中国式现代化的根本目的

人作为现代化建设的推动者,是我国整个社会发展的最大资源,同时也是推

---

① 习近平:《高举中国特色社会主义伟大旗帜为全面建设社会主义现代化国家而团结奋斗》,《人民日报》2022年10月26日。
② 张智:《通往人的全面发展之路:社会主义条件下人的现代化研究》,中国人民大学出版社2019版,第190页。

动我国现代化建设的动力源泉,人的现代化和人的全面发展是中国式现代化的根本目的。英格尔斯指出:"人的现代化是国家现代化必不可少的因素。它并不是现代化过程结束后的副产品,而是现代化制度和经济赖以长期发展并取得成功的先决条件。"①中国式现代化追求的就是为人民创造美好生活的价值目标,是中国人民全面而自由发展的现代化,始终把人民的发展摆在现代化建设的重要位置。马克思主义政治经济学始终认为,人民群众是历史的创造者,是社会变革的决定力量,作为一个拥有14亿人口,且以人民为主体的国家,人的现代化也是中国式现代化发展的根本目的,其内在发展的动力就在于人的全面发展,正如党的二十大报告所指出的"物质富足、精神富有是社会主义现代化的根本要求"。所以,人的现代化是推进中国式现代化不断前进的重要动力,也是中国式现代化的根本目的,站在中国式现代化新的历史起点上,要积极推动人的现代化,实现人的身体素质、文化素质、人的知识和技能素质的现代化,提高人的生活品质和人的精神文明程度。

四、人的现代化是衡量中国式现代化进入高级阶段的重要标志

人的现代化不仅涉及个人自身的发展,同时也涉及人居环境的改善和提升,人的现代化既具有世界的一般性,又具有民族特色的特殊性,是世界性与民族性、一般性与特殊性的结合。推进中国式现代化,不仅是要涉及政治、经济、社会、文化等的现代化,更重要的是要推进中国人民的现代化,人的现代化是衡量中国式现代化进入高级阶段的重要标志。2021年11月11日中国共产党第十九届中央委员会第六次全体会议通过的《中共中央关于党的百年奋斗重大成就和历史经验的决议》中指出:"一百年来,党既为中国人民谋幸福、为中华民族谋复兴,也为人类谋进步、为世界谋大同。党领导人民成功走出中国式现代化道路,创造了人类文明新形态。"②中国式现代化具有鲜明的中国特色和时代特色,我们始终把以人为本的价值导向贯穿于现代化的全过程,把为人民谋幸福,促进人的全面而自由的发展作为基本的价值追求。在党的领导下,在实现中国式现

---

① [美]英格尔斯:《人的现代化素质探索》,天津社会科学出版社1995年版,第336—348页。
② 《中共中央关于党的百年奋斗重大成就和历史经验的决议》,《人民日报》2021年11月17日。

代化的进程中,不断迈向中华民族伟大复兴的新征程。立足于中国的基本国情,植根于优秀的中国传统文化,基于以人为本的价值追求,实现中国人民的现代化,是中国式现代化的最终目标,也是衡量中国式现代化进入高级阶段的重要标志。

第二节
数字经济时代中国式人的现代化的新内涵

经济社会的快速变革,必然带来思想观念和社会行为的变化,实现人的现代化,就是要推进人的思想观念、行为方式、生活方式、价值观念从传统向现代化的转变。数字时代的变化,其核心还是人的变化,有了现代化的人,才会有现代化的活动。在中国式现代化的进程中,我们更应该注重人的现代化,提升人的综合素质,促进人的全面发展。数字经济作为一种新型经济形态,其发展提供了新的思想、新的观点,推动着人们认识的不断深化,促进了人们人生观、世界观、价值观,以及思想、知识体系、素质、能力等的现代化。数字经济发展背景下,中国式人的现代化具有了新的内涵:

一、形成数字化思维,实现人的思维方式现代化

数字经济的发展代表了新的技术、新的模式、新的业态,以及新的经济发展模式,在新的发展环境下,实现人的现代化,要注重数字经济发展所带来的新思潮。数字经济是以新一代信息技术作为依托,催生了新技术、新业态、新模式等,创造了新的经济增长点,要在数字经济发展背景下,转变思维方式,从数据的角度分析问题。一方面要提升对数字化网络的深度认识,形成数字化思维。以互联网、人工智能、区块链、物联网等为代表的新一代信息技术的迭代更新,为数字经济的发展提供了技术支撑,互联网的快速发展,推动我国进入了万物互联的时代,数字网络的发展实现了社会生活各方面的相互连通。在数字经济的发展背景下,实现人的现代化,要加快形成互联网思维、数字化思维,利用数字经济发展所带来的新技术、新业态、新模式等,加强数字经济与社会生活的深度融合,加快

构建数字共享,提升对数字经济时代数据资源的认识。另一方面,重视数据作为生产要素对提高生产率的重要作用,全面提升个人数字素养和数字化思维能力。数据作为数字经济时代重要的生产要素,对提高生产效率的作用逐渐凸显,在数字经济的发展背景下,物联网、区块链、互联网等信息技术的快速发展,已经逐渐转变为经济社会活动的关键基础设施,要提升对于数据要素的敏感度,提升数据化思维能力和数字素养,加快在数字经济发展背景下思维方式的转变,同时要提高数据分析能力,紧跟数字经济快速发展的时代步伐。

二、提高数字学习能力,实现人的行为方式现代化

人的行为会随着人与所处的社会环境的变化而改变,行为方式的改变是人对于时代变化所表现的直接反应,人的现代化要通过人的行为来反映和体现。数字经济的发展创造了新的消费热点,形成了新的消费模式,同时也在逐渐改变人们的消费行为。在数字经济的发展背景下,要提高个人的参与度,数字化时代每个人既是生产者也是消费者,要参与到经济活动的各个环节,打破传统的墨守成规的行为准则,充分利用数字技术所催生的新业态、新模式等,提升个人创造性。在数字经济的发展背景下,实现人的行为方式的现代化,就要进一步提升数字学习能力,适应数字经济发展形势,把握数字经济发展新机遇,全面提升个人综合素质,在享受数字化转型红利的同时,加强数字知识学习,不断更新个人的知识结构。数字经济的快速发展,生产生活的各个领域都打上了"数字标签",在中国式现代化的进程中,实现人的现代化,就要全面提升个人对社会环境变化的适应能力,提升个人数字学习能力,培养数字化行为习惯,要采取积极、理性、文明的行动参与社会生活。只有实现了人的现代化,才能进一步推进中国式现代化高质量发展,要全面适应经济社会的数字化转型,提升个人数字文化素养,在数字经济发展的推动下,加快人的现代化进程。

三、提升数字素养和数字能力,实现人的生活方式现代化

经济社会的快速发展,为人们生活水平的提升提供了一定的物质条件,我们不能仅仅局限于物质世界的丰富,应该更加注重精神世界的丰富。在数字经济时代,以人工智能、物联网、区块链等为代表的信息技术的迭代发展,促使数字网

络逐渐融入了社会生活的各个领域,在数字经济的发展背景下,要充分利用数字经济发展所带来的新技术、新业态、新模式等,加快生活方式的转变:一是加快转变消费模式,改变传统消费观念,培养数字化消费习惯。数字经济的发展催生了新的业态和新的发展模式,同时也创造了新的消费点,要加快消费模式的改变,结合数字经济的发展特征,实现定制化消费和个性化消费,最重要的是要加强数字消费(例如网络购物、直播带货、在线医疗、数字货币等),打造更多的数字消费新场景,逐渐培养数字消费意识和数字消费习惯。二是转变生活方式,提升数字素养和数字能力,缩小数字红利差异。数字经济时代,人是主要的客体,也是数字经济发展的主要受众,要提升自身的数字素养和数字化生存能力,掌握必要的数字技能,在享受数字化转型红利的同时,充分利用数字经济催生的产物,提升自身综合素质,转变生活方式,提高生活质量,丰富个人精神世界,推进生活方式的现代化转型。三是打造人的高品质数字生活。数字经济的快速发展,推动着人的数字素养与数字技能的提升,在数字经济发展中打造人的高品质数字生活。通过数字经济助力高品质生活,以大数据、人工智能、物联网等数字技术应用为手段,形成高品质的消费内容与模式。针对各行各业的实际需求,促进数字经济向教育、医疗、物流、文旅等关系人的发展的行业渗透,推动人的衣食住行加速迈入高品质数字化,实现人的生活的数字化和智慧化。

四、重视数字要素的价值,实现人的价值观念现代化

信息技术的迭代发展,时代的转变,数字经济的发展已经逐渐成为我国在新一轮科技革命和产业变革进程中把握发展机遇,促进产业转型的关键环节。数字经济与实体经济的深度融合、数字经济赋能传统产业的转型升级等已经成为推动我国经济高质量发展的重要途径。数字经济时代数据已经成为继土地、劳动、资本、技术之后的第五大生产要素,数字经济发展已经贯穿生产、分配、交换、消费的各个环节。人的观念的现代化要突出现代观念的时代性[①]。所以在数字时代,要积极转变传统的价值观念,正视数字生产要素的重要性,加快数字经济

---

① 储著斌:《人的观念现代化研究》,中国社会科学出版社2015年版,第25页。

发展背景下价值观念的转变。经济社会的快速发展，为数字经济营造了良好的发展环境，为我国经济的高质量发展注入了新的动能和新的活力，全面提升了经济发展水平。要把握数字经济发展带来的新的发展机遇，以开放的心态接受数字时代的到来，充分发挥新一代信息技术的经济效益和社会效益，充分释放数字红利。充分利用数字技术和数字要素，提升数字化能力，随着信息技术的快速发展，数据安全性也得到了提升，中国式现代化的阶段性任务要在价值观念方面得到根本转变，提升对于数字生产要素的认识，重视数字技术和数字要素对推进中国式现代化的双轮驱动效应。

第三节
数字经济赋能中国式人的现代化的途径

中国式现代化不同于西方现代化，具有明确的中国特色的价值旨归，始终坚持以人为本的价值导向，把人的现代化作为实现现代化的关键环节，追求的是中国人民自由而全面的发展，追求的是中国人民物质世界和精神世界相协调的现代化。始终坚持把人的现代化作为最重要的环节，在数字经济的发展背景下，充分利用数字经济发展的产物，进一步加快人的现代化进程。

一、以高质量发展为基础，为数字经济时代中国式人的现代化提供物质保障

实现人的现代化，要以经济发展为基础，提升人的幸福感，经济的高质量发展为人的现代化提供了坚实的物质基础，要始终坚持把经济建设作为发展的中心，坚持发展是第一要务。在数字经济的发展背景下，要促进实体经济与数字经济的深度融合，加快传统产业的数字化转型，构建现代化产业体系，为人的现代化提供经济基础支撑。同时，在经济社会快速发展的基础上，要加快推进治理体系和治理能力的现代化，培养具有创新精神和合作意识的现代人，以数字经济的发展推动经济高质量发展。第一，通过发展数字经济推动构建现代化的经济体系。数字经济作为一种新的经济形态，其发展通过动力变革、效率变革和质量变

革提高全要素生产率来实现我国经济的高质量发展。① 党的十九大报告中明确指出："建设现代化的经济体系，必须把发展的着力点放在实体经济上。"要大力发展数字经济，强化实体经济作为国民经济发展根基的地位，促进经济的高质量发展，改善人民生活。通过现代化经济体系的建设，培养具有创造性和合作意识的现代人，推进人的现代化建设。第二，通过数字经济与实体经济的深度融合推动制造业转型升级。加快传统制造业的数字化转型，大力发展实体经济，加强实体经济与数字经济的深度融合，以数字技术和数据要素的双轮驱动带动实体经济的高质量发展，推动数字经济与实体经济形成相互联系的发展模式。第三，加快传统产业数字化转型，构建现代化产业体系。数字产业化与产业数字化创新了传统产业的发展模式，加快了传统产业的转型升级。要进一步加强数字技术对于传统产业转型升级的推动作用，充分发挥数字经济的融合作用，促进三大产业的融合发展，构建现代化的产业体系，为数字经济赋能中国式人的现代化提供强有力的物质保障。

二、以制度现代化为依托，为数字经济时代中国式人的现代化提供制度保障

在数字经济发展的背景下，要进一步构建数字经济发展的制度体系，以制度现代化推进人的现代化，强化制度建设对于人的现代化的保障作用。制度现代化是中国式现代化基本保障，人的现代化是中国式现代化的核心，是实现中国是现代化的最关键的环节，在新的发展时期，要以人的现代化作为基本出发点，通过制度现代化建设，为人的现代化提供良好的制度环境。第一，坚持中国共产党的领导，体现制度的人民性。进一步完善数字经济发展的制度建设，同时要坚持以人为本的价值导向，彰显人民的主体地位。以人为本的价值理念，以及为人民服务的宗旨是我们党始终坚持的坚定信念，也是制度现代化建设的基本依据。在新的发展时期，推进人的现代化，制度建设要始终坚持中国共产党的领导。第二，巩固人的现代化的制度优势。数字经济时代，要加强数字经济发展与社会生

---

① 任保平、李培伟：《数字经济培育我国经济高质量发展新动能的机制与路径》，《陕西师范大学学报（哲学社会科学版）》2022年第1期。

活、政府治理等的融合程度,推进国家治理体系和治理能力的现代化。第三,构建数字经济制度体系。数字经济的发展推动了我国数字经济制度体系的建设,为数字经济的快速发展提供了重要保障。数字经济时代,要充分结合数字经济的发展优势,增强制度建设的科学性和人民性,以现代化制度体系为人的现代化建设提供保障,从制度层面提升人的现代化的关键地位。

三、以数字文化建设为抓手,为数字经济时代中国式人的现代化提供文化基础

数字经济的发展不仅表现在经济层面,文化数字化的发展也是数字经济表现的重要形式,加强精神文明建设是实现人的现代化的重要保证,人的现代化与其所处的文化环境具有紧密的联系。数字经济时代,随着以互联网、人工智能、物联网、区块链等为代表的信息技术的迭代发展,数字文化逐渐成为现代文化发展的主要形式,要进一步提升数字文化建设水平,为数字经济发展背景下中国式人的现代化的发展提供丰富的文化基础。第一,加强数字经济与传统文化的融合,发展中国特色社会主义先进数字文化。在数字经济发展背景下,要更加注重人的全面发展,在对传统文化继承的基础上进行创新,加强数字经济发展与传统文化的融合,全面提升全民综合素质,创新人的现代化的发展理念。第二,强化数字赋能,让数字经济为现代文化的发展注入新的活力。信息技术的快速发展,科学技术的日新月异,为数字文化的发展创造了良好的发展环境,要以中国特色社会主义先进文化作为基础,坚持"引进来"与"走出去"相结合,创造更多的具有中国特色的数字文化产品,把数字文化建设融入人的现代化建设之中,强化数字经济赋能中国特色社会主义数字文化建设,为人的现代化提供强有力的思想保障。第三,实现数字经济与文化繁荣的融合发展。提升我国数字文化建设水平,要正确认识中国特色社会主义先进文化的主体地位,要坚持把发展数字经济与促进文化繁荣相结合,强化数字经济赋能文化的创新,不断丰富人们的精神世界,实现人的精神世界与物质世界的协同发展,增强文化自信,加快数字经济发展背景下中国式人的现代化建设步伐。

四、以数字化转型为契机，实现数字经济发展与人的全面发展的协同

数字经济作为一种新型经济发展形态，创造了新的经济增长点，形成了新的经济发展模式。同时，数字技术发展与社会生活各领域的深度融合，为人的现代化发展提供了新的契机，要充分发挥数字经济的发展优势，以数字经济的发展推动人的现代化的高质量发展，进一步推动中国式现代化的高质量发展。第一，正确认识数字经济的推动作用，改变传统的生活方式、行为方式、思维方式和价值观念。数字化转型形成了数字经济发展新模式，在数字经济时代，要通过数字技术的应用改变传统的生活方式、消费方式等，以数字技术的应用为依托，加快生活方式的数字化转型，同时，数字经济时代，要转变传统的思想观念，形成数字化思维，让数字技术融入生活，促进人的物质世界和精神世界的协调发展，实现人的全面发展。第二，坚持人民主体地位，推动数字经济成果向生产力的转换。数字经济发展与产业、生活等领域的深度融合，加快了经济生活各领域的数字化转型，在数字经济发展的过程中，要始终坚持人民主体地位，推动数字经济发展成果向生产力的转换，让数字经济、数字生活、数字社会、数字生态的发展成果更多地造福于民。人作为发展的主体，是数字化转型的参与者与推动者，同时也是现代化的主体和推动者，要把实现人的全面发展作为推动数字化转型的根本出发点。第三，强化数字赋能，以数字建设推动人的数字化转型。在数字经济时代，实现人的数字化转型，是推进人的现代化的重要环节。要通过数字技术的应用，提升人的数字创新能力，形成数字化思维模式，实现数字赋能人的现代化建设。

第四节
数字经济赋能中国式人的现代化的人力资本政策创新

数字经济赋能中国式人的现代化需要通过人力资本政策创新来实现，人力资本直接关系到中国式现代化的水平的提升。在数字经济的发展背景下，要充分考虑数字经济的创新性，通过数字技术的应用提升区域产业创新水平，吸引更多的高技能、高素质人才的流入。提升人的精神文明程度是人的现代化的重要

方面,人的精神文明程度的提升,即人的思想素质、观念和思维的现代化[①]。人是现代化的主体,同时也是现代化的创造者和推动者,人才资源的发展与人的现代化、中国式现代化是相互融合的,人力资本政策是影响人的现代化水平的关键因素,是促进人的现代化发展重要政策支撑。在数字经济时代,要进一步促进人力资本政策的创新,为数字经济赋能中国式人的现代化提供的人才保障。

一、加大人力资本投入力度,全面提升人才综合素质

人是经济社会发展的目的,实现人的现代化,是推进中国现代化的重要环节。在数字经济的发展背景下,增加人力资本的投资力度,进一步提升人力资本的存量和质量,实现人的全面发展。在数字经济的发展背景下,数字技术的迭代更新为产业发展带来新的发展机遇,同时对人才资源提出了更高的要求,在数字经济时代,加大人力资本的投资力度,不仅是提升全民综合素质的重要路径,同时也是促进人的全面发展,进一步实现人的现代化的重要手段。第一,完善数字基础设施建设,增强人力资本聚集带来的知识溢出效应。信息技术的快速发展,加强了数字技术在产业与生活中的应用,数字基础设施的完善,可以进一步提升城市数字创新水平,吸引更多的人才资源流入,促进人力资本的聚集,提高人力资本水平,增强知识溢出效应。第二,建立和完善数字交流平台,加强人才交流与合作。数字经济的快速发展,为新时期人才的交流与合作提供了新的平台,为人才资源的交流与合作提供了新的基础,利用数字交流平台,实现人力资本的共享发展,优化人力资源配置,全面提升人力资本水平。第三,推进数字经济背景下知识体系的创新发展,推进人才发展现代化。数字经济的发展催生了新业态、新模式等,同时也形成了"共享经济""知识经济"等经济发展模式,要进一步促进知识体系的创新发展,提升人才创新能力,加快人才发展现代化,为人的现代化提供人力资本保障。第四,推动数字经济人才优化,打造数字经济人才高地。数字经济发展和数字化创新要求数字化人才结构相匹配,适应数字时代人的现代化要求,优化人才结构、人才生态,打造数字化管理人才、数字化应用人才和数字

[①] 洪银兴、杨玉珍:《中国式现代化促进人的现代化:内涵与路径》,《南京大学学报(哲学·人文科学·社会科学)》2022年第6期。

化专业人才的集聚高地。

二、加快数字化转型，推进人才治理体系现代化

当前时期数字经济快速发展，新一轮科技革命和产业变革带来了新的发展机遇，要充分展现我国数字经济发展的后发优势，推动经济社会各领域的数字化转型，着眼于数字经济的发展趋势，实现数字化赋能，提升我国人才治理的数字化水平。在新的发展时期，推进人才治理体系的现代化，要充分结合我国发展实际，探索赋有中国特色的中国式人才治理现代化道路。同时，充分利用数字经济的发展成果，加强数字技术的应用，深入推进人才治理数字化水平的提升。第一，推进人才治理数字化转型，提升人力资本配置效率。在数字经济的发展背景下，应充分利用数字化技术，实现数字技术发展赋能人才治理数字化转型，释放数字经济的发展潜力，不断提升人才资源的配置效率。同时要充分结合我国经济社会的发展实际，正确认识到人才治理的数字化转型要为经济的高质量发展服务，全面提升人才综合素质，最大程度发挥人才价值。第二，充分发挥数字经济发展优势，强化数字赋能。进入数字经济时代，以互联网、人工智能、区块链等为代表的信息技术的发展，创造了新的劳动方式。要充分认识和把握数字化的发展趋势，加强数字技术的应用，提升人才创新能力，推进人才治理体系的现代化，让数字化转型贯穿人才治理全过程，把数字经济的发展优势与人才治理有效地结合起来，全面提升人才治理数字化水平，实现人才的现代化。第三，推进人才数字治理体系的构建。在数字经济发展的助力下，进一步加快人才发展的数字基础设施建设，推进人才数字治理体系的构建，为人才治理的数字化转型奠定发展基础，通过数字建设，推进人力资本政策和人才管理制度的创新发展。同时，应完善人才信息保护制度建设，在人才治理数字化转型的过程中，要健全信息保护机制，在保护人才信息安全的同时，进一步完善人才治理体系建设，推动人才治理现代化，为实现人的现代化提供重要动力。

三、加快教育的现代化改革，增加人力资本积累

教育是造就现代化的人的主要手段，实现人的现代化就是要促进人的全面而自由的发展，全面提升人的综合素质，提高人们对于经济社会环境变化的适应

能力。邓小平同志曾经提出："我们要实现现代化，关键是科学技术要能上去。发展科学技术，不抓教育不行。靠空讲不能实现现代化，必须有知识，有人才。"[①]教育作为推进民族振兴和社会进步的重要基石，是促进人的全面发展，提升人民综合素质的重要路径，是提升人的现代化水平的最直接的手段。在数字经济的发展背景下，要加快推进教育改革，实现教育的现代化。以互联网、人工智能、物联网、区块链等为代表的信息技术的迭代更新，以及数字经济与实体经济的融合发展，创造了新的发展模式，对新时代的教育提出了更高要求，要培养全面型数字经济人才。第一，转变传统教育观念，推动传统教育转型。数字经济时代，传统的应试教育已经无法满足新时期社会发展对于人才的需要，要加强素质教育，提升人才综合素质，面对数字经济发展背景下人的现代化的新要求，实现传统教育的转型，促进人的全面发展，实现数字经济背景下人的现代化发展。第二，完善现代化教育的体制机制。教育现代化的发展，就是教育体制机制不断创新的过程，教育体制机制的不断完善，加快了我国教育现代化的步伐。在数字经济的发展背景下，要进一步推动数字化教育改革，加强数字教育，全民提升人民数字素养，使人们能够共享数字成果。充分利用数字经济发展所创造的新技术、新业态、新模式等，实现现代教育教学内容和教学方法的数字化转型，在数字经济发展的推动下，实现教育的多样化发展，满足现代化背景下学生全面发展的要求。第三，健全教育保障机制，加强数字教育投入。要进一步建立健全教育保障机制，加强数字教育投入，强化数字化教育的普及程度，同时加强教师队伍建设，通过现代教育的数字化改革，全面提升全民综合素质，推进人的全面发展，为实现人的现代化创造良好的发展环境。

四、全面提升全民数字素养与数字技能，优化人才供给结构

随着经济社会的快速发展，我国已经逐渐展现了数字经济发展的后发优势，在新的起点上，要加快对于数字经济的应用发展，推进数字经济发展与人民生活、社会治理、文化建设等方面的融合，以数字经济发展实现新时期人们对于美好生活的愿景，提升人民生活质量，增进民生福祉。数字技术的迭代更新为数字

---

① 《邓小平文选》第 2 卷，人民出版社 1994 年版，第 40 页。

经济发展提供了一定的技术支撑,在数字经济背景下推进人的现代化,就要提升人的数字素养和与数字技能,全面提升人的综合素质,充分释放数字化的发展潜力,培养数字化人才,以数字化人才推动数字化发展。第一,坚持促进人的全面发展,提升人才资源的数字化工作能力。数字经济的快速发展,需要全民数字素养与数字技能的提升,跨越数字鸿沟,应进一步加强对于人才资源的数字化培训,提升数字化工作能力,通过数字技术的应用,提升个人的创造性。完善人才的数字技能培训体系,提升人才资源对于数字技术的应用能力,提高数字技能。第二,提高人才资源的数字创新、创造能力,培育高水平的数字人才。数字经济的发展是世界性的,应正确把握新一轮科技革命和产业变革带来的发展机遇,增加数字资源供给,实现优质数字资源的共享发展,全面提升全民的数字素养,深化人才交流与合作,强化产学研合作,创新数字经济时代的人才培养模式,大力培养数字经济领域的高水平人才。同时,要进一步增强人才资源的数字化意识,提高人才资源对数字化发展的适应能力。第三,建立和完善新时期数字人才发展的体制机制,强化数字人才发展的制度保障。应进一步建立健全促进数字人才的评价激励机制,创新数字人才发展体制机制,完善制度体系建设,推进人才治理体系的现代化建设,把人才发展现代化放在推进中国式现代化的进程中,让人才发展现代化,成为推动中国式现代化的重要内容。第四,推动教育的数字化转型,促进数字经济时代创新人才培养。党的二十大报告提出要:"推进教育数字化,建设全民终身学习的学习型社会、学习型大国。"[1]数字化已经成为高等教育改革发展的主题,世界各国积极推进高等教育数字化战略。高等教育数字化转型打破了传统的高等教育模式,重塑了高等教育新形态,成为高等教育高质量发展的新引擎,推动高等教育实现智能化、个性化、终身化,为人的全面发展奠定基础。因此,高等教育数字化转型是适应数字经济时代的高等教育整体性变革,是培养引领数字经济时代的创新人才的客观需要。要顺应数字经济发展的趋势,适应数字化人才需要,推动高等教育数字化转型,培养高水平数字化人才队伍。

---

[1] 习近平:《高举中国特色社会主义伟大旗帜 为全面建设社会主义现代化国家而团结奋斗》,《人民日报》2022年10月26日。

第十六章
数字经济赋能中国式治理体系现代化

数字经济是高质量发展的新引擎，是我国经济高质量发展效率提升和结构优化的重要动力，也是我国培育新增长点、形成经济增长新动能、构建新发展格局的重要助力，我们要积极推动数字经济赋能中国式现代化。二十届三中全会提出进一步全面深化改革的总目标是继续完善和发展中国特色社会主义制度，推进国家治理体系和治理能力现代化。同时在加快构建促进数字经济发展体制机制中提出要加快建立数据产权归属认证、市场交易、权益分配、利益保护制度，提升数据安全治理监管能力，建立高效便利安全的数据跨境活动机制。目前如何建立数字经济赋能中国式现代化治理体系、为数字经济营造良好发展环境是我国数字经济赋能中国式现代化中的关键问题。

第一节
数字经济赋能中国式治理体系现代化的逻辑起点

当前国内数字经济及其对高质量发展的促进均呈现出良好发展态势,大数据、区块链、人工智能等新兴技术迭代加速,数字货币、新能源汽车、无人驾驶等新产业新业态如雨后春笋,以大数据、区块链、人工智能等为代表的新技术已进入高速发展时期,成为现阶段信息革命和产业革命的主导力量,数字经济为中国式现代化注入了源头活水。

目前国内数字经济规模巨大且呈现高位增长,随着信息革命和产业革命的持续推进,数字经济已是目前最有活力、最有创新力的经济形态,是我国推动中国式现代化、推动高质量发展、构建新发展格局的重要抓手,数字技术等新技术与传统产业的深度融合是引领传统产业数字化转型的关键一招。除此之外,数字经济还能帮助传统产业降低成本、提高效率,同时还能促进产业结构调整,推动我国产业结构向着高级化和合理化演进[1]。因此要高度重视数字经济的发展,加快建立数字经济治理体系的进度。数字经济赋能中国式现代化治理体系构建的逻辑首先就是要让数字经济成为经济社会发展稳定发展的重要组成部分,让数字经济成为推动中国式现代化、构建新发展格局的新动力。数字经济规模大、发展势头强劲,是我国推动国民经济持续稳定增长的关键动力,但同时要面临的问题是当前经济下行压力大,加上新冠肺炎疫情的反复性和不确定性,经济发展具有较强的不确定性、发展前景不明朗。在当前这一阶段,亟需通过数字经济治理体系的构建,构建数字经济发展模式进而推动中国式现代化、为中国式现代化注入新动力是数字经济治理体系构建的逻辑起点,通过发展数字经济、构建数字经济治理体系从而赋能中国式现代化已经成为国内共识。因此,数字经济治理体系的现代化是数字经济赋能中国式现代化的关键问题。

---

[1] 任保平:《数字经济引领高质量发展的逻辑、机制与路径》,《西安财经大学学报》2020年第2期。

一、数字经济赋能中国式治理体系现代化就是为了防范和化解我国现代化过程中可能会出现的数字经济风险

数字经济的核心生产要素就是数据和拥有丰富知识和技能的劳动者,数字化的信息数据是驱动数字经济不断创新、不断产生新产业新业态的动力源泉,对数据的深度挖掘、分析和利用能够为经济带来巨大效益,"数据即资产"的观念也被越来越多的人所接受,越来越多的数字化的知识和信息已成为重要财富,越来越多的人成为数字经济的受益者同时他们也是数字经济的推动者,在推动着数字经济发展,正如保罗·梅森所说的"越多的个人加入网络,网络对每个人越有用"[1]。数据作为数字经济中的一种新的生产要素,它是要通过流动来产生新的价值从而实现经济发展,但是数据在流动过程中往往会引发随之而来的风险,例如会造成非法获取数据、非法使用个人用户数据、非法交易数据等行为的出现,此时数据流动安全问题就会随之暴露出来。因此,在数字经济发展过程中必须要高度重视数据安全问题,要专注于对数据流动过程中可能会产生的风险的防范和化解。治理体系构建的主要途径,就是通过政府、企业和公众多主体合作来防范和化解可能会出现的数字经济风险,这也是构建数字经济赋能中国式现代化治理体系的逻辑起点。数字经济具有数据流动快、影响范围广、发展变化速度快等特点,因此必须要高度重视数字经济发展过程中可能会出现的风险,将数字经济风险扼杀在萌芽之中。要专注于对数据风险的防范和化解的主要原因在于:一是数字经济直接关系经济社会的发展。数字经济是一种新的经济形态,目前在全球范围呈现出与产业融合深入、范围愈加扩大等众多特点,在经济社会中扮演的角色也愈加重要,从目前的情况来看,数字经济正在成为我国国民经济发展的源头活水和关键驱动。二是数字经济已影响到经济社会发展的稳定性。我国的数字经济与经济社会发展联系密切,数字经济安全直接影响经济社会的稳定性。数字经济目前已与实体经济深度融合,已涉及电力、水务、医疗、基建等关系国计民生的关键领域。

---

[1] [英]保罗·梅森:《新经济的逻辑》,中信出版集团2017年版,第46页。

二、数字经济赋能中国式治理体系现代化将成为我国治理体系现代化的重要组成部分

国家治理体系是在党领导下管理国家的制度体系,包括经济、政治、文化、社会、生态文明和党的建设等各领域体制机制、法律法规安排,数字经济已深入渗透到各个领域,因此要让数字经济治理理应成为其中的重要组成部分,数字经济治理也理应成为构建国家治理体系的一部分。当前数字经济发展过程中可能会面临以下问题:由于现阶段高速变革的产业革命和信息革命,加之一些经济发展过程中的经济行为主体的非理性因素,从而带来的一些问题。一是数字经济治理规章制度以及相关制度规范滞后,是数字经济治理过程中的难点。由于法律法规是在一定的经验基础之上所制定的,所以制度规范本身就具有天然的滞后性,较难预防数字经济发展过程中的新问题。二是数据安全问题。当前国内的用户数据隐私泄露的事件愈演愈烈,违规收集个人信息现象频现,移动端 APP 强制授权等问题突出,这已成为数字经济治理的难点和重点。且数据非法交易态势加剧,随着大量数据交易平台的出现,在缺乏制度规制和行业监管的情况下,大数据流通交易中的问题比较严重,例如数据侵权、数据盗窃、非法数据使用、非法数据交易经常出现,已成为行业乱象并处于弱监管状态。因此,要完善对其治理体系,将数字经济治理作为未来政府治理的核心内容。这就要求我国必须加快推进数字经济治理体系的现代化,将数字经济治理纳入未来我国政府治理体系,将数字经济治理作为推进国家治理体系和治理能力现代化的关键组成部分[①]。

总体来看,数字经济治理体系的现代化要以推动高质量发展为目标、从防范化解数字经济风险的逻辑起点出发,并最终融入国家治理体系和治理能力现代化中去。数字经济治理亟需通过构建现代化的治理体系,着力解决数字经济发展中的重点难点问题,防范和化解数字经济风险,为数字经济赋能中国式现代化注入活力。

---

① 欧阳日辉、刘健:《数字经济治理是国家治理体系重要内容》,《国家治理》2017 年第 46 期。

第二节
数字经济赋能中国式治理体系现代化的特征

数字经济赋能中国式现代化治理体系具有区别于传统经济治理体系的特征,主要体现在数据化特征下的数据治理是治理的核心问题,平台化特征下的市场治理是治理的关键内容,多元化特征下的生态治理是治理的主要手段。

一、数据化特征下的数据治理

数字经济发展的过程中,数据作为关键生产要素的价值不断被挖掘,但与此同时衍生出一系列监管问题,比如国家、企业以及个人的数据被非法窃取利用,但提高数据的利用效率又需要丰富各类数据信息,因此亟需建立平衡两者之间关系的数据治理体系,在完善信息及隐私保护制度的基础之上尽可能地释放数据价值。我国主要通过法律手段积极推进数据治理建设。

在立法方面,2018年8月,十三届全国人大常委会将《数据安全法》《个人信息保护法》列入立法规划,以保障数据处理活动和个人信息的安全;2019年12月,国家网信办秘书局、工信部办公厅、公安部办公厅、市场监管总局办公厅四部门联合印发《App违法违规收集使用个人信息行为认定方法》,以界定App违法违规收集使用个人信息的行为;2021年6月,十三届全国人大常委会通过了《数据安全法》并于9月实施,将数据安全上升到国家安全高度;同年8月通过了《个人信息保护法》并于11月实施,对个人数据收集与处理等问题做出了明确规定;2022年7月,国家互联网信息办公室公布《数据出境安全评估办法》,以规定数据出境安全评估的范围、条件和程序,为数据出境安全评估工作提供具体指引。近年来,我国集中出台保护数据安全和促进数据开放的相关法律法规,在立法层面上加快了数据治理体系的构建。

在司法方面,2018年起,我国积极开展全国网络安全执法大检查行动和针对大数据安全的整治工作;2019年,工信部正式印发《电信和互联网行业提升网络数据安全保护能力专项行动方案》,在行业内部署开展为期一年的提升网络数据安全保护能力专项行动,并于同年完成全部基础电信企业、50 家重点互联网企业以及 200 款主流 App 的数据安全检查;2021 年,国家互联网信息办公室依法下架"滴滴企业版"等 25 款存在严重违法违规收集使用个人信息行为的 App,对其进行通报下架和安全审查。数据安全关乎国家安全不容忽视,我国正不断加强重点领域个人信息保护执法,并通过对拥有大量用户数据的公司进行强监管来为公众用户撑起个人隐私的保护伞。

二、 平台化特征下的市场治理

在数字经济的背景下,平台既是参与市场竞争的企业,又具备组织市场的职能。由于线上市场具有平台规模扩张速度成倍增加、消费者用户多归属、平台收集和分析数据的边际成本较小等特征,使部分数字企业滥用自身积聚的数据优势地位和极强的信息控制能力,不断发展壮大形成垄断势力,从而有偏向性地抑制其他竞争者参与市场竞争,催化平台经济领呈现出明显的垄断趋势。因此平台行业权利和责任亟待明确,平台垄断规制面临挑战。我国对平台反垄断问题的重视程度逐渐加深,大力推动对平台垄断问题的市场治理。

在我国数字经济发展早期,考虑到互联网领域的相关市场界定不够清晰,该行业不能高估市场份额的指示作用,因此中国反垄断执法在数字经济领域长期采取"审慎包容"的态度,在该领域没有适用反垄断法的案件。此后,鉴于一些大平台可能滥用其市场支配地位而不合理地排除和限制竞争,我国开始在平台反垄断监管方面持续发力。2021 年 2 月,国务院反垄断委员会发布了《关于平台经济领域的反垄断指南》,旨在引导平台经济领域经营者依法合规经营,预防和制止互联网平台经济领域的垄断行为;同年 8 月,中央全面深化改革委员会第二十一次会议审议通过《关于强化反垄断深入推进公平竞争政策实施的意见》,为各类市场主体特别是中小企业创造广阔的发展空间,更好保护消费者权益;2022 年 8 月,我国司法机关出台了新《反垄断法》,在内容上对数字经济平台各行业的反垄断做出更加明确的要求。目前,我国依然在积极吸纳有关互联网领域诉讼案件的判决内容和优秀经验,不断探寻反垄断监管的边界,推动数字平台反垄断监管常态化发展。

三、多元化特征下的生态治理

在数字经济时代,互联网的发展打破了人类活动的时间和空间限制,为人们提供了更加便利的信息散播方式和更加丰富的信息获取途径,信息发布方和信息接纳方呈现出多元化的趋势。但是网络信息良莠不齐,各种鱼目混珠的内容充斥着整个网络,虚假信息和不良内容的发布成本和获取门槛低,使得这些有害信息在网络空间肆意横行,危害社会秩序。不同于西方国家仅仅依靠互联网企业和平台自治进行管理,我国向来重视网络环境的法制建设,主张在政府的主导下,积极构建企业、行业组织、公众等多主体参与的网络生态协同治理体系。

早在2016年习近平总书记就已指出:"随着互联网特别是移动互联网发展,社会治理模式正在从单向管理转向双向互动,从线下转向线上线下融合,从单纯的政府监管向更加注重社会协同治理转变。"[①]2019年12月,网信办发布的《网络信息内容生态治理规定》首次将"网络信息内容生态"作为网络空间治理的目标,积极倡导构建多主体参与的网络生态治理体系。2022年1月,国务院发布《"十四五"数字经济发展规划》,提出强化协同治理和监管机制,明晰主管部门、监管机构职责,强化跨部门、跨层级、跨区域协同监管,加强分工合作与协调配合;同月国家发展改革委等九部门联合印发了《关于推动平台经济规范健康持续发展的若干意见》,对构建多元共治的平台经济治理新格局进行了整体规划和设计,提出探索公众和第三方专业机构共同参与的监督机制。近年来,我国协同治理的治理理念逐渐加深,充分认识到无论是在数据治理还是市场治理过程中,单靠政府或其他主体中的某一方均无法妥善处理数字经济发展过程中的问题,因此我国积极倡导政府、平台、行业协会、平台用户等多元主体共同发挥作用,打造权责清晰、激励相容的协同治理格局,共同营造清朗网络空间。

---

① 董立人:《智慧治理:"互联网+"时代政府治理创新研究》,《行政管理改革》2016年第12期。

第三节
数字经济赋能中国式治理体系现代化面临的挑战

数字经济目前所面临的监管模式和其特点不匹配是现阶段防范数字经济风险、构建数字经济赋能中国式现代化治理体系的最大难点。目前我国政府对经济的监管多是在传统经济治理模式的基础上拓展延伸而来的，但这些监管方式和手段会难以匹配数字经济监管需求，数字经济赋能中国式治理体系现代化的最大的挑战是传统政府监管已无法适应数字经济特征。主要体现在：

一、数字经济对政府治理能力和政府治理有效性的挑战

数字经济对政府治理能力和政府治理有效性的挑战体现在：一是目前政府的监管很难在短时间内适应数字经济监管，突出表现在监管的滞后性和制度建立的滞后性，相关规章制度建立的滞后性是数字经济治理体系构建中的难题。要对企业进行有效的监管，最重要的就是能够获取必要的数据，因此解决信息不对称问题是实现政府对企业进行高效治理的前提，但政府和企业之间存在严重的信息不对称，政府很难高效进行监管。政策滞后等也导致该领域违反犯罪问题较为严重，如移动端APP强制授权、个人用户隐私信息泄露、非法交易数据等问题较多，数字经济属于新兴经济形态，传统法律法规目前还尚不具备较强的适应性，目前很多问题尚处于灰色地带。二是其快速发展对传统治理范式的挑战。数字经济治理总是滞后于数字经济发展，区块链、大数据等技术快速迭代，行业竞争格局变化快，传统治理模式跟不上数字经济创新发展的步伐。而且目前广泛应用的垂直管理体制和条块分割的管理体制与数字经济融合发展的特征不适应，现有的治理体系下各级政府、各部门之间合作不够，已不能满足数字经济融合发展、复杂发展的特点。三是治理对象从线下转向线上，再进一步转向线上线下融合，这一发展趋势加大了数字经济治理难度。

二、数字经济治理中合作治理能力亟需提高的挑战

一是数字经济治理中的分工协作需要加强。由于数字经济活动的复杂性和

融合性,具体实施过程中各部门可能会存在监管冲突和监管漏洞等问题。多部门分工管理的体制一方面会造成监管盲区,也可能会面临监管重叠,多个部门之间推诿扯皮,分工协作需要加强,需要推进多部门之间的有效衔接,以发挥合作治理的优势。二是数字经济治理的合作亟需加强。要推动中国数字经济治理体系构建、达到较好的治理效果,要在发挥政府主导作用的前提下,做好政府、企业和公众各主体的协同。目前地方政府的治理方式和手段与国家推动数字经济发展的战略规划不匹配;地方政府之间的合作不足,地方政府之间存在非良性竞争以及地方政府的目标会存在冲突;政府部门之间的合作不足,体现在政府部门设置过多。政府和企业的合作不足表现在信息不对称,难以获取更多有效信息;企业之间的合作不足体现在企业之间的不良竞争以及数据的流动性不足;公众的问题体现在人们的主人翁意识不强,难以和政府与企业形成治理合力。

三、经济主体活动的负外部性问题以及反垄断问题对数字经济治理的挑战

一是数字经济时代,各经济行为主体间的关系复杂,个体活动通过互联网放大可能会对经济产生较大影响。例如在现有治理模式下监管不力,在利益驱动下一些企业和个人为获取经济利润会侵犯消费者权益,可能会做出一些非理性决策,很大程度上影响了数字经济的健康发展。知识产权保护、个人数据滥用、数据非法交易等问题,都会成为数字经济治理体系构建中的重点和难点问题。现有的治理模式不足以应对新的形势,未来政府要在规则制定、行为监管中发挥更加重要的作用。二是数字经济形态下反垄断的任务更加艰巨。数字经济形态下互联网平台起着非常大的作用,起着连接生产者或服务提供者与消费者的作用,互联网平台在降低交易成本、提高资源配置效率的同时,也可能会带来资源重组,这就给传统的政府与市场的关系带来了巨大的冲击。平台给消费者带来了非常大的便利性,互联网平台企业往往能通过获取流量来提升自己的价值,因此平台企业在某些领域可能会形成"一家独大"的市场格局,例如一些企业拥有一部分音乐和影视的独家版权就能够获得足够多的受众。如何定位数字平台的角色,如何防止数字平台形成垄断的市场格局,如何防止"一家独大"情况的发

生,这些都是数字经济治理体系现代化过程中要面临的问题。

第四节
数字经济赋能中国式治理体系现代化的框架

当前各国之间的数字经济博弈正在加剧,要把握好这个窗口期,重塑世界格局,积极推广我国的数字经济治理制度,让其成为模板,把握发展机遇,在世界数字经济治理体系构建过程中贡献中国智慧和中国力量。数字技术的高速发展给我国带来了重大发展机遇,大力推进数字经济发展,是我国实现经济高质量发展和构建新发展格局的重要助力[1]。要高度重视数字经济发展,构建数字经济赋能中国式现代化治理体系要注重战略规划,在推动数字经济发展、数字经济治理体系现代化方面要做好框架设计:

一、数字经济赋能中国式现代化的组织体系建设

大数据、区块链等新技术的发展给数字经济创造了充分的发展空间,在未来要更加重视数字经济风险,积极构建更加合理的现代化数字经济组织治理体系。数字经济组织治理是多元协同的,要从政府、市场、企业、公众等多方面考量。

首先,是构建多主体参与的综合治理体系。一是形成政府领导、企业和公众参与的多行为主体参与的多元化治理体系,摆脱垂直管理和条块化管理的约束,各主体充分发挥各自优势,形成数字经济治理合力。二是政府建立关于企业信息的监管体系。加快企业信息监管体系建设,建立数据库,推动各级政府部门的对接,建立政府内部的信息共享机制。三是遵循经济发展规律,从供给和需求端发力,提高数字要素市场化配置效率。探索建立数据要素交换市场,强化数据监管,强化市场竞争行为监管。

其次,提升政府数字治理水平。一是将数字技术广泛运用于治理的各个环节,特别加强大数据在治理中的运用,利用大数据对治理过程进行规范,如建立政府利用大数据的治理平台。二是提高政府数字化服务水平,创新政府服务模

---

[1] 陈进华:《治理体系现代化的国家逻辑》,《中国社会科学》2019年第5期。

式,实现高效政府运作。推进便民服务平台建设,整合政务系统,优化政府提供公共服务的渠道,合理高效利用政府官方网站、便民服务 APP 等多元化手段。

再次,构建政府之间的合作治理体系,平衡各级政府间的关系。构建数字经济治理体系,要事先界定好各级政府的职责,优化政府职能。一是平衡好中央政府与地方政府间的关系。在数字经济赋能中国式现代化治理中,地方政府要严格贯彻落实中央政府提出的数字经济发展战略规划,同时要充分考虑地方的实际情况,考虑各地经济社会发展水平的差异,允许地方政府结合自身实际在中央制定的政策基础上制定地方化的规章制度。二是平衡好地方政府之间的关系。推动数字经济更好更快发展,要求各地政府要积极共享,摒弃地方保护主义,让数字经济的流动性、融合性真正体现出来,促进数字经济治理体系建设,提高数字经济治理水平和治理能力。数字经济产业具有较强的融合性,数据又具有极强的流动性,这就要求地方政府要协同其他地区的政府,协调推动数字经济治理体系建设。三是政府内部门之间的合作。加强政府内部门之间的合作,优化政府部门数字经济治理结构,数字经济治理体系构建需要多部门协同,并且要明确各自的治理职责和工作范围,优化政府内部协同治理架构,进一步优化职能分工,以更好的平衡数字经济发展需要。围绕建立健全部门间数字经济协同治理机制,加强政府部门间的合作,建立统一标准、及时互动的协同治理机制,避免出现多头管理和监管盲区。

最后,建立政府和企业之间相联系的组织体系。完善政府与企业的合作模式,充分利用企业已有数据与政府治理对接来促进治理能力的创新。鼓励企业加强监管方式建设和企业信用体系建设,提高企业自主监管能力,推动各类企业之间的对接,建立企业间的信息共享机制。探索建立数据要素交换市场,强化市场监管,强化企业竞争行为监管,严惩滥用市场支配地位和不正当竞争行为的企业。

二、数字经济赋能中国式现代化的制度体系建设

制度体系建设是数字经济赋能中国式治理体系现代化的重要保障,数字经济治理体系现代化是一个系统工程,制度建设是这一工程的根基。我国于 2021

年 9 月开始实施的《数据安全法》是数据领域的基础性法律,也是国家安全领域的一部重要法律。《数据安全法》的发布标志着我国将数据安全保护的政策要求,通过法律文本的形式进行了明确和强化,逐步完善数字经济发展与治理的顶层设计,适时调整完善现行相关法律法规,制订数字经济领域的标准和规范。数字经济赋能中国式现代化的制度体系建设要考虑如下因素:

一方面,明确制度建设的主体。从对数字经济治理内涵的分析来看,数字经济治理是指在政府、企业和公众多元主体的参与合作下,为推动数字经济健康发展,各主体之间所形成的互为关联的协同合作的治理方式,是对数字经济的复杂的、动态的推动过程。构建数字经济制度体系,先要考虑制度建设中的主体。一是构建制度体系的过程中,政府、企业、公众多元主体通过合作,最终解决问题实现对数字经济的治理。尤其是政府和企业在数字经济治理方面的优势地位比较突出,公众只是起到辅助作用,政府和企业更要多多沟通交流,推动数字经济的良好发展。二是在大多数时候,政府、企业、公众各主体之间的影响是一个动态变化的过程,从实际情况看,受经济社会的发展预期变化影响的社会需求往往呈现复杂化的发展趋势,仅仅依靠政府自身无法适应这种需求的变化,往往需要有其他主体的参与。企业和公众是政府职能的有益补充,政府要联合多元主体进行协同治理。要实现高效治理,既要有多元主体参与,还要确保多元主体具有能力。数字经济治理制度体系建设要以法制为基本手段,各个主体也要适应数字经济的发展特点,特别是政府要根据数字经济的发展特点来完善法律法规体系,明确不同治理主体的权责关系,推动数字经济法律建设,确保多元主体作用的发挥。

另一方面,要建立制度约束。一是发挥好制度在数字经济治理中的根本性作用,数字经济治理制度的本质是为了实现数字经济健康发展,实现数字经济治理,最重要的是加强数字经济发展与治理的制度建设,创新和完善数字经济治理制度,建立健全对数字经济的保护制度和促进制度。二是加强数字经济制度环境建设。加强数字经济制度建设,确保多元主体合作能力,通过制度建设,维护市场公平竞争秩序,维护各个经济主体的合法权益,严厉打击各种数字经济下的违法犯罪行为。加强个人的数据信息保护,数据泄露是数字经济领域最为突出的法治问题,要加强对侵犯个人隐私、对个人数据进行交易等违法行为的监管,制止利用个人信息和交易谋取不当利益的行为。同时要注意的是,数字经济下企业"一家独大"现象表现更为突出,一些以互联网为代表的公司凭借技术优势,迅速占领市场,从而可能会形成垄断,反垄断是数字经济制度约束的一项重要内容,特别是对自然垄断性强的行业必须要采取严格的干预措施,推动数字技术共享。在推动数字技术共享也要做好知识产权保护,数字经济的核心要素是数字技术,企业的价值通过其知识产权和研发能力来体现,因此数字经济时代知识产权保护的重要性更加显著,知识产权能对企业创新活动形成巨大激励,必须确保通过知识产权保护激励企业进行创新的积极性。三是数字经济法律体系机制建设。完善的法律制度体系是构建治理体系的重要保障,为促进对数字经济的治理,需要制定有效的法律,通过法律明确多元主体间的关系。从政府与企业的联系来看,政府需要采取常规的强制性手段,利用法律机制来保障和企业之间关系的正常运转,同时要发挥政府指导和激励的作用,应用多元化的方式和手段,特别要明确企业参与数字经济协同治理的法律地位。推动线上与线下治理相结合,按照公开透明的方式,建立数字经济领域的行为准则,重塑数字经济时代下的社会共识和价值认同。

同时要形成除正式制度之外的软约束,形成政府、企业和公众共同遵循的道德标准,推动数字经济各参与主体符合道德规范,保证企业和公众个人经济活动合乎道德,实施有效可行的道德规制。

三、数字经济赋能中国式现代化的协同体系建设

数字经济治理体系现代化的本质是多元主体在同一目标下为实现整体利益的最大化,通过相应的规则制度确立关系,再通过合作机制,不断加强主体之间的协作,实现数字经济治理,推动高质量发展和新发展格局构建。构建数字经济赋能中国式现代化协同体系的要点如下:

一是明确数字经济协同体系构建的参与主体。一是政府主体。政府是公共治理的主体,其主要职责是依法管理数字经济相关事务,相比其他主体,政府更具有约束力,引导和协助其他主体参与数字经济治理、提高数字经济治理能力是

政府应尽的责任①。经济形态随着技术革命和产业革命在不断的变化,但政府的基本职能定位并没有改变,政府的主要职责依然是公共治理,政府要成为数字经济治理的主导者,在数字经济治理协同模式下,政府要和其他主体之间构建合作关系,发挥主导作用,积极联合其他主体参与治理。同时政府也要推动自身职能转变,创新治理模式,提高政府的运行效率和对数字经济的治理能力。二是企业主体。企业是市场最主要的组成之一,承担了产品生产、服务供给等职能,也是数字经济协同治理体系构建的重要主体,企业在数字经济形态下扮演着重要角色。因此要强化企业在数字经济治理中的作用、明确企业的治理职责。在多元主体治理模式下,作为数字经济治理的主体之一,企业首先要保证自身的健康发展,要有强烈的责任意识,积极参与数字经济治理体系构建。企业要以推动自身健康发展为目标,做好企业发展规划,同时也推动行业健康发展,加强与政府和其他企业之间的沟通,避免恶性竞争,营造良好市场环境。三是公众主体。公众是实现数字经济协同治理的重要参与者,随着网络的普及,公众活力不断增强,能够协同参与构建数字经济治理体系,是数字经济治理体系构建的重要力量。随着经济社会的不断拓展,公众的自治能力不断增强,数字经济给公众的工作生活方式带来了巨大改变。数字经济时代,公众不再只是单纯的消费者,要让公众成为数字经济协同治理体系构建的重要力量。

　　二是确立数字经济协同治理体系构建理念。一是数字经济协同治理要坚持促进创新。数字经济是创新型经济,技术的发展能迅速改变整个行业业态,因此数字经济协同治理体系构建必须坚持创新,让数字经济展现活力。数字经济协同治理体系构建需要制度激励,政府要加快研究制定激励政策,努力提高企业发展的积极性,营造创新的营商环境,促进各种要素融合;加速"产学研用"深度融合,推动有关企业和高校以及科研院所的合作,提高各类创新主体的积极性。二是数字经济治理体系构建中政府管理要适度,建立政府的"正面清单"。政府削减管理职责是为了形成市场自治,政府要继续做好守夜人的角色,集中精力为数字经济发展营造公平有序的市场环境,加强对重点领域的规制,有效防范和化解

---

① 杜庆昊:《中国数字经济协同治理研究》,中共中央党校出版社 2019 年版,第 21 页。

数字经济风险,强化企业市场准入机制,加大对做出不公平竞争行为的企业的处罚力度,通过有关法律法规强制企业进行信息披露。三是数字经济协同治理体系构建要维护市场公平。数字经济与传统经济相比,其经济活动更加复杂,特别是将大数据、区块链等新技术与传统产业深度融合,数字经济各行业领域具有较高的准入门槛,因此要促进市场准入公平,要让相关企业能够进入数字经济领域。努力缩小数字鸿沟,让所有企业都能享受到数字红利。

四、数字经济赋能中国式现代化的评价体系建设

数字经济赋能中国式现代化治理体系是一个全新的实践,治理必须通过内在规律的发展趋向表明自己是一个怎样的状态,体现多主体参与后与以往的统治、管理不同的比较优势①。数字经济赋能中国式评价体系需要设立指标,通过收集和分析数据进行纵向比较,方能确定是否实现了治理。对于治理能力的评价是一个衡量数字经济治理能力优劣的科学工具,是考量政府行动力的有效手段。数字经济赋能中国式现代化评价体系应该从以下几方面来考虑:

一方面是对量的评价。对量的评价比较直观,主要是考量数字经济形态下经济的发展水平,评价指标可包括但不限于如数字经济体量等相关指标数据,从量的维度的测度国内已有较多团队进行,如中国信通院的数字经济指数、上海社科院的全球数字经济竞争力指数以及腾讯的"互联网＋"数字经济指数等,均可作为参考指标。总体来看,对数字经济的评价比较一致的思路是从数字基础设施、数字产业化、产业数字化、数字经济治理、数字经济渗透率等方面来对我国和不同地区数字经济发展的水平和状态进行评价。

另一方面是对质的评价。对数字经济治理体系构建的成果进行质的评价相对困难,这涉及对主体的把握,不同主体的利益诉求各异,因此对问题的关注的问题也不同②。数字经济治理主要涉及的主体有政府、企业和公众:一是政府。政府主要是对社会经济进行直接指导、提供公共产品和服务保障,主导我国社会

---

① 陈志勇、卓越:《治理评估的三维坐标:体系、能力与现代化》,《中国行政管理》2015年第4期。
② 陆军、丁凡琳:《多元主体的城市社区治理能力评价——方法、框架与指标体系》,《中共中央党校(国家行政学院)学报》2019年第3期。

经济发展方向,组织协同其他主体参与治理。这一角度要考虑到政府满足企业和居民需求的相关指标:对企业需求的满足可以从政府是否建立了自由竞争的市场、是否能够为企业提供公共产品以及是否制定相关政策来限制垄断和保障中小企业生存;对公众需求的满足要考虑到是否为公众提供公共产品、提高满意度以及是否为公众提供了便利。二是企业。企业是实现数字经济治理重要的参与者,从企业角度则要从以下方面考虑:考量企业是否促进了经济发展和经济稳定,如企业是否推动了经济增长、产业革命和经济结构转型升级;企业是否为公众提供了多元化的数字产品。三是公众。公众也是数字经济治理的重要主体,要考量公众的主人翁意识,是否有参与到数字经济治理的自觉以及主观能动性等。

第十七章
数字经济赋能中国式现代化的数字化转型能力提升和新优势的培育

二十届三中全会《决定》提出"加快构建促进数字经济发展体制机制，完善促进数字产业化和产业数字化的政策体系"。在新一轮科技革命和产业变革不断深化的全球背景下，发展数字经济俨然已经成为我国把握新一轮科技革命和产业变革新机遇的战略选择，数字经济本身所具有的高创新性、强渗透性和高覆盖性特征也表明数字经济可以成为培育我国经济高质量发展的战略支点。所以，培育我国经济高质量发展的关键就是要抓住数字经济的发展契机，加快提升中国式现代化中的数字化转型能力，以数字经济培育中国式现代化的新优势。

第一节
数字经济赋能中国式现代化的数字化转型能力提升

在工业文明向数字文明过渡的第二次现代化过程中,数字经济作为现代化的新引擎,也为中国式现代化提供了新的机遇与挑战。数字化转型既是现代化进一步发展的必经之路,也是推动现代化建设的新动能支撑,现代化则是数字化转型的战略方向与发展目标。结合中国式现代化的宏观规划,在全面建设社会主义现代化国家开局起步的关键时期,需要进一步提升数字化转型能力,以数字化引领现代化,开启现代化新征程。

一、数字化转型能力对数字经济赋能中国式现代化的影响

世界现代化史表明,现代化是各国发展的重要目标,但受限于各国国情存在的显著差异,实现现代化的国家数量偏低,发达国家数量仍明显低于发展中国家,各国现代化进程存在明显落差,可以发现,现代化并非自然而然的发展过程,需要强国家现代化能力作为支撑。而根据各国数字化转型的历史事实,可以发现数字化转型也并不是一个自发过程,国家的数字化转型进程依赖于其数字化转型能力的强弱,强化数字化转型能力是提升国家竞争力、推进现代化建设的关键战略路径。基于已有研究,对数字化转型能力的概念内涵进行界定,在现有研究基础上,着眼于中国情境下中国式现代化的基本属性与战略需求,对数字化转型能力推动中国式现代化进程的具体机理进行理论分析。

(一)数字化转型能力的界定

在数字经济背景下,数字化转型已然成为现代化建设的重要组成与关键动力,而从数字化转型的概念出发,现有研究主要从技术维度出发,侧重于微观维度人工智能、区块链、云计算、大数据等数字技术在企业中的具体应用,对企业如何受益于数字化转型[①]、数字化转型对企业的具体影响、企业如何应对数字化转

---

① Westerman G., Calméjane, Claire, Bonnet D., et al.: Digital Transformation: A Road-Map for Billion-Dollar Organizations, *MIT Center for Digital Business and Capgemini Consulting*, 2011.

型进行适应性调整或企业数字化促进专业化分工及提升全要素生产率的理论机理进行研究,将数字化转型定义为以数字化技术、数字化产品和数字化平台的基础设施为支撑起点,进而引发的个人、组织、产业等多个层面的变革。相关研究基于微观视野对数字化转型进行了理论研究与实证分析,在宏观维度则强调数字经济这一新型经济形态本身的内涵概念[1]、基本特征[2]或其对经济高质量发展的机制研究[3],也有学者对各国数字经济发展战略进行比较分析[4],提出数字经济背景下我国国家经济发展政策调整的战略路径[5]。但与数字化转型相比,数字经济是一种经济形态,而数字化转型则是从工业社会向数字社会的跃迁过程,整体而言,对中国式现代化新征程中数字化转型的相关研究相对较少。借助国家政策话语体系中对数字化转型的概念界定,工业和信息化部提出《信息化和工业化融合数字化转型价值效益参考模型》这一首个数字化转型国家标准,将数字化转型定义为深化应用新一代信息技术,激发数据要素创新驱动潜能,建设提升数字时代生存和发展的新型能力,加速业务优化、创新与重构,创造、传递并获取新价值,实现转型升级和创新发展的过程。

结合数字化转型的现有研究与国家政策话语体系中的概念界定,从宏观视角出发,以国家作为中国式现代化新征程中数字化转型的主体,根据现有研究中数字化转型的基本内涵,数字化转型强调数字技术在经济社会中的广泛应用与数据要素的开发与利用。从数字技术维度出发,基础设施作为数字技术应用的重要载体,将越来越多的人纳入复杂的数字经济社会中[6],基础设施数字化是国家数字化转型的底层支撑[7]已得到学界的广泛认同;而从要素视角出发,数据要

---

[1] 刘军、杨渊鋆、张三峰:《中国数字经济测度与驱动因素研究》,《上海经济研究》2020年第6期。
[2] 李晓华:《数字经济新特征与数字经济新动能的形成机制》,《改革》2019年第11期。
[3] 赵涛、张智、梁上坤:《数字经济、创业活跃度与高质量发展——来自中国城市的经验证据》,《管理世界》2020年第10期。
[4] 逄健、朱欣民:《国外数字经济发展趋势与数字经济国家发展战略》,《科技进步与对策》2013年第8期。
[5] 黄群慧、贺俊:《"第三次工业革命"与中国经济发展战略调整——技术经济范式转变的视角》,《中国工业经济》2013年第1期。
[6] [美]杰里米·里夫金:《第三次工业革命:新经济模式如何改变世界》,张体伟、孙豫宁译,中信出版社2016年版,第30页。
[7] 郭朝先、王嘉琪、刘浩荣:《"新基建"赋能中国经济高质量发展的路径研究》,《北京工业大学学报(社会科学版)》2020年第6期。

素也被称为数字化时代的石油，而互联网用户则既是数据的生产者，也是数据的消费者，个人层面的数字化转型是数字化转型的关键内容；而着眼于中国情境下的国家层面的数字化转型与现代化建设，正如克劳斯·施瓦布指出的那样，政策选择将最终决定特定国家或地区能否充分利用技术革命带来的机遇[1]，数字化转型战略是国家数字化转型的重要推动力，也是充分发挥我国制度优势、支撑数字化转型的关键路径。因此，结合现有研究与我国基本国情，将中国式现代化新征程中的国家数字化转型能力定义为以国家为主体，以基础设施数字化为基础，以个人层面的数字化为重要内容，以国家数字化战略为关键路径，推进经济社会数字化转型的基础能力。

（二）数字化转型能力推动人口规模巨大的现代化

回顾中国式现代化的历史起点与阶段性成就，从建国初期人口规模巨大、经济基础薄弱的现代化发展起点，到打赢了人类历史上规模最大脱贫攻坚战的现代化历史成就，再到全面建成社会主义现代化强国的现代化新征程，人口规模巨大的基本特征始终贯彻于中国式现代化发展历程，既限制了现代化起步速度，也为中国式现代化长期推进提供了持久动力。基于数字经济发展带来的现代化新动能，数字化转型能力的提升既是推动人口规模巨大的现代化的重要动力，也是将人口优势转化为人才优势，全面推进社会主义现代化强国建设的关键支撑。

从数字化转型的定义出发，以国家为单位，一个国家的数字化转型不仅包括产业或基础设施的数字化，也包括国民的数字化转型，既定义中指出的"建设提升数字时代生存和发展的新型能力"，具体表现为劳动者的数字化技能培养与生活方式的数字化转型。数字化转型能力提升在微观个体维度表现出加强人与数字技术交互，提高人们利用数字技术的能力。随着我国逐渐以从农业经济转向工业经济的第一次现代化过渡到以工业经济转向知识经济的第二次现代化，面对现代化转型的战略需求，需要以人的数字化转型能力提升为着力点，充分发挥巨大人口规模优势、把握巨大人口规模带来的发展机遇、缓解巨大人口规模治理压力，最终推动人口规模巨大的现代化国家建设。

---

[1] ［德］克劳斯·施瓦布：《第四次工业革命》，李菁译，中信出版社 2016 年版，第 78 页。

人的数字化转型能力提升首先有利于国民素质的提升与人口结构的优化[1]，数字技术的普遍应用可以赋能残疾人等弱势群体，使有就业创业需求的低技能劳动者得到相应技术或资金支持，充分激发人力资本潜能、发挥人口规模优势；其次，以巨大人口规模为特征的中国式现代化孕育了巨大的市场空间，也使得我国经济现代化发展具有较大潜力，一方面，数字技术的广泛应用可以通过区域间的互联互通畅通国内统一大市场、发挥超大市场潜力，另一方面，数字经济的蓬勃发展也创造了大量就业岗位，为经济现代化提供了新的增长点，将发展潜力转化为国家及产业竞争力；最后，巨大的人口规模与国土规模也意味着较高的政府治理难度，而政府的数字化转型则可以有效提高政府治理效能，支撑政府在经济运行管理、生态保护等多个领域进行科学决策与精准处理[2]，通过缓解巨大人口规模治理压力推进人口规模巨大的现代化建设。

（三）数字化转型能力推动全体人民共同富裕的现代化

中国式现代化作为以共同富裕为目标导向的现代化新范式创造，始终坚持把实现人民对美好生活的向往作为现代化建设的出发点和落脚点。而数字经济具有较为明显的普惠性属性，共享是互联网的基本特征，数字经济带来的技术变革使更多人有机会参与经济活动、共享发展成果，通过提升数字化转型能力推动全体人民共同富裕的现代化实现。

相对于以集中式经营活动为主体的传统经济发展模式，一方面，经济社会的数字化转型可以通过分散式技术的广泛应用加强人与人之间的连接，强化第三次分配作用，切实以先富带动后富；另一方面，数字平台与信息产品等作为数字经济的主要产品，具有明显的非争夺性与边际成本趋零特征，可以以很低的边际成本让无数人共同和重复利用[3]，可以通过数字平台共建与信息产品共享推进共同富裕的现代化建设。从数字公益视角出发，随着数字经济融入经济社会各个领域，公益慈善行业的数字化转型也为发挥第三次分配、促进共同富裕提供了

---

[1] 任保平：《以数字经济打造中国式现代化新引擎》，《学术前沿》2023年第3期。
[2] 任保平、张倩：《中国式现代化新征程中高质量数字基础设施建设的新要求和实现路径》，《求是学刊》2023年第2期。
[3] 张文魁：《数字经济的内生特性与产业组织》，《管理世界》2022年第7期。

关键支撑。从2008年汶川地震中的大型网络募捐，到以轻松筹、水滴筹等社交众筹平台的建设，再到"蚂蚁森林"等行为公益形式的创新，数字化转型降低了慈善的参与门槛，大幅度提高了公众参与度，培育了公众的慈善意识与捐赠习惯[1]，为先富带动后富提供了有效路径支撑，切实推进了全体人民共同富裕的现代化建设。而基于数字产品维度，数字教育平台与网络搜索平台等以较低的成本推进了知识的共享，可以通过机会平等为共同富裕提供关键支撑；低门槛的数字平台也可以通过拓宽低收入者收入来源推进共同富裕，电商助农直播等活动可以有效提高农业、农民的收益水平，商务部数据显示，2022年，全国农产品网络零售增势较好，农产品网络零售额达到5313.8亿元，同比增长9.2%，数字平台可以通过拓宽收入渠道、促进收入平等推进共同富裕；除此之外，数字金融的发展也为缓解小微企业信贷约束、促进包容式增长、构建全体人民共同富裕的现代化道路提供了重要支撑。

（四）数字化转型能力推动物质文明和精神文明相协调的现代化

基于物质文明与精神文明协调维度，中国式现代化是兼顾物的全面丰富与人的全面发展的现代化范式创造，而数字化转型能力的提升也为满足人民日益增长的物质文化需要提供了重要支撑，以产业数字化为着力点，推进物质文明与精神文明协同发展的现代化建设。

基于物质文明建设维度，三次产业数字化转型能力的提升可以通过降本、增效、提质，以高质量、多元化的产品供给满足消费者的个性化需求。农业数字化转型可以人工智能赋能生物育种，培育优良品种增收增质，并借助虚拟现实技术对农业机械的特殊性能和使用环境进行模拟，通过优化农业机械提高农业生产效率，满足人们对农产品等基础生存物质的需求；在工业数字化转型中，数据要素的加入与数字技术在生产销售多场景的应用可以通过提高产品研发效率、推进管理模式创新、销售渠道拓展等为工业发展赋能，以现代化工业体系的构建推进物质文明建设；服务业数字化转型也可以通过新业态、新场景、新模式创造培育新的增长点，以数字金融为例，数字技术与金融业的有机结合为其他产业发展

---

[1] 谢琼：《中国网络慈善的创新价值与未来发展》，《社会保障评论》2022年第3期。

提供了有效资金支持,也为物质文明建设提供了新动能。

从精神文明建设视角出发,教育与文化产业数字化转型能力的提升也是全面建设社会主义现代化强国的基本要求。党的二十大首次将"教育数字化"写入报告,强调了教育数字化对现代化建设的人才支撑作用。数字教育平台的构建可以通过降低受教育门槛、拓宽教育渠道、共享优质教育资源推进社会主义精神文明建设;教育数字化转型可以充分发挥数字经济的低信息成本特性,推进教师间的交流、学习与合作,为教育理念创新及教育教学方式的智能化、多元化发展提供技术支撑,以交叉学科建设为例,数字技术的广泛应用降低了跨领域、跨学科的交流合作,为复合型人才培养提供了关键支撑;除此之外,教育的数字化转型还可以推进因材施教的个性化教育服务与贫困学生精准资助等,以人文关怀与物质资助结合的教育理念推进物质文明和精神文明相协调的现代化。基于文化产业数字化转型能力提升,一方面,文化产业的数字化转型打破了传统文化资源形态限制、丰富了原有的传统文化产业表现形式,并通过开放平台的构建与用户数据的精准匹配满足消费者个性化、多样化的文化需求①;另一方面,其数字化转型也可以降低文化产品传播成本,进而通过优质数字文化产品培育与特色文化品牌打造推进文化传承、文化交流与文化宣传,数字技术与我国丰富文化资源的碰撞也可以激发文化创新创造活力,以具有蓬勃生命力的中华优秀传统文化为核心增强文化自信与民族凝聚力,以物质文明与精神文明相协调的中国式现代化推进民族复兴。

(五) 数字化转型能力推动人与自然和谐共生的现代化

中国式现代化不同于传统西方掠夺式的现代化道路,现代化的先发国家以暴力开拓世界市场,通过资源的掠夺、不平等贸易等实现了资本积累,以"先污染、后治理"的粗放型发展推动了国家的现代化进程。而中国式现代化始终坚持人与自然和谐共生的绿色发展道路,站在人与自然和谐共生的高度谋划现代化建设,建国初期,我国森林覆盖率低至8.6%,森林面积仅有8000多万公顷,而

---

① 吴承忠:《5G智能时代的文化产业创新》,《深圳大学学报(人文社会科学版)》2019年第4期。

今森林覆盖率提高到 24.02%,近十年为全球贡献了 1/4 的新增森林面积[①],以绿色作为中国式现代化的底色,表现出人与自然和谐共生的基本特征。

在现代化新范式的探索中,现代化建设初期,我国经济基础较为薄弱,只能发挥资源、劳动力比较优势构建资源密集型、劳动密集型产业,受到产业本身的技术或成本限制,资源利用率相对偏低,也对生态环境造成了一定压力。新时代以来,随时数字经济的快速发展,数字化转型在技术维度强调对信息技术的深化应用,在要素维度以数据要素的有效利用作为重要支撑,可以通过减少对能源等资源的依赖性,降低经济发展生态成本,提高生态保护经济效益等,推进人与自然和谐共生的现代化。传统的经济模式依赖于以能源为主的自然资源,而数字经济以数据要素作为主要投入品,产业的数字化转型可以通过重构生产函数、优化生产要素配置等有效提高生产效率,并通过数据要素乘数效应的发挥降低生产能耗,减少对能源等资源的依赖性,以低能耗、低排放、低污染的经济增长模式创新促进经济高质量发展;大数据、云计算、人工智能等数字技术的广泛利用也为测算生态保护外部性、构建生态保护补偿机制提供了技术支持,以碳排放权交易市场为例,数字化转型既可以推进交易平台构建,也可以为企业碳排放额度测算或碳市场监管提供数据支撑,通过构建"谁治理谁收益"的生态保护补偿机制推进人与自然和谐的现代化建设。

二、数字经济赋能中国式现代化中数字化转型能力提升的重点任务

基于统计分析结果进一步分析,可以发现我国数字化转型能力空间布局尚待优化,部分省区数字化转型相对滞后,数字化转型能力有进一步提升的空间。在中国式现代化新征程中,需要基于我国数字化转型现状对数字化转型能力提升的重点任务进行规划,强化数字化转型能力,发挥数字经济新动能作用,全面推进社会主义现代化强国建设。

(一)提高新型基础设施建设供给

基于基础设施数字化转型维度,数据表明,互联网宽带接入用户占比、移动

---

① 寇江泽、蔡华伟:《森林覆盖率达到 23.04%》,《人民日报》2021 年 6 月 23 日,第 7 版。

电话普及率等基础指标省际差异较小,虽然存在部分省区数据偏离其平均值,但大部分省区指标数据较为集中。以移动电话普及率为例,2021年,虽然存在北京市181.49%与西藏自治区91.1%的极端值,大部分省区移动电话普及率均在100%至136%之间,数据分布较为集中。但在新型基础设施建设维度,呈现出较为明显的省域差异。以移动电话基站建设指标为例,2021年,我国移动电话基站共996.3万个,而广东省的移动电话基站数为90.5万,宁夏回族自治区的移动电话基站数仅为5.84万,省际差异较大。进一步根据其标准差对该指标离散程度进行测度,结果表明各省移动电话基站数差异不断扩大,且存在省际差异扩大的发展趋势,导致了我国数字化转型能力的非均衡空间布局,形成制约我国数字化转型与现代化建设的重要因素。基础设施数字化转型作为我国数字化转型能力的重要组成,是培育数字经济新优势、推动数字社会建设、提高数字政府建设水平的关键支撑[①]。因此,基于全面推进社会主义现代化强国建设的战略要求,需要以基础设施数字化转型能力提升为重要着力点,通过新型基础设施的规模化建设推进新一代信息技术的深化应用,为数据要素的有效利用提供载体支撑,以新型基础设施空间布局优化推进以共同富裕为导向的社会主义现代化建设。

(二)加深数字化转型的广度和深度

从人的数字化转型能力维度出发,可以发现相对于技能数字化转型,生活方式的数字化转型相对便捷,得益于数字技术的低应用门槛,即以智能移动手机为载体,借助微信、抖音、支付宝等通用应用软件,便可推进生活方式的数字化转型。基于数字普惠金融指数中数字金融覆盖广度与使用深度指标的变动,可以发现数字金融覆盖广度指标的增长具有一定的跨越性,部分中西部地区在相对水平与绝对水平上都实现了跨越式发展,覆盖广度指标的收敛系数也相对较高;而数字金融使用深度指标的提升则是渐进的、绝对水平意义的,优势发展地区仍

---

① 任保平、张倩:《中国式现代化新征程中高质量数字基础设施建设的新要求和实现路径》,《求是学刊》2023年第2期。

在东南集中,收敛系数也相对偏低①。结合指标分析,数字化转型广度扩展较快,使用深度则需进一步挖掘,数字化转型逐渐进入使用深度驱动的新发展阶段,部分省区数字化转型有广度无深度的问题是制约其发展的关键因素。因此,需要以技能数字化转型为着力点,激发各地区数字化转型能力提升潜能,发挥数字经济新动能作用,支撑现代化建设不断推进。结合统计数据与数字经济发展现状,各地区首先需要通过数字化创新人才培养及引进填补数字化转型中的高端人才缺口;其次通过数字技能教育平台构建、数字资源开放共享等提升全民数字素养与技能;最后依托老年大学、社会服务机构等帮助数字弱势群体适应数字社会转型,多维度推进全民数字化转型能力的提升,实现人的现代化。

(三)加强数字化转型战略支持

从数字化战略视角出发,根据我国数字化转型能力的基础指标数据,可以发现部分省区存在数字化战略滞后甚至缺失、财政支持不足的问题。以数字经济相关的省级地方性法规为例,东部省区在数字化转型中发挥了较为重要的引领保障作用,2020年,浙江省十三届人大常委会第二十六次会议审议通过了《浙江省数字经济促进条例》,并于2021年3月1日开始实施,从基础设施、数据资源、激励和保障措施等多个维度为浙江数字化转型提供了具有针对性的方案,为促进浙江数字经济发展、数字政府与数字社会建设提供了制度支撑。广东省紧跟其后,于2021年公布并施行了《广东省数字经济促进条例》,而河南、河北、江苏则在2022年开始施行,山西与北京则在2023年开始施行该省(市)数字经济促进条例,截至2023年7月,西部各省份数字经济促进条例的立法进程尚不明确,各省、市、区在数字化转型政策制定与实施方面存在较为明显的时间落差,形成了对我国数字化转型发展与现代化建设的关键制约。从地方财政支持的维度出发,数字化或信息化本质上是前沿科学技术的广泛应用,机械化推动了世界现代化起步,电气化则是第二次现代化浪潮中的关键动力,而数字化与信息化作为第三次工业革命的重要助推,其本质仍未发生改变,可以利用

---

① 郭峰、王靖一、王芳等:《测度中国数字普惠金融发展:指数编制与空间特征》,《经济学(季刊)》2020年第4期。

地方财政科学技术支出占比指标进行简要分析。2021年,东、中、西部的地方财政一般预算支出分别为9.6万亿,5.4万亿与6.0万亿,地方财政科学技术支出占比分别为4.1%,3.0%与1.4%,东部地区地方财政收入与支出均相对较高,可以为区域数字化转型提供资金支持,中、西部则存在财政收入与地方财政科学技术支出占比均相对较低的问题,对区域数字化转型发展形成了制约。而数字化转型战略作为政府直接干预数字化转型的重要途径,无论是数字化转型相关政策的建立健全还是对区域数字化转型提供资金支持,均对各地区数字经济发展存在重要意义。因此,在进一步强化数字化转型能力、推动中国式现代化的过程中,需要加强制度与资金供给,为我国数字化转型与现代化建设提供战略支持。

三、数字经济赋能中国式现代化中数字化转型能力提升的路径

我国数字化转型能力指标的统计分析结果表明,各省数字化转型能力持续提升,数字经济持续发展,逐渐发挥成为现代化的新动能支撑,但仍存在制约数字化转型能力提升的现实问题。在中国式现代化新征程中,需要进一步强化数字化转型能力,通过建设提升数字时代生存和发展的新型能力,推动我国从工业经济到知识经济的转型升级和创新发展,以数字化支撑第二次现代化不断推进。

(一)提高数字化创新能力

面对中国式现代化新征程中发展战略的转型,新时代以来,我国现代化战略优势逐渐从后发优势转向先发优势,战略方向从追赶转向赶超,战略要求从经济增长转向经济高质量发展,需要以数字化转型为新动能推动现代化建设中质的有效提升与量的合理增长,培育中国式现代化的新优势,引导数字文明新形态的形成。而数字化本质上是前沿科学技术的广泛应用,是具有划时代意义的科技创新新领域,也是全球竞争的新赛道,创新能力的提升是强化数字化转型能力、支撑社会主义现代化建设的核心内容。因此,需要进一步提高数字化创新能力,与发达国家进入数字技术这一同一创新起跑线,以占领全球科技制高点为目标,支撑社会主义现代化强国建设。基于提高数字化创新能力的具体战略路径,根

据科技创新链的基本环节,即知识创新、孵化技术、采用新技术与高新技术产业化[1],推动创新链整体发展。在知识创新维度,一方面完善创新激励机制,以大学等科研机构为主体推进数字化转型中的基础科学研究与前沿技术创新,另一方面发挥企业创新主体作用,通过完善企业研发补贴政策、简化行政流程等,降低中小微企业创新风险与创新成本,推进企业数字化转型。在技术孵化维度,以产学研数字平台的构建与推广缓解企业与高校间的信息不对称问题,有效衔接知识创新与技术应用,推进数字化创新技术孵化。在新技术采用与高新技术产业化环节,李约瑟之谜与印度纺织业综合征均表明,科学技术创新的大规模应用比其发明更为关键。而经济史学家 Phyllis Deane 则指出,只有潜在市场足够庞大,产量有迅猛增加的前景,企业家才会放弃传统技术,投向新技术的大门[2]。因此,在新技术推广与规模化应用环节,需要基于需求维度,从扩大公共消费与提高社会消费力两条基本路径出发,以数字化基础设施的规模化建设为着力点,在提高公共服务质量的同时为新技术应用提供市场;通过完善数字市场体系、维护数字市场秩序维护、规范数字产品定价等为用户提供良好的消费环境,基于需求维度推进新技术应用与高新技术产业化。

(二) 推进产业基础能力数字化

基于现代化的一般逻辑与基本演进规律,可以发现工业化既是现代化的核心内容,也是引领现代化建设的主线,面对新时代数字经济快速发展带来的新机遇与挑战,需要实现工业化与数字化的有机结合,通过协调推进产业数字化和数字产业化提升产业基础能力,为数字化转型提供产业支撑。数字产业化与产业数字化的协调推进不仅仅包括二者的协同并进,也包括强化二者相互促进的协调发展机制,即通过数字产业化赋能产业数字化,产业数字化支撑数字产业化的良性循环,推动我国数字化转型与现代化建设。基于数字产业化与产业数字化的正向循环机制构建,从供需维度出发,数字产业化通过信息技术服务、互联网平台与数字产品制造等为产业数字化提供直接技术支持,也通过消费场景的拓

---

[1] 洪银兴:《中国式现代化论纲》,江苏人民出版社 2023 年版,第 275 页。
[2] Phyllis Deane: *The First Industrial Revolution*, Cambridge University Press, 1979: 131.

展与创新等提高了消费意愿,既是产业数字化的技术供给方,也扩大了对非数字产业的需求;产业数字化则可以通过扩大数字产品及服务需求,发挥数字产业规模效应,提高数字产业竞争力,推进数字产业化发展。举例而言,以淘宝、京东为代表的电子商务平台构建与完善,推进了零售业与物流业的数字化转型,而零售业与物流业的数字化转型则为物联网的建立健全与相关技术的成熟提供了需求基础,数字产业化与产业数字化间形成的正向供需循环推进了经济社会的数字化转型发展。从强化数字产业化与产业数字化正向循环机制、推动产业基础能力数字化的具体战略路径出发,一方面,需要以产业链完善为着力点,推进配套产业数字化建设,加强产业关联,充分发挥数字经济产业发展的强溢出效应及乘数效应[①],以数字产业化引领产业数字化,共同推进产业链现代化;另一方面,在产业数字化支撑数字产业化维度,以国有企业为突破口,从夯实数字化转型基础、推进产品数字化改造创新、培育数字化产业生态等多个维度,打造各行业企业数字化转型示范,发挥国有龙头企业的支撑带动作用,以产业数字化助推数字产业化,以二者的协调推进提高我国数字化转型能力,为中国式现代化建设提供产业支撑。

(三) 健全数字化转型保障能力

基于我国数字化转型能力指标测度分析,可以发现部分省区存在数字化转型战略滞后的问题,对我国数字化转型发展形成了制约。而正如罗斯托指出的那样,经济起飞的重要前提就是存在或迅速出现一个政治、社会和制度体系,以发掘现代部门扩张的动力[②]。数字化转型与数字经济迅速发展也需要依托于一个与其相适应的完整体系,从制度、人才、组织等多维度保障数字化转型稳步推进。着眼于具体的战略路径,健全数字化转型基本保障首先需要在省级、地市级甚至县级层面完善数字化转型相关条例,明确数字化转型的基本概念、重要内涵与发展原则;基于本地区资源禀赋特征,因地制宜制定数字化转型方案;加强对数字化转型工作的领导,成立工作小组或指定相关部门拟定并落实数字化转型

[①] 田金方、李慧萍、张伟等:《中国数字经济产业的关联拉动效应研究》,《统计与信息论坛》2022年第5期。
[②] [美]W.W.罗斯托:《从起飞进入持续增长的经济学》,贺力平等译,四川人民出版社1988年版,第30页。

措施,解决经济社会数字化转型中的重大问题;鼓励行业协会、产业联盟等构建数字化转型标准体系;指定相关部门对本地区数字化转型进行日常统计、监测预警与定期评价,通过完整的数字化转型战略体系构建为数字经济发展提供组织保障。其次可以充分发挥政府职能,完善数据产权制度,健全数据资产评估与交易体系,推动数据资源资产定价机制完善,通过明晰产权缓解数字化转型中的外部性问题,并通过构建全方位的数据安全保障体系应对网络威胁与信息安全风险挑战,在保障数据安全的情况下发挥数据资源潜能,为数字化转型提供制度保障。最后可以通过发挥我国集中力量办大事优势,以财政资金的合理分配利用为数字化转型提供资金支持,通过新型基础设施规模化建设、数字化人才培养、数字化应用推广等,推进个人技能与生活方式的数字化转型,以个人层面的数字化转型引领数字经济发展。健全数字化转型的人才保障,一方面可以借助人才强国战略,以数字化人才作为数字化核心技术攻克、数字化产业不断发展、数字化学科建设的重要着力点,另一方面也有利于发挥我国巨大人口规模优势,借助我国数据资源丰富的资源禀赋,为数字经济发展提供要素支持,并基于规模效应提升我国数字产业的国际竞争力,多维度推进数字强国建设。

(四) 加强数字化战略落实

数字化是现代化的新动能,现代化则是数字化转型的基本战略方向,在强化数字化转型能力的过程中,首先需要明确数字化转型是为了实现现代化,实现中华民族伟大复兴,基于清晰明确的战略方向推进经济社会的数字化转型。数字经济具有数字产品的非争夺性与边际成本趋零、数字市场可以在线不在场与大数据成为关键投入品的重要内生特性[1],而基于党领导下中国式现代化新范式的基本属性,需要以共同富裕为导向,进一步发挥数字经济的普惠性质以实现包容性增长[2],抑制数字经济的马太效应[3],推进社会主义现代化。在现代化建设中,中国共产党始终坚持以中国化、时代化的马克思主义为指导,创造了人本逻

---

[1] 张文魁:《数字经济的内生特性与产业组织》,《管理世界》2022 年第 7 期。
[2] 张勋、万广华、张佳佳等:《数字经济、普惠金融与包容性增长》,《经济研究》2019 年第 8 期。
[3] 王修华、赵亚雄:《数字金融发展是否存在马太效应?——贫困户与非贫困户的经验比较》,《金融研究》2020 年第 7 期。

辑的社会主义现代化新范式[①],数字化转型同样需要依据现代化建设的基本要求,坚持党的全面领导,树立以人为本的发展理念,以共同富裕作为目标导向,以数字化转型推动数字经济的高质量发展与社会主义现代化强国建设。从具体的数字化转型能力提升路径出发,首先需要强调以实体经济为主的数字化转型,推进数字经济与实体经济深度融合,避免在数字化转型中过度强调数字金融导致的经济脱实向虚问题;其次需要以人的数字化为重心,依据中央网络安全和信息化委员会印发的《提升全民数字素养与技能行动纲要》,通过优质数字资源开放共享、开展数字助老助残行动、完善数字技能职业教育培训体系等,拓展数字化转型的广度与深度,弥合数字鸿沟,抑制数字经济的马太效应,在提升人的数字化转型能力的同时切实推进共同富裕;最后将数字化转型与重大国家战略结合起来,以数字化转型推动乡村振兴,通过数字服务与培训向农村地区延伸提高农民数字化转型能力,借助农业的数字化转型提高农业生产效率,延长农业产业链,支撑农业现代化发展,多维度支撑社会主义现代化强国建设。

第二节
数字经济赋能中国式现代化的新优势培育

数字经济已成为中国式现代化的新引擎,随着数字经济的不断发展,数字经济在从传统工业经济模式向以数字经济为核心的现代化模式转变的过程中,依托数字现代化发展培育的新动能,成为推动中国式现代化和全面建成社会主义现代化强国的重要路径,对中国式现代化新优势的培育提出了新的时代要求。因此,在中国式现代化新征程中要以数字经济培育中国式现代化新优势。

一、数字经济赋能中国式现代化新优势培育的理论机理

新优势就是在原有基础之上形成的质量更好、动力更足、效率更高的形势。依靠传统动能的发展模式已显现出疲态,基于数量扩张的粗放型现代化发展方

---

① 任保平、张倩:《构建科学合理的中国式现代化的评价指标体系》,《学术界》2022年第6期。

式带来的相对低端的经济结构以及经济效率洼地已不能满足中国式现代化的需求。数字经济作为一种新的经济形态,改变了传统的现代化发展路径,在企业层面形成了新的盈利模式;在产业层面推动了产业组织模式和产业结构的变化;在宏观经济层面优化了资源配置方式,为我国现代化发展发挥了重要的引领作用,从质量变革、动力变革、效率变革等层面推进了中国式现代化[①]。因此,数字经济背景下,中国式现代化较之前追求数量的高速增长阶段产生了新的优势,主要包括质量新优势、动力新优势和效率新优势。伴随着数字经济的发展,数字化技术对生产力进行创新赋能,在生产力水平不断提高的过程中培育了新优势。李斯特认为,国家生产力的来源是个人的身心力量,是个人的社会状况、政治状况和制度,是国家所掌握的自然资源,或者是国家所拥有的作为个人以前身心努力的物质产品的工具(即农业的、工业的与商业的物质资本)[②]。换言之,国家生产力的来源可归纳为以自然资源或是物质产品工具为代表的物质生产力、以个人的身心力量为代表的精神生产力以及以个人社会状况、政治状况和制度为代表的制度生产力。因此,数字经济对生产力的创新机理主要体现在三个层面:

(一) 物质生产力的创新

物质生产力是以生产要素、生产工具为核心的生产力,物质生产力根据其来源可划分为自然生产力和劳动生产力。物质生产力的创新机理是数字经济赋予传统的生产要素及生产工具新的含义,使得物质生产力形成了新的特性,提供了新的生产能力。

从自然生产力的角度看,自然生产力本是自然的地力,而在数字经济形态中赋予自然生产力新的含义,并产生了数据这种新的生产要素。自然生产力在数字经济中的创新主要体现在两个维度:一方面,数字经济挖掘了新的生产要素,实现物质生产力的创新。随着数字经济不断深入发展,以数字形式传播的数据作为新型生产要素,依托数字经济本身所具有的低边际成本特点,倒逼生产设

[①] 任保平:《数字经济引领高质量发展的逻辑、机制与路径》,《西安财经大学学报》2020年第2期。
[②] [德]弗里德里希·李斯特:《政治经济学的国民体系》,商务印书馆2017年版,第216页。

备、运输方式等不断优化升级,利用扩散效应提升整个行业的技术水平,促进物质生产力的创新。另一方面,数字经济对新型生产要素的载体进行改造升级实现物质生产力的创新。互联网作为新要素的传输途径,区块链为新要素的传播、储存提供保障,数字经济不断促进互联网、区块链的发展,提升新要素的传播效率及保障新要素的使用安全。

从劳动生产力的角度看,劳动生产力是一种工具力,数字经济将这种工具力进行改造升级,通过培养专业化的人才实现物质生产力的创新。产业数字化转型进程中最为稀缺的就是复合型的技术人才,数字化转型过程中所形成和传播的新知识、新信息、新技术不断提高劳动力水平。此外,随着数字化技术的应用加深,自然生产力和劳动生产力不断提高,二者的匹配度也不断提高。新要素在生产过程中的使用范围不断扩大,数字化人才的规模和质量不断增加,要素的使用方式及使用结构产生新的特性,极大提升了要素的使用效率。

(二) 精神生产力的创新

精神生产力又称作精神资本或是智力资本,是生产力水平不断提升的源泉,虽然不直接参与生产,但会影响物质生产力的产生和质量。而精神生产力是以人为载体发挥作用,精神生产力的创新机理体现在数字经济通过赋能企业和政府两个层面,通过提高企业家、政府的创新能力,促进中国式现代化。具体体现在:

数字经济在企业层面上激发企业家精神。企业家精神可分为企业家的创新精神、企业家的风险承担能力和企业家对市场的识别能力。首先,互联网数字化技术可通过互联网平台,各行各业、不同生产部门的数据收集,提升企业家对数字经济的认知水平,进而提升企业家自身的创新精神。其次,数字化技术赋能传统的信息获取方式,减少信息的不对称性,提升企业家对风险的承担能力。最后,数字经济为企业家挖掘新要素及新要素的使用方式提供了新的渠道,运用大数据、云计算等数字技术将人、机、物的信息进行共享,提升企业家对市场机会的识别能力。

数字经济在政府层面上激发社会成员的生产动力。首先,数字治理为政府管理模式提供了新路径。政府治理模式通过数字治理的赋能提升了治理能力，信息化与公共服务融合程度不断加深，使得就业增加、民生改善，增强了社会成员的获得感和幸福感。其次，数字化技术为人才培养提供了新形式。以数字化技术更新传统的人才培养体系，对整个体系进行数据化、信息化、智能化、数字化的转型升级，加强稀缺性人才的针对性培养，推动相关人员的数字化思维和能力与相关行业的融合，提升其自身的精神生产力，增强其生产效率，减少试错成本，从而实现精神生产力的创新。

（三）制度生产力的创新

制度生产力表现为规范人与自然、社会之间相互关系的法律及其相关制度。法律和公共制度虽然不直接生产价值，但它们是生产生产力的。一方面，传统的生产者由于其要素特性和要素的使用方式生产出来的农、工业产品是有形的，数字经济形态下的数字产品是无形的，数字产品相较于传统的农、工业产品，在其交易范围、产权等方面的划分上难度更大。尽管法律及其相关制度并未直接生产这些产品，但它们为生产者的生产及消费者的消费提供了充分保障。另一方面，这种无形的产品在生产、消费、交换过程中存在风险，以法律和相关制度为代表的制度生产力便可有效解决这类产品存在的问题。因此，制度生产力的创新机理主要体现在以下三个方面：

一是在教育制度上提升劳动生产力。在各种层出不穷的数字技术当中，如今的教育体系正在向针对性培养高新技术复合型人才培养道路转型升级。通过数字技术的智能化管理手段，制定专业化的培养计划，提升人才的综合素质能力，与产学研的结合程度逐渐加强，进而实现劳动力生产力的提升。

二是在产权制度上提升物质生产力。技术和产业革新中的区块链技术明确产权交易制度，产业之间可通过量化的数据资产明晰产权，在交易过程中扩大交易范围，减少交易成本和不确定性。企业的资源配置权得到优化，根据企业产生的新需求优化内部制度，改变企业内部的"习惯经济"，推动我国体制改革，以此提高交易效率和物质生产力。

三是在市场交易制度上提升制度生产力。政府、企业可通过大数据、云端等技术收集并存储数据，从云端按需求调集从而使需求集中化，形成新的市场。法律及其相关制度按照数字现代化发展过程中不断完善形成新的规章制度，由于制度之间存在互补性，有利于解决原有制度存在的激励机制问题和信息不对称问题，从而提高制度生产力。

二、数字经济赋能中国式现代化新优势培育的机制

数字经济通过对物质生产力、精神生产力及制度生产力的创新，培育了动力新优势、效率新优势和质量新优势。因此，需要结合高质量发展的具体要求，从理论上分析数字经济培育中国式现代化新优势的机制，主要包括效率变革机制、动力变革机制和质量变革机制。

（一）数字经济培育中国式现代化的新优势的动力变革机制

动力变革就是通过数字化技术培育适应高质量发展要求的新动能，是三大变革中的基础。我国传统的发展动力受到人口老龄化问题显现、自然资源不断减少、核心技术受限等诸多问题的限制，导致我国高质量发展的动力明显不足。数字经济赋能我国的现代化发展，从需求端和供给端培育了高质量发展的新优势。

1. 需求端的动力新优势体现在消费动能的提升

消费是推动经济增长的重要因素，为实现经济的平稳快速增长，要充分发挥国内超大规模市场优势，逐步形成以国内大循环为主、国内国际双循环相互促进的新发展格局。其中，国内大循环的核心在于充分发挥国内市场需求的潜力，提升消费动能。消费动能即消费的动力，消费动能的提升主要体现在以下三个方面：

第一，通过数字化技术作用于消费者提升消费动能。一方面，数字经济利用云技术、大数据、区块链等智能技术，以数据为核心，为消费者提供个性化服务，降低消费者的交易成本，提升消费者的效用水平。同时，由区块链建立的新型信用安全体系，通过互联网拓宽了消费者获取信息的渠道，减少获取信息的成本和信息不对称性，保障了消费需求的可持续性。另一方面，数字经济通过创造大量灵活就业及机会提升消费者的收入。数字经济的发展伴随着新业态、新模式、新

产业的诞生,社会成员可利用数字现代化发展的契机增加收入渠道,在一定程度上增加其收入水平,进而减小贫富差距。

第二,通过数字化技术作用于产品和服务提升消费动能。随着数字技术和社会生产力的不断发展,产品和服务的组合的数量和质量不断增加,为消费者提供更多样选择,进而提升消费动能。一方面,新技术的出现提升了全要素生产率,由于厂商的创新能力提高,为消费者提供了更多选择。另一方面,新技术的出现提升了社会的生产率水平,从数量上极大拓宽了消费空间。此外,大数据背景下,生产者与消费者之间的界限逐渐模糊,生产者的利润水平与消费者的效用水平呈正相关的关系,生产者为在市场中取得竞争优势将提高自身的产品和服务的质量。

第三,数字经济塑造新消费环境提升消费动能。消费者的消费行为要在特定的消费环境中进行,数字经济背景下的消费环境的塑造主要体现在以下三点:一是数字经济有利于自然环境的改善。数字经济的发展可减少污染的排放,推动绿色可持续消费。二是数字经济有利于制度环境的改善。数字经济的发展有利于完善产权制度、消费者权益、数据安全和信息安全制度等,保障消费者的权益。三是数字经济有利于消费文化环境的改善。数字经济对消费者及其消费对象的赋能改变了消费者的消费观念,共享经济、绿色消费等观念已深入人心,促进新型消费观念的形成。

2. 供给端的新优势体现在供给因素的创新

传统的现代化发展动能由于要素禀赋结构的限制,大多依靠投资所驱动。如今我国正处于由数量型粗放式增长转变为质量型集约式增长经济转型的关键时期,在数字经济条件下,可通过要素、产品的供给端变革促进经济的高质量发展,从而培育动力新优势。

第一,数字经济使传统的生产要素供给方式发生巨大变化。传统的生产要素是从自然资源中获取或对自然资源加工得到,数据作为数字经济背景下的新型生产要素,是对生产和消费过程中任何因素进行数字化处理得到。数据突破了传统生产要素因稀缺性对经济增长的限制,凭借互联网通道的传输,具有自由共享、低成本复制、重复使用的新特点,这为培育高质量发展新优势提供了新动力。

第二，数字化技术促进产品供给端的变革。产品供给端的微观主体是企业，其宏观主体是以厂商为代表的生产部门，但其生产部门的变革主要体现在产业结构的变革。一方面通过提升企业的创新能力，使企业凭借自身创新能力在市场上自发竞争，不断降低行业的平均成本，进而增加市场份额。另一方面，数字经济可减少企业间的信息成本，通过技术、信息的共享实现产品的范围经济，以此增加产品或服务的附加价值，提升供给端的质量，进而从供给端刺激消费，促进经济增长。此外，依靠产业数字化和数字产业化的向前推进，通过数字治理改善产业结构，实现产业结构高级化和产业结构合理化。

（二）数字经济培育中国式现代化新优势的效率变革机制

效率变革就是通过数字化技术找出并填平过去数量型增长中被忽视或掩盖的效率低洼，是三大变革中的主线。随着我国经济结构的不断变化，第三产业生产总值不断增加，这些变化也为我们提供了通过创新和技术进步提升生产率的新思路。数字经济从微观、中观、宏观三个层面提升资源的产出投入效率，实现资源的合理配置。中国式现代化的效率新优势体现在经济运行的微观效率新优势、中观效率新优势和宏观效率新优势。

第一，数字经济培育微观效率的新优势。微观效率包括企业创新效率和企业运行效率。企业创新率衡量一个企业在市场上的竞争程度，企业创新效率提升会增加企业收益，通过内涵扩大再生产的方式深化自身创新能力，提高企业的生产效率。随着数字经济的发展，企业效率提升、成本降低，并通过规模经济、范围经济以及二者产生的长尾效应，能够持续扩大其规模，企业由此将盈余投至科研技术的研究，以此提高自身的创新能力，进而提升自身的生产效率和创新效率。企业的运行效率主要体现在企业的沟通效率。传统企业的科层制管理的沟通成本过高，且不同企业之间的沟通存在壁垒，极大阻碍了企业的数字化转型。数字经济赋能企业，一方面，使得企业对外能以低成本获取市场信息和竞争者信息，提升自身的决策科学性，消除了企业间的沟通壁垒，实现信息共享、成果共享，提高企业间的沟通效率。另一方面，大数据使企业对内的科层制管理转型为模块化管理,以模块为单位构成平台管理模式,极大提升了企业内部的沟通效率。

第二,数字经济培育中观效率的新优势。中观效率的新优势主要体现在产业结构的优化。数字经济通过对供给端的重塑促进产业结构的高级化,但产业结构高级化与经济增长之间为非线性关系,只有保持产业结构合理化,才能通过提高产业结构高级化促进经济增长。数字经济可通过提升产业间的资源配置效率、资源有效利用效率以及产业间的协调效率,进而促进产业结构的合理化。智能制造是我国各产业的目标,整个产业链中的所有产品以及产品的整个生命周期,其信息经过数字化处理进而以数据的方式储存在数据库中,一方面,各产业中的生产部门都可通过可视化的数据进行分析,从而提升资源的配置效率。另一方面,随着产品生产、消费、交换的进程不断循环,产品数据不断丰富,产业链的任意一端都可随时提取数据进行"订单式生产",提高资源的有效利用效率。此外,数字经济将传统产业之间、新产业之间以及传统产业与新产业之间以平台化的方式进行联系,各产业通过数据交流,可形成产业间的互补,提升产业间的协调效率,进而促进产业结构的优化。

第三,数字经济培育宏观效率的新优势。宏观效率包括全要素生产率和劳动生产率[1],全要素生产率实际上也是一种资源配置效率,要素配置效率的优劣直接影响到全要素生产率的水平。数字经济本身所具有高渗透性和高协调性的特点,培育了宏观效率的新优势,主要包含以下两点:一方面,产业数字化利用大数据、云计算、人工智能等智能技术调整了传统要素的配置方式,将数据、信息等新要素融入传统要素之中,提升了传统要素的配置效率。另一方面,如大数据、人工智能、工业互联网、云计算等数字化技术可打破产业间的信息壁垒,使产业上下游以模块化的形式进行生产,生产部门以模块化的形式通过数字化平台协调发展,进而提升要素的配置效率。此外,数字经济的网络效应可吸纳大量用户,改变了单个企业生产函数的模式,并利用互联网的外溢效应带动整个产业的发展。

---

[1] 任保平:《新时代中国经济高质量发展研究》,人民出版社2020年版,第126页。

（三）数字经济培育中国式现代化新优势的质量变革机制

质量变革不仅是停留在提升产品和服务的质量上，还包括提升国民经济各领域的质量，是动力变革与效率变革的最终目的，更是三大变革中的核心和主体。随着数字经济在质量变革中的不断渗透，为中国式现代化培育了新的优势：在宏观层面上表现为国民经济运行质量的新优势，中观层面上表现为产业结构变化质量的新优势，微观层面上表现为企业发展质量的新优势。

1. 在宏观层面培育国民经济运行的质量新优势

国民经济运行的质量新优势主要表现为运行条件、运行环境以及运行过程的质量三个方面。国民经济运行条件是国民经济运行的基础，为经济运行提供基础设施条件和要素禀赋条件。国民经济运行环境是经济运行条件发挥作用及经济运行过程的重要影响因素，对国民经济运行的长期稳定运行发挥决定性的作用。国民经济运行过程的质量在短期包含运行的速度和效率等，在长期表现为运行的稳定性和协调性。

第一，国民经济运行条件新优势的培育。国民经济运行条件的新优势体现在数字经济为国民经济运行提供了新型基础设施条件和新的要素。新型基础设施如5G基站、大数据中心、工业互联网等是数字经济新形态下国民经济运行的载体，提升了经济运行质量。新基建可通过现成算法提升创新活动的效率、创造新市场、培育新动能、促进人民美好生活的实现、赋予政府数字化治理能力来实现质量新优势的培育。数据作为新的生产要素，一方面，突破了传统要素稀缺性的限制，为经济运行提供充足的动力。由于数据其本身的非竞争性和非排他性的特点，消费者和生产者可以无限重复使用且不会损耗其价值，而数据的价值则体现在其所有可能用途的总和[①]，突破了传统要素机会成本的界定。另一方面，数据可利用数字化技术提升传统要素的配置效率，减少经济运行的成本，进而提高了国民经济运行条件的质量。数字经济时代，大数据技术可通过海量数据寻找产品关联物，通过对关联物的分析寻找最优化的要素配置组合。

第二，国民经济运行环境新优势的培育。国民经济运行环境的新优势体现

---

① 李晓华：《数字经济新特征与数字经济新动能的形成机制》，《改革》2019年第11期。

在数字经济极大改善了生态环境、优化了制度环境、提高了国民素质。在生态环境上,数字经济促进数字政府的建设,数字政府可显著提高政府的治理水平,通过有效降低雾霾污染从而促进现代化发展质量水平的提升。此外,数字化技术赋能传统产业,提升全要素生产率加快现代化发展模式向集约式的转变,促进产业数字化的发展,进而减少能源消费和污染排放。在制度环境上,首先,数字经济保障了市场机制在资源配置上的决定性作用。通过大数据分析可将资源进行合理配置,保证市场机制的有效性。其次,数字经济帮助政府精准定位其职能范围。随着数字技术的发展演进,数字政府的建设不断完善,决策科学化和公共政策水平不断提高,实施精准化治理。在提高国民素质上,数字经济推动劳动数字化转型,提升个人与企业的创新能力,优化经济增长的结构,进而提高经济运行的质量。

第三,国民经济运行过程质量新优势的培育。国民经济运行过程质量的新优势体现在两方面:一是数字经济在短期改变了企业的生产率水平,进而提高经济运行的速度与效率。二是数字经济在长期优化产业结构及提高市场的有效性。在短期,技术、知识、数据等新型生产要素的获取成本较低,知识、技术所具有的非竞争性和部分排他性特点随着数字经济的发展逐渐弱化,并且随着互联网的网络效应,使得技术和知识的外溢效应显著,改变了要素的使用方式和要素投入结构,提升了企业的生产率。在长期,市场依靠云端平台,利用大数据、人工智能等技术对资源配置进行精准调节,资源从生产率低的部门流动到生产率高的部门,提高了资源的报酬收入,凭借着高生产率部门对低生产率部门的外溢效应,不断延缓边际报酬递减阶段的形成,提高配置效率和资源利用率。

2. 在中观层面培育产业结构的质量新优势

中观经济是介于宏观经济和微观经济之间的经济部门,是连接宏观与微观的纽带。各部门之间的相互联系和相互制约形成了一国或一地区的产业结构。产业结构的质量新优势表现为数字经济驱动产业结构向中高端迈进,主要是通过对需求端和供给端的重塑来培育。

第一,数字经济对需求端的重塑培育质量新优势。数字经济促进需求端的消费升级,而消费需求推动了数字化技术的发展及互联网的快速扩张,进而倒逼产业结构高级化。一是数字经济产业的发展为消费者提供了新的生活方式和个性化服务，诸如平台经济、网络支付、新零售等融合型新业态改变了消费者的消费习惯，消费习惯的改变使数据的获取和存储得到极大提升。随着数据的规模扩大，各产业运用大数据技术对数据进行精准分析，将信息技术投资重点和主动权从商家转移到消费者，这使得厂商以较低成本获取到消费者的偏好，进而为消费者提供个性化服务。二是数字技术的发展改变了产品和服务的消费性质，如工业生产设备、农业设备、金融、医疗等都发生了相应的变化，更加满足了消费者的需求。数字经济背景下，产品和服务都可记录为数据，数字化技术通过对关联物的分析，能够更好满足消费者的需求，如美国个人消费信用评估公司FICO、益百利等，就是通过相关关系的分析寻找消费者的偏好。

第二，数字经济对供给端的重塑培育质量新优势。数字经济引领新兴产业的发展，加速数字化技术对传统产业的赋能，促进生产模式由外延式向内涵式转变。传统产业活动的重心在于供给端，以外延式的生产模式为主，且传统产业规模较大、效率相对较低，与发达国家或地区存在较大差距。数字产业化和产业数字化为产业结构迈向中高端注入强大动力，一方面，数字产业化的发展推动了新旧产业的协同发展。传统产业利用数字经济本身的网络效应，使其产生规模经济和范围经济，打破产业边界，通过其他产业的巨大需求不断创新，通过技术渗透与传统部门形成良性循环，实现新旧产业的协同发展。另一方面，产业数字化的发展为传统产业赋能。数字经济凭借数字化技术使低附加价值的传统产业向高附加价值的中高端产业转变，培育比较优势产业，推动我国制造业向智能制造的转变，进而实现产业结构的高级化。

3. 在微观层面通过企业质量的提升培育质量新优势

企业是经济增长的微观组成部分，也是中国式现代化的主体。企业的质量决定了经济增长的质量，决定着中观产业结构的优化与宏观全要素生产率的提升。企业的质量新优势主要体现在企业发展的质量新优势、企业管理的质量新优势和企业产品和服务的质量新优势。数字经济形态下，数据已全面渗透社会经济的生产中，通过数字化技术改变了企业的运营模式，在数据分析过程当中不断提升自身的创新能力，进而提升企业的质量。

第一,企业发展的质量新优势主要体现在劳动力质量的提高。一方面,随着数字经济的发展,国内各大高校对教育体系进行针对性的改善,通过设立数字经济相关专业和研究机构等,提升了人才的创新能力,进而满足企业的需求。另一方面,由于数据在数字经济时代传播和使用的新特点,人们从中获得新的认知、创造新的价值源泉,进而提升了其劳动生产率。

第二,企业管理的质量新优势主要体现在管理效率和管理质量的提升。随着产业数字化的不断推进,企业可利用大数据、人工智能等数字化技术使劳动分工和专业化能力提速增质,进而提升企业的管理效率。此外,当一家数字经济企业成为行业领先企业特别是平台企业后,会由于"蒲公英效应"的作用以及该企业培养的技术和管理人才、高管团队等提升企业的管理质量。

第三,企业产品的质量新优势主要体现在企业产品质量的提上和企业服务质量的提升。大数据与云技术的应用场景不断丰富,一方面,以智能化和信息化的方式管理企业员工,在企业内部实现人力、物力、财力的有效配置,提高企业的投入产出效率,达到减本增效的效果,提升企业的产品质量。另一方面,数字经济可以凭借自身的用户基数,充分发挥范围经济的作用,优化企业内部的分工和专业化问题,为消费者提供个性化服务,满足消费者的需求,提升企业的服务质量。

三、数字经济赋能中国式现代化新优势培育的实现路径

近年来,数字经济规模逐年攀升,我国经济高质量型增长迎来了一个新的突破期。我们应该合理及时地利用这一机遇,凭借数字经济赋能中国式现代化的契机,在全球数字现代化发展当中取得领先地位。数字经济培育中国式现代化新优势的路径主要体现在数字产业化、产业数字化、产学研协同创新、劳动力质量和相关配套制度五个方面。

(一) 以数字产业化为方向,加速新优势的培育

数字产业化是数字经济的基础构成部分,随着数字技术与实体经济的深度融合,经济新形态在产业层面不断涌现。数字经济本身所具有高创新性带动数字化技术的快速发展,随着数字化技术在产业内部各部门、产业间横向纵向融合

水平不断提高,数字产业化过程中形成的新产业、新业态和新模式为中国式现代化奠定了坚实的微观基础。但我国数字产业化发展将达到发展平稳期,其原因在于数字经济的发展动力源单一、核心技术受到外国限制以及产品和服务质量未达到消费者预期。因此,我们需继续加强数字产业化的发展。

首先,要培育数字产业化发展的多元驱动力。探索以数据为核心的生产要素的新价值,围绕数据挖掘潜在的动能,为数字化产品创造新的价值,增强关联企业的核心竞争力,推动数字产业化的发展。

其次,要提升产品和服务的质量。数字产业化可通过产业数字化的反哺作用,凭借 XaaS 打破传统的行业的约束,实现范围经济。以范围经济为基础,使得产业之间构成平台化组织,专注于各自的核心业务,提高产品和服务的质量,推进数字产业化的发展。

最后,要鼓励国内龙头企业走出去,提升我国企业的创新能力和竞争能力。鼓励国内如华为、腾讯、阿里等在国际市场上颇具影响力的龙头企业加入国外的市场竞争。一方面,吸引国外数字化创新人才的入驻,利用数字化技术强渗透性的特点,提升自身的创新能力和竞争能力。另一方面,帮助"一带一路"沿线发展中国家完善信息基础设施,推动沿线国家信息基础设施互联互通,促进大数据、云计算等基础设施业务的发展,为我国数字产业化的发展开拓更广泛的成长空间。

(二)以产业数字化为核心,加速新优势的培育

产业数字化是数字经济的延伸部分,主要指数字技术在现有产业层面的运用,强调把数字技术应用到产品和服务中。其核心在于数字经济本身的高创新性、高渗透性等特点为传统要素进行赋能和提质增效,改变了传统的生产模式,提升产品和服务的质量及生产效率,进而对三次产业进行优化升级。

首先,推动数字经济与农村农业经济融合发展。我国初步形成了具有中国特色的数字经济与农业农村经济融合发展的实践模式,以数据为核心要素,通过大数据为核心技术将传统的农业生产模式改造升级为精准的农业模式,实现农业生产向信息化、数字化的转变。

第十七章 数字经济赋能中国式现代化的数字化转型能力提升和新优势的培育

其次,促进数字经济与传统制造业的融合发展。我国当前仅有航天、航空、国防等高端制造业数字化程度较高,为加速高质量发展新优势的培育,需继续加快数字化技术与传统制造业的融合。以信息高速公路为通道,以数据为载体,以人、大数据、互联网为基础通过信息技术对产品进行柔性制造,提升现实生产技术与虚拟生产技术的融合程度,经济高效地满足客户的个性化定制需求。

最后,促进数字经济与服务业的融合发展。服务业的内部结构逐渐向知识、技术密集型转变,尤其是增加值占服务业比重约 60％的生产性服务业[①]。数字经济与生产性服务业的融合,一方面,可提升其技术进步水平,使其成为新常态下中国经济高质量增长的新动能。另一方面,数字化技术促进生产性服务业产生其独立的业态,加强劳动力的流动,促进生产性服务业与制造业之间的协同发展,进而提升制造业的竞争力。

(三) 加快数字化基础设施的建设,稳固新优势的培育

数字化基础设施是在 5G、人工智能、工业互联网和物联网等领域的新型基础设施,是新一轮科技革命与产业变革的基础。数字化技术作为产业数字化的驱动力,通过对传统产业的生产方式改造升级、产业结构的优化以及企业质量的提高,提升产业的创新创造能力,以此稳固高质量发展新优势的培育。产业数字化核心在于数字化技术对传统产业的改造升级,而数字化技术使用的载体便是以互联网为基础的数字化基础设施。由于新型基础设施和传统基础设施在生产技术层面和投资的产业来源存在差异,新型基础设施的投资建设在供需两侧同时促进产业结构转型升级。为此,必须要加快新型基础设施的建设进程。

一是要将传统基础设施的数字化改造作为重点。利用大数据、云计算等数字技术优化投资效率,在传统基础设施发展较为成熟的基础上改造升级,在供给端提高资本相对劳动的边际产出,在需求端提高服务业的产品需求。

二是要进一步提高新型基础设施建设的规模。新型基础设施的初始建设成本较大,建设和得到回报的周期长。但由于其具有低边际成本和范围经济的特

[①] 李平、付一夫、张艳芳:《生产性服务业能成为中国经济高质量增长新动能吗》,《中国工业经济》2017 年第 12 期。

殊性，需要加强政府对数字化基础设施的建设和引导，充分把握 5G 建设机遇，积极推进人工智能、工业互联网、物联网、云计算等基础设施建设。

（四）促进产学研的协同创新发展，为新优势培育新动能

产学研协同创新是指企业、大学、科研院所（研究机构）三个基本主体投入各自具有比较优势的资源和能力，在政府、科技服务中介机构、金融机构等相关主体的配合下，共同进行技术开发的协同创新活动。熊彼特在《现代化发展理论》中强调，只要发明还没有得到实际上的应用，那么在经济上就是不起作用的。我国科研成果的转化率相对较低，并未将科研成果转化为实际的生产力，但理论成果到科技成果的转化必然需要产学研之间的协同创新发展。通过产学研的协同创新发展把研究成果转化为科技成果，在供给端培育新的发展动能，各相关利益主体将信息通过互联网以数据的形式共享，形成一条完整的技术信息链，提升成果的转化效率。因此，主要从以下三个方面实现产学研协同创新发展，进而提升成果转换率。

第一，鼓励大学、科研机构与企业构建深入合作关系，提高企业的技术创新水平，同时以实践提升学术领域基础理论的创新。第二，实施智力资本的协同，以增强产学研之间的知识共享。以网络化生产为载体，消除企业、大学、科研院所之间的信息壁垒，利用知识的扩散效应实施组织协同工作，进而提高大学与企业合作的创新效率。第三，合理运用数字化技术进行分析。通过大数据收集信息、数据，运用人工智能对其进行分析，使用优化后的数据、信息在产、学、研之间的配置，提升要素的使用效率。大学和科研机构借助企业的实践提高科研成果转换效率，企业借助大学和科研机构的研究提升自身创新能力，进而实现教育—科研—生产的协同创新。

（五）提升劳动力质量，推动新优势的培育

我国当前人口老龄化问题突出，人口红利逐渐消退，经济增长的贡献率越来越依赖于全要素生产率的提高。我国当前的劳动力大多处于产业链的中下游，创造的价值十分有限，而劳动力质量的提高有助于提高劳动生产率，进而提升全要素生产率。此外，产业数字化和数字产业化进程中缺乏新型数字化人才。因

此,需要提升劳动力的质量,进一步发挥数字化的劳动力在数字现代化发展中的推动作用,以此提升全要素生产率。在数字经济背景下,提升劳动力质量的路径主要包含以下两个方面:

一是从技术和产业需求推动教育改革,建立新的人才培养体系。针对性培养专业性技术人才,探索高校与企业联合培养模式,深化先进企业与科研机构的合作,提高专业人才的理论与实践结合程度,优化人才结构。

二是深化产学研的合作,提高人才与岗位的匹配度。在数字经济背景下,推动数字产业化和产业数字化的发展,政府优化完善三者合作平台的构建,利用大数据、云计算等数字技术形成产学研平台化组织,最终形成产学研一体的平台,以此增加产学研之间的连接程度。产学研平台的使用降低了组织间的沟通成本,提高沟通效率和范围,进而提高产学研投资回报率和创新转换效率。

(六) 完善相关制度体系,保障新优势的培育

数字经济的蓬勃发展不断革新社会的生产方式和居民的生活方式,原有的制度体系,如传统的产权理论及制度、信用关系、信息安全的监管已不能满足数字经济时代的需要。必须根据数字现代化发展的现实需要,结合高质量发展新优势的具体所指,进一步完善相关制度体系,保障新优势的培育。

第一,要加快完善相关产权制度。数字产品及数据具有非排他性的特点,这引起市场相关制度发生根本性的变化,传统的产权理论失效。因此,需要明晰数据产权的界定方式,完善知识产权相关法律法规,调动企业创新精神支持新优势的培育。

第二,要规范技术化的信用关系。数字经济形态下由于产权的形成方式的变化及财产所有权的弱化、新的数字组织的形成,使传统的信用关系以技术化的方式确立。为此,需要加强技术化信用关系的规范,严格监管数字经济中的信用关系,以减少金融风险及信用关系崩塌的发生。

第三,要重视数据安全和网络安全。随着数字经济的发展,数据已经全面渗透到社会经济中,但数据的使用、传播等过程存在安全问题,如木马病毒、黑客攻击以及企业对数据的不规范使用等都有可能造成数据泄露,导致巨大经济损失。

政府须加强对平台企业信息库的监管力度,强化对网络攻击及信息盗窃等犯罪行为的执法力度,以此保障数字经济的健康发展。

四、数字经济赋能中国式现代化新优势培育的政策取向

我国虽然已在数字经济战略方面取得一定的领先,但并未取得绝对优势和核心技术层面上的优势。为此,我国现在亟需把握数字现代化发展的机遇,以供给侧结构性改革为主线推动产业数字化的发展,发挥好金融服务于实体经济的作用,为中国式现代化新优势的培育做好充分准备。数字经济培育中国式现代化的政策取向在于:

(一) 在产业政策上加快产业数字化进程

产业数字化为传统产业带来存量的增加和增量的拓展,改变了传统的价值形成方式和交易方式,保障了高质量发展新优势的培育,通过数字经济培育中国式现代化新优势:

首先,要均衡产业数字化的发展。当前我国产业数字化的发展较不均衡,以阿里、腾讯、字节跳动等为代表的数字化服务产业将数字化技术应用于传统的营销模式,进而实现的快速发展,缺乏自主知识产权的核心技术和标准。以制造业为代表的实体经济产业数字化转型进程滞后,尽管存在着低成本的竞争优势,但我国传统制造业大多停留在工业2.0阶段,甚至1.0阶段,严重阻碍产业数字化的整体进程。制造业的数字化转型能有效改善我国当前低端产能过剩、高端产能缺乏竞争的情况。因此,推动产业数字化的均衡发展,不仅可以改善传统产业的现有劣势,而且可以带动数字化服务产业的发展。

其次,要放松政府对数字化转型企业的政策约束。数字化转型实质上是一种"创造性毁灭"。在数字化进程中,企业构建新产能的同时淘汰旧产能,企业在实现生产方式、要素使用方式更新的过程中,无法承担高额的转型成本和创新研发费用,造成了整个产业数字化的滞后。因此,政府可通过对数字化转型企业采取补贴、减税等政策,以推动中小微企业的数字化转型,更好发挥中小微企业在产业中的主体作用。

最后,要大力发展新兴产业。以智能化、创新为代名词的新兴产业的发展是

推动我国数字现代化发展的主要支撑,新兴产业的发展可促进传统产业的数字化转型。通过加速传统制造业的数字化转型,提升其持续创新能力,依托产业现有的比较优势作用,推动传统产业与新型数字化产业的协同发展,实现产业链的信息互通共享,提高生产效率和运营效率。

(二) 在金融政策上大力发展数字金融

金融的发展支撑着经济的发展,数字金融和数字经济是一种新的发展形态,因此我们需稳固和加快数字金融的发展,进而带动数字经济培育中国式现代化的新优势。大力发展数字金融主要有以下三种途径:

一是要稳固数字金融的发展,数字金融的发展可有助于提升农村低收入家庭和低社会资本家庭的创业概率,进而帮助改善农村内部的收入分配状况。一方面,完善数字金融相关配套制度,为农村金融体系的建立奠定良好基础,提高农村居民对数字金融的认知水平,避免传统金融市场劣币驱逐良币的现象发生,增强农村居民对数字金融的信心。另一方面,加大数字金融在落后地区的普惠度,充分发挥落后地区的后发优势,缓解农村潜在创业者的资金约束,提升资源的配置效率,强化数字金融推动创业、促进收入分配公平的作用。

二是要加强政府对数字金融发展的引导。我国数字金融覆盖广度发展态势较好,但我国数字金融自东向西呈阶梯状发展,但在发展深度上存在着差异,存在着一定的数字鸿沟现象。为解决数字金融发展深度差异的问题,需要加强政府的引导作用,在覆盖广度发展态势良好的情况下,明确地区数字金融发展战略。利用东部数字金融发展领先地区的优势带动中西部地区数字金融的发展,填补东中西部地区发展深度差异,更有效率地支撑数字经济的发展。

三是要推进金融体制改革。数字化技术带来了金融领域的变革,传统金融行业在数字化技术发展过程中存在着不相适应的情况,其服务范围和触达范围受到限制,我国金融体系对中小微企业和低收入人群带来的收益有限。因此,需要完善数字金融相关制度安排,降低金融服务门槛和服务成本,为数字金融发展提供保障,充分发挥数字金融普惠的特点,使金融行业更好地服务于实体经济。

(三) 在宏观经济政策上坚持供给侧结构改革

供给侧结构改革重心在于提高供给体系质量和效率。我国当前供给端产品附加价值较低，缺乏核心技术的支持，在国际市场上缺乏竞争力，其原因在于虽然部分企业通过模仿高端产品的核心技术进行生产，但并未形成自己的产品生产技术和标准。因此，需要加强数字经济对供给端的渗透作用，借助数字化发展的契机进行供给侧结构改革，培育中国式现代化的新优势。

首先，要加强先进制造业人才队伍建设。在数字经济形态下的高质量发展阶段，需要先进制造业的人才队伍来加强数字化技术对传统制造业的渗透。一方面，通过加强职业培训解决行业现存劳动力技能不足、创新能力弱等问题，充分激发研发人员创新能力，提升劳动力质量以推进传统产业数字化技术的渗透进程。另一方面，完善人才培养体系，培养高素质、高技术的数字化人才，改善互联网公司重营销、轻研发的思维的现状。

其次，要加快创新成果向生产力的转化。我国当前处于面临经济转型关键时期，推动企业数字化转型以提升企业自身创新成果的转换是完成《中国制造2025》国家战略的关键一步。要加快数字化技术与企业统合，通过数字化技术优化资源配置，大力发展重点领域产业，充分发挥其比较优势，提升创新成果的转换，在市场机制作用下优胜劣汰，取缔低质量企业。此外，要完善政府激励机制，鼓励企业进行创新成果的转换，适当对转换成本予以补贴，保障创新成果向生产力的转换。

最后，要推动高水平对外开放。我国当前制造业属于产业链中下游，产品附加价值低。欧美发达国家陆续提出的新型数字战略，如德国工业4.0计划，我国于2015年提出的"中国制造2025"国家行动纲领，但进程相对缓慢。因此，需要加强与数字化先进国家的交流学习，对标新型数字战略，加快"中国制造2025"的进程，提高国内供给端质量标准，加强与数字现代化发展相对优势国的交流，在开放中提升供给端质量。[1]

---

[1] 李晓华：《面向智慧社会的"新基建"及其政策取向》，《改革》2020年第5期。

参考文献

[1] 马克思:《1844年经济学哲学手稿》第3版,人民出版社2000年版。

[2] 习近平:《不断做强做优做大我国数字经济》,《求是》2022年第2期。

[3] 习近平:《高举中国特色社会主义伟大旗帜　为全面建设社会主义现代化国家而团结奋斗——在中国共产党第二十次全国代表大会上的报告》,《人民日报》2022年10月26日。

[4] 习近平:《发展新质生产力是推动经济高质量发展的内在要求和重要着力点》,《求是》2024年第11期。

[5] 李克强:《协调推进城镇化是实现现代化的重大战略选择》,《行政管理改革》2012年第11期。

[6]《中共中央关于进一步全面深化改革　推进中国式现代化的决定》,人民出版社2024年版。

[7] 中共中央党史和文献研究院:《十九大以来重要文献选编(上)》,中央文献出版社2019年版。

[8] 国务院发展研究中心农村经济研究部课题组、叶兴庆、程郁:《新发展阶段农业农村现代化的内涵特征和评价体系》,《改革》2021年第9期。

[9] 储著斌:《人的观念现代化研究》,中国社会科学出版社2015年版。

[10] 郝栋:《变绿水青山为金山银山　基于自然资本的生态现代化系统研究》,人民出版社2021年版。

[11] 何传启:《第二次现代化理论——人类发展的世界前沿和科学逻辑》,科学出版社2013年版。

[12] 洪银兴:《区域现代化理论与实践研究》,江苏人民出版社2013年版。

[13] 洪银兴:《社会主义现代化读本》,江苏人民出版社2014年版。

[14] 洪银兴:《中国式现代化论纲》,江苏人民出版社2023年版。

[15] 洪银兴、任保平:《新时代发展经济学》,高等教育出版社2019年版。

[16] 洪银兴、任保平:《新质生产力赋能中国式现代化》,人民出版社2024年版。

[17] 罗荣渠:《现代化新论:世界与中国的现代化进程》,北京大学出版社 1993 年版。

[18] 任保平:《数字经济驱动高质量发展的逻辑与机制》,人民出版社 2022 年版。

[19] 任保平:《数字经济驱动经济高质量发展的逻辑与机制》,人民出版社 2012 年版。

[20] 汪敬虞:《中国资本主义发展和不发展》,经济管理出版社 2007 年版。

[21] 许纪霖:《中国现代化史》第 1 卷,上海三联书店 1995 年版。

[22] 虞和平:《中国现代化历程》第 2 卷,江苏人民出版社 2007 年版。

[23] 曾铮:《中国式现代化发展战略与路径》,中信出版集团 2022 年版。

[24] 张劲松:《生态治理现代化》,商务印书馆 2021 年版。

[25] 张秀荣:《中国化马克思主义与中国现代化发展研究》,知识产权出版社 2022 年版。

[26] 张翼成、吕琳媛、周涛:《重塑:信息经济的结构》,四川人民出版社 2018 年版。

[27] [美]阿历克斯·英格尔斯等:《人的现代化:心理·思想·态度·行为》,殷陆君编译,四川人民出版社 1985 年版。

[28] [美]埃里克·布莱恩·约弗森:《第二次机器革命》,蒋永军译,中信出版社 2014 年版。

[29] [英]保罗·梅森:《新经济的逻辑》,熊海虹译,中信出版社 2017 年版。

[30] [美]布莱恩·阿瑟:《技术的本质》,曹东溟、王健译,浙江人民出版社 2018 年版。

[31] [美]查尔斯·I·琼斯:《经济增长导论》,北京大学出版社 2002 年版。

[32] [美]道格拉斯·C·诺思:《制度、制度变迁与经济绩效》,杭行译,上海人民出版社 2014 年版。

[33] [德]弗里德里希·李斯特:《政治经济学的国民体系》,商务印书馆 2017 年版。

[34] [美]吉尔伯特·罗兹曼:《中国的现代化》,江苏人民出版社 1995 年版。

[35] [美]杰里米·里夫金:《第三次工业革命》,张体伟、孙豫宁译,中信出版社 2012 年版。

[36] [德]克劳斯·施瓦布:《第四次工业革命》,中信出版集团2018年版。

[37] [美]罗斯托:《经济增长的阶段:非共产党宣言》,郭熙保、王松茂译,中国社会科学出版社2001年版。

[38] [美]库兹涅茨:《现代经济增长》,上海译文出版社1996年版。

[39] [美]迈克尔·波特:《国家竞争优势(上)》,李明轩、邱如美译,中信出版社2012年版。

[40] [美]曼纽尔·卡斯特:《网络社会的崛起》,夏铸九、王志弘等译,社会科学文献出版社2001年版。

[41] [美]普兰纳布·巴德汉、克利斯托弗·尤迪:《发展微观经济学》,陶然等译,北京大学出版社2002年版。

[42] [英]维克托·迈尔-舍恩伯格、肯尼思·库克耶:《大数据时代:生活、工作与思维的大变革》,浙江人民出版社2013年版。

[43] [美]英格尔斯:《人的现代化:心理·思想·态度·行为》,四川人民出版社1985年版。

[44] [美]约瑟夫·熊彼特:《经济发展理论》,中国人民大学出版社2019年版。

[45] 北京大学课题组、黄璜:《平台驱动的数字政府:能力、转型与现代化》,《电子政务》2020年第7期。

[46] 邴薪颖、陈宸:《中国式现代化理念下企业现代化管理的理论内涵与实践路径》,《财会月刊》2023年第3期。

[47] 蔡跃洲、马文君:《数据要素对高质量发展影响与数据流动制约》,《数量经济技术经济研究》2021年第3期。

[48] 蔡跃洲、牛新星:《中国数字经济增加值规模测算及结构分析》,《中国社会科学》2021年第11期。

[49] 蔡之兵:《区域经济视角下的现代化经济体系问题研究》,《经济学家》2018年第11期。

[50] 陈进华:《治理体系现代化的国家逻辑》,《中国社会科学》2019年第5期。

[51] 陈善荣、陈传忠、陈远航等:《面向生态环境治理现代化的生态环境监测数字化转型研究》,《环境保护》2022年第20期。

[52] 陈诗一、陈登科:《雾霾污染、政府治理与中国式现代化》,《经济研究》2018年第2期。

[53] 陈堂、陈光:《数字化转型对产业结构升级的空间效应研究——基于静态和动态空间面板模型的实证分析》,《经济与管理研究》2021年第8期。

[54] 陈梦根、周元任:《数字化对企业人工成本的影响》,《中国人口科学》2021年第4期。

[55] 车明好、邓晓兰、陈宝东:《产业结构合理化、高级化与经济增长:基于门限效应的视角》,《管理学刊》2019年第4期。

[56] 陈卫洪、王莹:《数字化赋能新型农业经营体系构建研究——"智农通"的实践与启示》,《农业经济问题》2022年第9期。

[57] 陈晓红、李杨扬、宋丽洁等:《数字经济理论体系与研究展望》,《管理世界》2022年第2期。

[58] 陈一明:《数字经济与乡村产业融合发展的机制创新》,《农业经济问题》2021年第2期。

[59] 陈志勇、卓越:《治理评估的三维坐标:体系、能力与现代化》,《中国行政管理》2015年第4期。

[60] 崔大树:《关于区域现代化基本涵义的理论探讨》,《经济学动态》2002年第12期。

[61] 丁帅:《我国社会主义工业化内在规定性及其启示》,《毛泽东邓小平理论研究》2020年第9期。

[62] 杜勇、曹磊、谭畅:《平台化如何助力制造企业跨越转型升级的数字鸿沟?——基于宗申集团的探索性案例研究》,《管理世界》2022年第6期。

[63] 杜宇玮:《新发展格局下中国区域现代化战略转型:逻辑机制与推进路径》,《现代经济探讨》2021年第9期。

[64] 方茜:《改革开放40年:中国奇迹的内涵、归因与展望》,《社会科学战线》2018年第8期。

[65] 范渊:《〈数据安全法〉解读:如何实现数据"可用不可见"的安全目标?》,《中国经济周刊》2021年第11期。

[66] 高培勇、杜创、刘霞辉等:《高质量发展背景下的现代化经济体系建设:一个逻辑框架》,《经济研究》2019年第4期。

[67] 高星、李麦收:《数字经济赋能经济绿色发展:作用机制、现实制约与路径选择》,《理论探讨》2023年第2期。

[68] 郭晗、任保平:《中国式现代化进程中的共同富裕:实践历程与路径选择》,《改革》2022年第7期。

[69] 郭凯明、潘珊、颜色:《新型基础设施投资与产业结构转型升级》,《中国工业经济》2020年第3期。

[70] 韩晶、陈曦:《数字经济赋能绿色发展:内在机制与经验证据》,《经济社会体制比较》2022年第2期。

[71] 何传启:《现代工业的新前沿——中国现代化报告2014—2015:工业现代化研究综述》,《科学与现代化》2015年第3期。

[72] 何苗、任保平:《数字经济时代我国新业态的形成机理与发展路径》,《经济体制改革》2022年第5期。

[73] 何苗、任保平:《中国数字经济发展的时空分布及收敛特征研究》,《中南大学学报(社会科学版)》2022年第5期。

[74] 洪晨阳:《数字经济下企业管理信息系统现代化路径》,《经济研究导刊》2022年第34期。

[75] 洪银兴:《贯彻新发展理念的中国式现代化新道路》,《经济学家》2022年第11期。

[76] 洪银兴:《论中国式现代化的经济学维度》,《管理世界》2022年第4期。

[77] 洪银兴:《现代化理论和区域率先基本现代化》,《经济学动态》2012年第3期。

[78] 洪银兴:《以创新的经济发展理论阐释中国经济发展》,《中国社会科学》2016年第11期。

[79] 洪银兴、任保平:《数字经济与实体经济深度融合的内涵和途径》,《中国工业经济》2023年第2期。

[80] 洪银兴、杨玉珍:《中国式现代化促进人的现代化:内涵与路径》,《南京大学学报哲学·人文科学·社会科学》2022年第6期。

[81] 黄先海、党博远、宋安安等:《新发展格局下数字化驱动中国战略性新兴产业高质量发展研究》,《经济学家》2023年第1期。

[82] 黄群慧:《2020年我国已经基本实现了工业化——中国共产党百年奋斗重大成就》,《经济学动态》2021年第11期。

[83] 黄永春、宫尚俊、邹晨、贾琳、许子飞:《数字经济、要素配置效率与城乡融合

发展》,《中国人口·资源与环境》2022年第10期。

[84] 胡西娟、师博、杨建飞:《"十四五"时期以数字经济构建现代产业体系的路径选择》,《经济体制改革》2021年第4期。

[85] 姜长云、李俊茹:《关于农业农村现代化内涵、外延的思考》,《学术界》2021年第5期。

[86] 姜长云:《论基本实现农业农村现代化目标任务的三个层次》,《东岳论丛》2021年第4期。

[87] 靳曙畅、胡熠、栾佳锐:《数字金融赋能企业转型升级:理论分析与实证检验》,《统计与决策》2023年第3期。

[88] 荆文君、孙宝文:《数字经济促进经济高质量发展:一个理论分析框架》,《经济学家》2019年第2期。

[89] 金碚:《工业的使命和价值——中国产业转型升级的理论逻辑》,《中国工业经济》2014年第9期。

[90] 李宏彬、李杏、姚先国、张海峰、张俊森:《企业家的创业与创新精神对中国经济增长的影响》,《经济研究》2009年第10期。

[91] 李兰冰、刘秉镰:《"十四五"时期中国区域经济发展的重大问题展望》,《管理世界》2020年第5期。

[92] 李平、付一夫、张艳芳:《生产性服务业能成为中国经济高质量增长新动能吗》,《中国工业经济》2017年第12期。

[93] 李松龄:《中国式现代化的本质要求内在逻辑与制度保障》,《经济问题》2023年第2期。

[94] 李天宇、王晓娟:《数字经济赋能中国"双循环"战略:内在逻辑与实现路径》,《经济学家》2021年第5期。

[95] 李晓华:《数字经济新特征与数字经济新动能的形成机制》,《改革》2019年第11期。

[96] 李韵、丁林峰:《新冠疫情蔓延突显数字经济独特优势》,《上海经济研究》2020年第4期。

[97] 李治兵:《中国经济发展奇迹研究综述——基于成就、原因、可持续性的分析》,《改革与战略》2018年第6期。

[98] 李志花、柳江:《数字经济与现代化经济体系的关系研究》,《当代经济》2022

年第 1 期。

[99] 刘航、伏霖、李涛、孙宝文:《基于中国实践的互联网与数字经济研究——首届互联网与数字经济论坛综述》,《经济研究》2019 年第 3 期。

[100] 刘雷、何传启:《1700 年以来世界工业现代化的历史与经验》,《理论与现代化》2016 年第 5 期。

[101] 刘鹏飞、韩晓琳、刘燕:《营商环境对区域创新能力的影响研究——作用机制与实证检验》,《山东财经大学学报》2023 年第 2 期。

[102] 刘淑春、闫津臣、张思雪、林汉川:《企业管理数字化变革能提升投入产出效率吗》,《管理世界》2021 年第 5 期。

[103] 刘奕、夏杰长、李垚:《生产性服务业集聚与制造业升级》,《中国工业经济》2017 年第 7 期。

[104] 陆军、丁凡琳:《多元主体的城市社区治理能力评价——方法、框架与指标体系》,《中共中央党校(国家行政学院)学报》2019 年第 3 期。

[105] 芦千文:《涉农平台经济:新兴模式、存在问题与发展对策》,《中国科技论坛》2018 年第 9 期。

[106] 罗军、邱海桐:《城市数字经济驱动制造业绿色发展的空间效应》,《经济地理》2022 年第 12 期。

[107] 孟方琳、汪遵瑛、赵袁军、姚歆:《数字经济生态系统的运行机理与演化》,《宏观经济管理》2020 年第 2 期。

[108] 欧阳日辉、刘健:《数字经济治理是国家治理体系重要内容》,《国家治理》2017 年第 46 期。

[109] 裴长洪、倪江飞、李越:《数字经济的政治经济学分析》,《财贸经济》2018 年第 9 期。

[110] 乔天宇、向静林:《社会治理数字化转型的底层逻辑》,《学术月刊》2022 年第 2 期。

[111] 戚聿东、肖旭:《数字经济时代的企业管理变革》,《管理世界》2020 年第 6 期。

[112] 任保平、杜宇翔、裴昂:《数字经济背景下中国消费新变化:态势、特征及路径》,《消费经济》2022 年第 1 期。

[113] 任保平、李梦欣:《新时代中国特色社会主义绿色生产力研究》,《上海经济

研究》2018年第3期。

[114] 任保平、李培伟:《数字经济培育我国经济高质量发展新动能的机制与路径》,《陕西师范大学学报·哲学社会科学》2022年第1期。

[115] 任保平、张倩:《构建科学合理的中国式现代化的评价指标体系》,《学术界》2022年第6期。

[116] 任保平:《数字经济引领高质量发展的逻辑、机制与路径》《西安财经大学学报》2020年第2期。

[117] 任保平:《中国"两大奇迹"形成逻辑的政治经济学阐释》,《经济理论与经济管理》2022年第2期。

[118] 任保平:《中国式现代化新征程中的高质量发展逻辑》,《学术月刊》2023年第1期。

[119] 阮俊虎、刘天军、冯晓春、乔志伟、霍学喜、朱玉春、胡祥培:《数字农业运营管理:关键问题、理论方法与示范工程》,《管理世界》2020年第8期。

[120] 阮俊虎:《数字农业运营管理:关键问题、理论方法与示范工程》,《管理世界》2020年第8期。

[121] 沈坤荣、孙占:《新型基础设施建设与我国产业转型升级》,《中国特色社会主义研究》2021年第1期。

[122] 沈文玮、李昱:《中国式现代化、数字经济和共同富裕的内在逻辑》,《经济纵横》2022年第11期。

[123] 申卫星:《论数据用益权》,《中国社会科学》2020年第11期。

[124] 师博:《新时代现代化新格局下"十四五"规划的新要求与重点任务》,《浙江工商大学学报》2020年第5期。

[125] 史丹:《数字经济条件下产业发展趋势的演变》,《中国工业经济》2022年第11期。

[126] 石建国:《从工业现代化到国家治理现代化:关于中国共产党现代化思想的文献解读》,《观察与思考》2019年第9期。

[127] 宋林飞:《苏南区域率先发展实践与理论的探索——从"苏南模式""新苏南模式"到"苏南现代化模式"》,《南京社会科学》2019年第1期。

[128] 隋福民:《平台+农户模式:实现中国农业农村现代化的另一种路径选择》,《西安财经大学学报》2022年第3期。

[129] 孙久文、蒋治:《新发展格局下区域协调发展的战略骨架与路径构想》,《中共中央党校(国家行政学院)学报》2022年第4期。

[130] 唐巧盈、惠志斌:《数据价值链视角下互联网平台的数据权责关系及其治理》,《学术论坛》2021年第4期。

[131] 汤正仁:《以数字经济助力现代化经济体系建设》,《区域经济评论》2018年第4期。

[132] 童锋、张革:《中国发展数字经济的内涵特征、独特优势及路径依赖》,《科技管理研究》2020年第2期。

[133] 王辉、聂红敏:《企业转型发展与经济发展转变思考》,《全国流通经济》2022年第33期。

[134] 王静田、付晓东:《数字经济的独特机制、理论挑战与发展启示——基于生产要素秩序演进和生产力进步的探讨》,《西部论坛》2020年第6期。

[135] 王如玉、梁琦、李广乾:《虚拟集聚:新一代信息技术与实体经济深度融合的空间组织新形态》,《管理世界》2018年第2期。

[136] 王胜、余娜、付锐:《数字乡村建设:作用机理、现实挑战与实施策略》,《改革》2021年第4期。

[137] 文丰安:《我国农村社区治理的发展与启示:基于乡村振兴战略的视角》,《湖北大学学报·哲学社会科学》2020年第2期。

[138] 温涛、陈一明:《数字经济与农业农村经济融合发展:实践模式、现实障碍与突破路径》,《农业经济问题》2020年第7期。

[139] 武宵旭、任保平:《数字经济背景下要素资源配置机制重塑的路径与政策调整》,《经济体制改革》2022年第2期。

[140] 夏斌:《"中国奇迹":一个经济学人对理论创新的思考》,《经济学动态》2019年第3期。

[141] 夏杰长、姚战琪:《中国服务业开放40年——渐进历程、开放度评估和经验总结》,《财经问题研究》2018年第4期。

[142] 夏锦文:《基本现代化的区域探索:理论阐释与江苏实践》,《现代经济探讨》2019年第3期。

[143] 夏显力:《农业高质量发展:数字赋能与实现路径》,《中国农村经济》2019年第12期。

[144] 许恒、张一林、曹雨佳:《数字经济、技术溢出与动态竞合政策》,《管理世界》2020年第11期。

[145] 谢康、吴瑶、肖静华:《数据驱动的组织结构适应性创新》,《北京交通大学学报·社会科学》2020年第3期。

[146] 阎炎:《"以人为本"推进自然资源数字化治理》,《中国自然资源报》2022年4月26日。

[147] 杨虎涛:《数字经济的增长效能与中国经济高质量发展研究》,《中国特色社会主义研究》2020年第3期。

[148] 杨虎涛:《新发展格局构建与数字经济发展:内在逻辑与政策重点》,《学术月刊》2021年第12期。

[149] 杨天宇、陈明玉:《消费升级对产业迈向中高端的带动作用:理论逻辑和经验证据》,《经济学家》2018年第11期。

[150] 殷浩栋:《农业农村数字化转型:现实表征、影响机理与推进策略》,《改革》2020年第12期。

[151] 易宪容、陈颖颖、位玉双:《数字经济中的几个重大理论问题研究——基于现代经济学的一般性分析》,《经济学家》2019年第7期。

[152] 张红宇:《中国特色农业现代化:目标定位与改革创新》,《中国农村经济》2015年第13期。

[153] 张俊婕:《中国农业农村现代化发展水平的时空特征及障碍因子分析》,《经济体制改革》2022年第2期。

[154] 张军扩:《中国区域政策回顾与展望》,《管理世界》2022年第11期。

[155] 张姝、王雪标:《数字经济对产业结构升级影响的实证检验》,《统计与决策》2023年第3期。

[156] 张勋、万广华、张佳佳、何宗樾:《数字经济、普惠金融与包容性增长》,《经济研究》2019年第8期。

[157] 张文魁:《数字经济的内生特性与产业组织》,《管理世界》2022年第7期。

[158] 张于喆:《数字经济驱动产业结构向中高端迈进的发展思路与主要任务》,《经济纵横》2018年第9期。

[159] 郑有贵:《中国式现代化演进中破解不平衡不充分发展问题的路径》,《中南财经政法大学学报》2022年第6期。

[160] 李晨赫:《社科院最新报告:乡村振兴亟待弥补"数字素养鸿沟"》,《中国青年报》2021年3月16日第5版。

[161] 许宝健、石伟:《"两大奇迹"的制度解码》,《经济日报》2020年1月7日。

[162] 杜庆昊:《中国数字经济协同治理研究》,湖南人民出版社2020年版。

[163] Barrett M., Davidson E., Prabhu J., et al.: Service Innovation in the Digital Age: Key Contributions and Future Directions, *MIS Quarterly*, 2015, 39(1).

[164] Fitzgerald M., Kruschwitz N., Bonnet D., et al.: Embracing Digital Technology: A New Strategic Imperative, *MIT Sloan Management Review*, 2014, 55(2).

[165] Gersch M., Sundermeier J.: Understanding (Digital) Transformation, *Journal of Competences, Strategy & Management*, 2019, 10.

[166] Js A., Gp B., Ec C., et al.: Exploring the Impact of Digital Transformation on Technology Entrepreneurship and Technological Market Expansion: The Role of Technology Readiness, Exploration and Exploitation, *Journal of Business Research*, 2021, 124.

后　记

数字经济是中国式现代化的新引擎,中国式现代化的发展必须重视数字经济带来的新变化和新优势,数字经济发展提出了中国式现代化需要回应的一系列重大理论和现实问题。

本书是南京大学文科资深教授洪银兴教授主编的"中国式现代化之路丛书"中的一本。党的二十大提出中国式现代化以来,学术界对此进行了广泛讨论,我跟随洪老师学习和研究中国式现代化,参加了洪老师的《中国式现代化论纲》的写作,同时也撰写了一些关于中国式现代化的文章。由于最近几年研究数字经济的原因,我曾经应《学术前沿》杂志之约写过一篇文章《以数字经济打造中国式现代化的新引擎》,应《人文杂志》之约组织过一篇专题文章《数字经济与中国式现代化有机衔接的机制与路径》,应《西安财经大学学报》之约组织了一组专题"数字经济与中国式现代化",因此洪老师安排我在丛书中承担《数字经济赋能中国式现代化》一书的撰写。

本书是在已经发表论文的基础上,扩展形成了一个大纲,经洪老师审定之后根据新大纲又新撰写、发表一些文章,最后把所发表的系列论文经过整理、加工和扩展而形成。本书的形成要感谢洪老师的指导,写作思路和大纲得到了洪老师的指导、审定和修改。本书稿在完成过程中,许多关键问题和环节多次和洪老师讨论,洪老师给予了诸多的指导。初稿形成以后,洪老师又在百忙之中审阅了书稿,提出了进一步修改完善的意见,为本书增色不少。本书是我被引进到南京大学苏州校区数字经济与管理学院后,在南京过渡期间在洪老师指导下完成的一本书。在南京期间,洪老师在工作生活上给予我诸多关心,特别是每周能和老师讨论问题,聆听老师的教诲,仿佛又回到20年前于南京大学在老师名下作博士后研究时的情形,大获收益而又倍感快乐。

本书稿的完成还要感谢《经济学动态》《改革》《学术前沿》《人文杂志》《西安

财经大学学报》《学术界》《东岳论丛》《西北工业大学学报》《求索》《四川大学学报》《江汉论坛》《东南学术》和《财经科学》等学术期刊,在这几个期刊上发表的系列文章奠定了本书写作的基础。同时感谢和我合作发表论文的学生们。

  2024年7月党的二十届三中全会通过了《中共中央关于进一步全面深化改革 推进中国式现代化的决定》,在书稿三校中又依据三中全会精神对全书的内容统一进行了修订,把二十届三中全会的精神贯穿到本书中。新一轮科技革命带来了数字经济的发展,数字经济的发展促进了新质生产力的涌现,数字技术创新、数字产业化、产业数字化已经成为推进中国式现代化的重要力量,中国式现代化的深入推进必须关注数字经济发展,这其中还有许多需要深入研究的问题,我还将对此进行深入思考和研究,欢迎学术界同仁的关注和批评。

任保平

初稿2023年国庆节完成于苏州

终稿2024年8月完成于苏州